Schipperges / Vescovi / Geue / Schlemmer
Die Regelkreise der Lebensführung

Die Regelkreise der Lebensführung

Gesundheitsbildung in Theorie und Praxis

von
H. Schipperges, G. Vescovi, B. Geue
und J. Schlemmer

DEUTSCHER
ÄRZTE-VERLAG
KÖLN 1988

Prof. Dr. phil. Dr. med. Heinrich Schipperges
Institut für Geschichte der Medizin
der Universität Heidelberg
Im Neuenheimer Feld 305, D-6900 Heidelberg

Dr. rer. soc. Dipl.-Psych. Bernhard Geue
Von-Salza-Str. 20, D-6990 Bad Mergentheim

Dr. med. Gerhard Vescovi
Institut für Gesundheitsbildung
Haus des Kurgastes, Kurpark
D-6990 Bad Mergentheim

Dr. h. c. Johannes Schlemmer
Wiesenhaus, D-6901 Neckarsteinach-Grein

ISBN 3-7691-0147-2

Das Werk ist urheberrechtlich geschützt.
Jede Verwendung in anderen als den gesetzlich zugelassenen Fällen bedarf deshalb
der vorherigen schriftlichen Genehmigung des Verlages.

Copyright © by
Deutscher Ärzte-Verlag GmbH, Köln 1988

Gesamtherstellung:
Deutscher Ärzte-Verlag GmbH, Köln

Inhaltsverzeichnis

Vorwort 7
Einführung 9

Erster Teil: Die Prinzipien der Lebensordnung 11
1 Die Erfahrung der Umwelt 17
2 Die Kultivierung der Lebensmittel 23
3 Die Ordnung der Zeit 29
4 Das Gleichgewicht von Arbeit und Muße 33
5 Die Kultur des Leibes 39
6 Die Beziehung zum anderen 44

Zweiter Teil: Die Regelkreise der Lebensführung 51
1 Der Lebensraum und seine Gestaltung 57
2 Die Ernährung und ihre Prinzipien 78
3 Der Alltag und seine Ordnung 98
4 Der Kräftehaushalt und sein Ausgleich 114
5 Der Körper und seine Pflege 129
6 Das Gefühlsleben und seine Dynamik 149

**Dritter Teil: Die gesellschaftliche Begründung
der Gesundheitsbildung** 167
1 Die Gesundheit erhalten 179
2 Die Krankheiten vermeiden 182
3 Die Einschränkungen akzeptieren 185
4 Die Kosten dämpfen 188
5 Die Sozialbindungen festigen 191
6 Die Schwierigkeiten überwinden 195

Literaturverzeichnis 204

Vorwort

Gesundheit ist zu einem der großen gesellschaftspolitischen Probleme des ausgehenden 20. Jahrhunderts geworden. Gesundheitsbildung, Gesundheitsplanung und Gesundheitspolitik werden mit Sicherheit zu den tragenden Themen des beginnenden dritten Jahrtausends gehören. Während nun die moderne Medizin im Laufe der letzten Jahrhunderte eine beachtliche Krankheitsforschung betrieben und dementsprechend wirkungsvolle Heiltechniken entwickelt hat, gilt dies in keiner Weise für die Gesundheitsforschung. Hier stehen wir noch am Anfang; allerdings haben wir auch auf diesem Gebiet erste wegweisende und, wie wir hoffen, erfolgversprechende Schritte getan.

Die vorliegenden Beiträge und Wegweisungen sind in einem kleinen interdisziplinären Arbeitskreis entstanden, der sich vor etwa zehn Jahren in der Stuttgarter Ärztekammer zu einer ,,Gesellschaft für Gesundheitsbildung" zusammenfand. Erste Ergebnisse konnten auf einer Jahresfeier des ,,Instituts für Gesundheitsbildung" – 1985 in Bad Mergentheim – vorgelegt werden. Daraus ist das ,,Mergentheimer Modell" entstanden, das nunmehr im ganzen erstmals der Öffentlichkeit vorgestellt wird.

Das vorliegende Buch versucht, unsere theoretischen Überlegungen und praktischen Erfahrungen zusammenzufassen. Die prinzipielle Einführung in die Thematik stammt von Heinrich Schipperges, die Darstellung der gesellschaftspolitischen Ziele von Johannes Schlemmer, während die sechs ,,Regelkreise" im Zusammenspiel von Gerhard Vescovi und Bernhard Geue verfaßt wurden, wobei der eine die klinisch-empirische Sichtweise, der andere die verhaltenspsychologischen Aspekte in den Vordergrund stellte. Alle Beiträge sind in mehreren gemeinsamen Diskussionen ergänzt und vereinheitlicht worden, ohne daß die persönliche Note der Diktion aufgegeben wurde.

Vorwort

Als ein Leitfaden gesunder Lebensführung wendet sich das Buch in erster Linie an „Gesundheitsbildner". Als solche verstehen wir die Ärzte, Zahnärzte, Apotheker und die übrigen Heilberufe, dann aber auch mit der Gesundheitserziehung betraute Psychologen, Pädagogen und Sozialarbeiter, nicht zuletzt die Vertreter der Krankenkassen, der Medien und die Leiter von Selbsthilfeorganisationen. Als Hilfe zur Selbsthilfe für alle ist dieses Manuale gedacht: als theoretischer Leitfaden wie als praktische Handreichung.

Die Verfasser haben mehrfach zu danken:
- der Bezirksärztekammer Nord-Württemberg und deren Präsidenten Dr. Schad und Dr. Boeckh, durch deren Tatkraft die Gesellschaft für Gesundheitsbildung und ihr Institut gefördert wurden;
- dem Vorsitzenden des Verwaltungsrates der Kurverwaltung Bad Mergentheim, Dr. Meyding, wie dem Kurdirektor Galvagni, die in großzügiger Weise ihr „Haus des Kurgastes" zur Verfügung stellten;
- den zahlreichen Referenten auf dem „Gesundheitsforum" wie auch allen internen Mitarbeitern, die ihr Fachwissen selbstlos einbrachten;
- dem Verlag nicht zuletzt für seinen Wagemut, mit dem er ein Thema, das erst morgen aktuell wird, schon heute einer breiteren Öffentlichkeit vorlegt.

Bad Mergentheim, Die Verfasser
im August 1987

Einführung

Mit dem vorliegenden Leitfaden der Gesundheitsbildung wird das Konzept einer ganzheitlichen Daseinsgestaltung vorgestellt. Es beruht auf dem Entwurf einer Lebensphilosophie, die sich als Anthropologie des Leibes versteht und letztlich auf eine Kultur des Alltags zielt.

Die vorliegende Konzeption setzt eine neue Mentalität im Gesundheitssystem voraus: Sie will einem ärztlichen Denken vorarbeiten, das weniger die Krankheit als die Gesundheit als zentralen Bereich eines *Gesundheitswesens* sucht. Unser Konzept bedient sich dabei der Leitbilder einer vieltausendjährigen Erfahrung im Umgang mit *gesund* und *krank,* und es möchte in diesem Sinne die Medizin auch als eine Art von Erfahrungsheilkunde verstanden wissen.

Es sind vor allem drei Kriterien, von denen sich die Prinzipien einer ganzheitlichen Gesundheitsbildung ableiten lassen:
a) Beim Umgang mit der Gesundheit haben wir es immer mit körperlichen Grundbedürfnissen zu tun, die sich nur in der alltäglichen Wirklichkeit befriedigen lassen.
b) Die Regelkreise zur gesunden Lebensführung zeigen sich uns als ein in sich vernetztes System und können nur im Ensemble praktikabel werden.
c) Bei der Gesundheitsbildung handelt es sich in erster Linie um die Kultivierung des persönlichen Lebensstils (diaeta privata), eine Kultur, die dann aber auch in allen Punkten auf die öffentliche Gesundheitspflege (diaeta publica) übergreift und die sich unserer Erfahrung nach nur in kleinen, überschaubaren Gemeinschaften (diaeta communis) wirklich umsetzen läßt.

Es geht uns dabei – alles in allem – um eine Theorie der Lebensordnung und, daraus abgeleitet, um die Praxis der Lebensführung. Wenn wir daher diese „Regelkreise der Lebensführung" als *Strukturen einer*

Gesundheitslehre betrachten, dann sollte dabei auch vorausgesetzt werden, daß wir lediglich an eine ,,Regulierung" der Lebensbedingungen gedacht haben und in keiner Weise an eine ,,Reglementierung". Das wird besonders deutlich, wenn wir die Vernetzung der sechs angesprochenen Lebensbereiche im Auge behalten, wobei jeder Kreis mit jedem anderen in Beziehungen tritt und erst im Orchester seinen Einklang findet.

Die Lebensordnungslehre beruht zunächst einmal auf allgemeinen physiologischen Grundlagen: Sie ist eine umfassende Lehre von der Gesundheit, der *logos* der *physis*. Mit ihren physiologischen Voraussetzungen zielt sie auf ein System der Hygiene, das über die natürlichen Bedürfnisse hinaus auch alle kulturellen Bedingungen menschlicher Existenz umgreift. Es wird sich gar nicht vermeiden lassen, mit einer solchen Wissenschaft von der Gesundheit immer auch die Bedürfnisse der Gesellschaft zu analysieren, um den Bedarf an medizinischen Leistungen zu berechnen.

Damit aber wären für eine wissenschaftlich unterbaute Gesundheitsplanung auch schon eindeutige Prioritäten gesetzt: Nach einer Wissenschaft von den Krankheitsprozessen sollten die Bedingungen gesunden Lebens zum Gegenstand der Grundlagenforschung werden. Damit würde der bisher viel zu passive Patient wieder eintreten in die Rolle eines mündigen Partners, der sich für seine Gesundheit und die seiner Mitmenschen verantwortlich weiß. Als Mittelpunkt medizinischer Maßnahmen würden die Bedingungen der privaten Lebenswelt wie auch der Umwelt und Arbeitswelt wieder ihre Geltung erlangen. Dem Arzt der Zukunft würden damit wiederum jene ältesten ärztlichen Aufgabenbereiche zugesprochen werden, die sich neben der Krankenbehandlung auch auf die Bereiche der Gesundheitsbildung, der Lebensführung und der Gesellschaftsplanung erstrecken.

Das aber ist wohl unser heutiges Problem! Würde man die Frage nach der Aufgabe des Arztes einem mittelalterlichen Scholastiker stellen, so bekäme man eine eindeutige Antwort: Amt des Arztes ist es, sowohl den gesunden Leib durch vernünftige Lebensführung zu erhalten (corpus sanum in suo statu regendo conservare) als auch den krankgewordenen Leib wieder der Genesung zuzuführen (corpus aegrum ad sanitatem revocare). Das Ziel der Medizin ist daher ein zweifaches: erstens die Erhaltung der Gesundheit durch Diätetik (per regimen sanitatis conservatio) und zweitens die Heilung durch spezifische Maßnahmen (per curationem sanatio). So war es, so könnte es bleiben! Das allein gibt auch uns hier den Mut, Kommendes aus dem Vergangenen zu deuten, historisches Wissen in Hoffnung zu übersetzen!

Erster Teil
Die Prinzipien der Lebensordnung

Einleitung

Wenn von Prinzipien der Lebensführung die Rede ist, die sich im praktischen Leben zu verwirklichen haben, dann sind wir gut beraten, uns zunächst einmal auf die theoretischen Grundlagen der klassischen Lebensordnung zu besinnen.

Als Leitbild dieser Lebensführung dient uns der altgriechische Begriff der *diaita,* der wörtlich die Lebensordnung meint, jene charakteristische Art und Weise des Menschen nämlich, wirklich menschlich zu leben, was einfach nicht möglich scheint ohne eine gewisse Kunst, eine Kultur, einen eigenen Lebensstil, die Kunst eben, vernünftig zu leben.

Diese Lebenskunst mit allen Formen der Lebensführung war ganz selbstverständlich eingebaut in die ältere Heilkunde, die es seit Jahrtausenden als ihre erste und oberste Aufgabe angesehen hat, die Gesundheit zu kennen, zu bewahren und womöglich zu steigern, und die erst danach sich der Aufgabe verpflichtet wußte, die verlorene Gesundheit wiederherzustellen oder im Fall chronischer Leiden diese zu lindern oder unheilbar Kranke zu trösten. Vorrangig erschien dabei immer der Auftrag, den Krankheiten zuvorzukommen, Prophylaxe zu betreiben oder auch Prävention.

Prävention ist – so scheint es – die große Herausforderung an unsere Zeit, eine Provokation, ganz ähnlich und gleichrangig wie andere provokative Parolen wie Frieden, Umweltschutz, Lebensqualität. Prävention in diesem Sinne bedeutet nichts Geringeres als den Aufbau eines Programms für den modernen Lebensstil.

Was wären demnach die Phänomene, die Fragen unserer Zeit? Wir erleben unsere Gegenwart als Zeitalter eines dramatischen Umbruchs, verbunden mit einer tiefgreifenden Krise, wie sie in vielen Bereichen unseres Lebens zum Ausdruck kommt: als eine Krise der Weltanschauungen und der Wissenschaft, der Wirtschaftssysteme und des politischen Managements, Krisen nicht zuletzt auch auf allen Gebieten der modernen Medizin.

Die moderne Medizin hat sich ein Jahrhundert lang als System angewandter Naturwissenschaft verstanden, und sie hat auf diesem Modell ein ,,Gesundheitswesen'' aufgebaut, das den heiltechnischen Erfordernissen der operativen Disziplinen auf eine bewunderungswürdige Weise gerecht wurde, den Bedürfnissen des leidenden Menschen insgesamt aber, wie wir mehr und mehr spüren, nicht genug zu entsprechen vermochte.

Indes können wir heute zunehmend eine Wendung vom rein mechanistischen zu einem eher ganzheitlichen Denken, vom bloß ökonomischen zum mehr ökologischen Handeln, einen Wechsel auch von der reduzierten, krankheitsorientierten Heiltechnik weg zu einer auch die Bereiche der Umwelt und Mitwelt umfassenden Heilkunde beobachten.

In dieser dramatischen Übergangssituation haben wir neue Konzepte einer Lebensführung und Daseinsstilisierung zu suchen, die uns zeigen, wie sehr gerade die Präventivmedizin verflochten ist mit allen Fragen der Wirtschafts-, der Umwelt- und Bildungspolitik.

Die Forderung nach einer präventiven Neuordnung freilich wird vor allem in ärztlichen Kreisen mit einem merkwürdigen Argwohn betrachtet; sie wird als Medizinkritik angesehen, als eine ,,geradezu feststehende Denkfigur'', die in erster Linie dazu dienen soll, der Kritik an der kurativen Medizin neue Nahrung zu geben und ,,das System Medizin'' unheilvoll zu verändern. Präventivmedizin gerät in Gefahr, als eine Art Anti-Medizin angesehen zu werden! Wir sollten uns von solchen Vorurteilen, gleich welcher Provenienz, nicht beeindrucken lassen, sondern zunächst einmal an die Phänomene selbst zu gelangen versuchen.

Tertiäre Prävention

Beginnen wir mit der tertiären Prävention, weil sie am ehesten noch den heiltechnischen Maßnahmen verwandt ist. Vor allem im herannahenden Zeitalter der chronisch Kranken werden wir uns mehr und mehr mit dem Phänomen einer eingeschränkten Gesundheit vertraut machen müssen und demzufolge auch mit jenen strategischen Konzepten, die uns zeigen, wie man mit Krankheit auf Dauer zu leben vermag.

Für diese therapeutisch begleitenden oder auch rehabilitierenden Maßnahmen stehen uns neuerdings die *Coping*-Verfahren zur Verfügung, die Ärzte wie Patienten mit dem ,,Umgang mit Kranksein" vertraut machen, einer ganz besonderen Kunst, die Art und Grade des Krankseins deutlicher macht, die alle Komplikationen, Remissionen und auch die sozialen Verwicklungen um das Krankgewordensein analysiert, um daraus folgernd therapeutische Konzepte und nicht zuletzt auch prävenierende Maßnahmen abzuleiten.

Sekundäre Prävention

Am sorgfältigsten ausgebaut wurden bisher die Bereiche der *sekundären Prävention*, die sich mit der Beherrschung und Beseitigung der Risikofaktoren befassen. Als *Risikofaktoren* verstehen wir dabei alle diejenigen krankheitsauslösenden *Faktoren*, die im Körper selbst wirksam werden oder von der Umwelt aus auf das Individuum einwirken. Der Begriff *Risikoindikator* kennzeichnet dagegen alle diejenigen meßbaren und beobachtbaren Eigenschaften, welche einen anderen Risikofaktor nur anzeigen (indizieren), ohne selbst etwas zu ,,machen". Daß es in den letzten Jahren zu einem tiefgreifenden Wandel in der Theorie der Krankheitsentstehung gekommen ist, beruht darauf, daß uns die Epidemiologie mögliche Zusammenhänge aufgezeigt hat, an die niemand vorher auch nur zu denken gewagt hätte. Diese möglichen Zusammenhänge (z. B. zwischen Rauchen und Bronchitis oder zwischen bestimmten sozialen Faktoren und Blutdrucksteigerung) sind zusätzlich durch die Forschungen der neueren Physiologie verständlich gemacht worden.

Primäre Prävention

Unter *Primärprävention* verstehen wir alle diejenigen Maßnahmen im Vorfeld der Krankheit, die sich auf den gesunden Menschen und seine tagtäglichen Lebensbedürfnisse richten, auf jenen Zustand also, in dem Krankheiten oder auch Risikofaktoren noch *nicht* in Erscheinung getreten sind, wo also alles darauf ankommt, die Gesundheit zu erhalten und zu fördern. Diese Kunst der gesunden Lebensführung umfaßt die Diätetik des einzelnen wie auch die Hygiene größerer Verbände und Gemeinschaften. Aus dem Begriff der Diätetik als einer alle Therapie begründenden und begleitenden Maßnahme ergibt sich, daß primäre, sekundäre und tertiäre Prävention inhaltlich als eine Einheit gesehen werden müssen. Prävention in diesem Sinne bedeutet nichts Geringeres als das Programm für den modernen Lebensstil, ein Programm, dessen Prinzipien wir nun im einzelnen – Punkt für Punkt – nachgehen wollen.

1
Die Erfahrung der Umwelt

Der erste Regelkreis gesunder Lebensführung behandelt den bewußten Umgang mit der Natur. Wir greifen mit diesem Problemkreis auf eines der ältesten Themen der Medizingeschichte zurück, ein Thema, das HIPPOKRATES in seiner klassischen Schrift ,,Von der Umwelt'' unter physiologischen wie hygienischen Gesichtspunkten behandelt hat. Die *Umwelt* wurde seit Jahrtausenden als das erste und wichtigste Feld angesehen, das den Menschen gesund erhält und das ihn krank macht.

Unter dem Topos *Licht und Luft* (aer) wurden dabei im einzelnen berücksichtigt: der Luftraum, der uns umgibt, und in dessen Spielräumen wir uns einzurichten haben; der Wasserhaushalt, der den größten Teil des eigenen Organismus ausmacht und den wir in jeder Hinsicht zu kultivieren haben; der Boden nicht zuletzt, den zu bebauen und zu bewohnen wir nicht von ungefähr als *Kultur* bezeichnen.

1.1
Die Natur als Lebensraum

Licht und Luft sind unser vitales Medium, ein schlagender Beweis dafür, daß der Mensch kein Amphibium ist, sondern – mit seinem Wasserhaushalt und einem Wärmemantel – in einer ganz spezifischen Umwelt lebt, vom ersten bis zum letzten Atemzug, in einer Welt, die hier an der Haut beginnt und da draußen im Kosmos endet. Die Haut als Hülle macht einen Teil meines Außen zum inneren Milieu und umgekehrt. Hier rühren wir wirklich an Welt, streifen den Kosmos, tangieren das Universum.

Der Mensch als eine Lichtpflanze und ein Lufttier ist, biologisch gesehen, ungemein stabil verankert. Es bedarf extremer technischer Mittel, um ihn auch nur für einige Tage aus dieser seiner Atemwelt herauszureißen. Die Bedingungen für dieses mittlere Medium sind äußerst schmal, und sie werden uns auch in Zukunft Maß und Grenze setzen. Man wird bald schon einsehen, daß Luft, Grünpflanzen, Gewässer mehr sind als schmückendes Beiwerk und daß man die Sorge um deren Reinhaltung und Schutz nicht allein den ,,Naturaposteln'' überlassen kann. Man wird sich zu entscheiden haben, wofür man Opfer bringt: für einen immer fragwürdiger werdenden Lebensstandard mit künstlich gesteigertem Konsum oder für die Notwendigkeit einer menschlichen Natur, einen Naturplan, der ohne *Kultur*plan nicht zu denken ist.

Seit Jahrmilliarden schon ist die atmosphärische Luft gleichsam die Außenhaut unseres Planeten, in der allein das uns bekannte Leben gedeiht und die damit unabdingbare Voraussetzung unserer Existenz ist. Ohne Nahrung lebt der Mensch vielleicht höchstens drei Wochen, ohne Wasser nur drei Tage, ohne Luft kaum drei Minuten. Das Atmen ist denn auch ein Leben lang nicht nur der ständig bestätigende Ausdruck unserer totalen Abhängigkeit von der Umwelt, sondern auch ein Sinnbild unseres Gehaltenseins in dieser sonst so zerbrechlichen Welt. ,,Es atmet'', das bedeutet, daß ich etwas an mir geschehen lasse, in jenem gewaltigen ,,Weltinnenraum'', in dem ich mich selber – wie RAINER MARIA RILKE sagt – ,,rhythmisch ereigne''.

Was von Licht und Luft gilt, gilt auch für das Wasser: ein besonders erregendes und zugleich beruhigendes Element für den einzelnen und seine inneren Erfahrungen; erregend aber auch durch den immer neuen Zufluß an physikalischen Erkenntnissen und technischen Nutzungsmöglichkeiten dieses Elements, beruhigend wiederum durch das Wissen um die Fülle, um den Reichtum, die ursprüngliche Lauterkeit und Unermeßlichkeit dieses Wassers, in dem sich mehr ausspricht als irgendein Kapitel aus dem Buche der Natur, in dem vielmehr ein ganzes kosmisches Alphabet zum Ausdruck kommt.

Und doch darf nicht verschwiegen werden, daß wir in ein Zeitalter eingetreten sind, wo dieses Element nicht mehr das gewöhnlichste und natürlichste Ding von der Welt ist: Wasser wird Mangelware und muß daher rationalisiert werden. Noch können wir nicht auf eine ökonomisch rentable Weise Meerwasser in Trinkwasser umwandeln oder künstlichen Regen erzeugen, wenn wir auch gelernt haben, Wolken chemisch zu impfen und Salzwasser zu destillieren. Wasser ist längst nicht mehr ein Quell der Lauterkeit und Bronn der Reinheit. Wasser wird verbraucht, verschmutzt, vergiftet, zerstört; es kehrt nicht mehr zurück in den natürlichen Kreislauf. Es selbst muß gereinigt werden: entkeimt, gefiltert, gekämmt, gesiebt, enthärtet, gesäuert, gechlort usw. Es muß geklärt werden, um als reines Element dienen zu können, um wieder das zu werden, was nicht nur die alten Naturforscher, sondern auch die neueren Biologen von diesem Wasser gesagt haben: daß es die Mutter und die Wiege alles Lebendigen ist, wirklich das „principium entis", d. h. Ursprung und Grund alles Seienden.

Von den Umweltfaktoren Luft, Wasserhaushalt, Boden hängen unmittelbar Klima, Jahreszeiten und die Wetterverhältnisse ab und dementsprechend unser Umgang mit Wärme und Kälte sowie die Gewohnheiten des Wohnens und der Kleidung. Es ist uns mit all diesen Naturkonstanten eine ungemein fest determinierte Umwelt gegeben, in der uns ganz enge Spielräume zur freien Gestaltung überlassen sind, die wir damit aber auch sehr empfindlich zu stören in der Lage sind.

Was bei diesem lebenslang zu kultivierenden Umgang mit Licht und Luft, mit Wasser und Wärme, mit Boden und Klima eine besondere Rolle spielt, das sind – und das bindet den ersten Regelkreis sofort wieder ein in die übrigen Muster gesunder Lebensführung – die Gewohnheiten unserer Ernährung, die Formen unserer Bewegung, unser Denken und Fühlen, mit deren Hilfe wir das Potential einer vernünftigen Lebensweise wiederzugewinnen suchen.

Wir haben im Umgang mit unserer natürlichen Umwelt aber auch lernen müssen, wie eng die Grenzen für die Existenz eines Lebens sind. Im Zeitalter der Raumforschung ist uns bewußt geworden, wie wenig uns an natürlichen Elementen bleibt, wenn wir einmal den gewohnten Raum verlassen. Innerhalb dieses Lebensraumes scheint alles von Natur aus klar und selbstverständlich zu sein: ausreichende Luft zum Atmen, ergiebige Wasservorräte, gemäßigte Temperaturen, ausgewogene Wetterlagen, der normale Wechsel von Tag und Nacht. Dieses so gesicherte und vertrauenerweckende Gerüst aber erweist sich immer mehr als ein äußerst sensibles System.

Die Natur erscheint uns plötzlich nicht mehr als Heimat, sondern als Bedrohung. Wir beherrschen sie längst nicht mehr, wenn es um die Qualität unseres Lebens geht. Wir alle wissen nur sehr wenig über die inneren Verflechtungen von Gesundheit, Ernährung und Bildung mit unserer Umwelt, obschon gerade diese Felder doch von so entscheidender Bedeutung, etwa für das Schicksal der Entwicklungsländer, werden könnten. Diese Unwissenheit führt zu schwersten Schäden am Individuum wie auch an der Gemeinschaft.

Mit seinem Klima aber wird der Mensch auch in der Welt von morgen zu leben haben: in einem ungewöhnlich stabilen System von Naturgesetzlichkeiten, das in rhythmischen Großepochen von Eiszeit zu Eiszeit wandert, in jenen gigantischen Zeit-Räumen, die ohne historische Erinnerung bleiben. Es ist die Strahlungsenergie der Sonne, die der irdischen Atmosphäre ihre stabile Hülle verschafft und dem Menschen sein so sicheres Gehäuse vermittelt. Aber dieses so sicher erscheinende Gerüst erweist sich wiederum als ein höchst sensibles System, sobald einmal das Gleichgewicht von Energiegewinn und Strahlungsverlust gestört wird.

Auf all diesen Feldern werden wir grundsätzlich mit den gewaltigen universellen Gleichgewichten der Natur vertraut gemacht: mit dem Zustrom und Abstrom kosmischer Energie, mit Aufbau und Abgabe organischer Substanzen, mit Niederschlägen und Abwässern, Erosionen und Verwitterungen, Anlandung und Abspülung. Gleichwohl ist mit diesem Begriff einer *Umwelt* immer noch lediglich die geographisch-physikalische Welt gemeint, eine „nicht soziale" Welt, von deren Bedrohlichkeit heute soviel die Rede ist, über deren wirkliche Schädlichkeiten wir allerdings nur wenig wissen. Noch sind viele dieser Noxen latent und wirken unterschwellig; sie treffen das menschliche Leben nur auf schwer einsehbaren Wegen und erst nach längeren Zeiträumen.

1.2
Programme einer medizinischen Ökologie

Als ersten elementaren Problemkreis einer Gesundheitsbildung stellen wir daher die *Umwelt* vor oder – moderner ausgedrückt – das System einer ökologisch orientierten Medizin. Hier geht es um jene Wissenschaft von der *Natur,* die weniger die Natur des eigenen Organismus meint als die Welt da draußen: unsere natürliche, künstliche, technische und soziale Umwelt.

Gesucht wird von der modernen Ökologie das Lebendige immer nur unter Einschluß des Menschen, der ja als einziges Lebewesen die Integrität der Natur auch zu stören vermag. Eine *Lebenswelt* in diesem Sinne zeigt sich demnach als ungemein reich gegliederte Ordnung, die sich gestaltet wie nach einem Plan. Der Organismus und seine Umwelt sind ein einheitliches Beziehungsgefüge; sie bilden eine Kombination dynamischer Gleichgewichtssysteme.

Zur Debatte stehen damit fundamentale Fragen der Bevölkerungssituation, der Rohstoffquellen, der Nahrungsmittel, der Umweltverschmutzung, aber auch die immer komplexer werdenden Zusammenhänge dieser Faktoren. Der Mensch befindet sich demnach voll und ganz eingebettet in den Umkreis der Natur, wobei „Natur" als Restbestand des noch nicht Beherrschten gelten mag; er steht damit aber auch immer schon im Horizont der Geschichte und im Spannungsgefüge einer Gesellschaft, die seine soziale Umwelt bilden oder gefährden.

Ein solches universelles System läßt sich freilich niemals nur isoliert von einer einzigen Komponente aus betrachten. In diesem System steht jedes für sich und ist zugleich mit allem anderen verbunden. Die Grundwasservorräte etwa, die bis zu 25 000 Jahre alt sind, werden zunehmend angezapft und können nicht mehr hinreichend ersetzt werden. Künstliche Bewässerung, Stauseen und Kühltürme lassen beträchtliche Wassermengen verdunsten, die nicht mehr einzuholen sind. Die großen europäischen Flüsse haben heute schon eine Übertemperatur von 2–4 Grad. Immer mehr Wasser wird verdunsten und verlorengehen, statt sich in den Flüssen zu sammeln und wieder in die Ozeane zu ergießen, aus deren Verdunstung die Niederschläge hauptsächlich stammen. Welche Auswirkungen das haben wird, läßt sich derzeit noch gar nicht absehen.

Wir versuchen von Jahrzehnt zu Jahrzehnt entschlossener, wenngleich engstirniger, die Interessen des Menschen gegen die Natur auszuspielen, wo sich im Grunde nur beide gleichzeitig vertreten lassen. Naturschutzpropaganda und Gesetzgebung geben dafür bestürzende Beispiele: Bagatellen werden geschützt, Wesentliches übersehen; das Ganze, als die Existenzgrundlage, ist kaum bekannt. Das Ganze einer sogenannten Naturlandschaft wird kaum noch gesehen oder gewollt, kaum auch vermißt. Die Umgebungsverunreinigungen nehmen täglich zu: Staub, Nebel, Abgase, Rauch, Blei, Quecksilber, Radioaktivität.

Seit einigen Jahren – und von Jahr zu Jahr energischer – beginnt sich ein Umweltschutz aufzubauen, der über die *diaeta privata*, die Lebenssphäre des einzelnen, hinaus alle Bereiche der *salus publica*, der öffentlichen Wohlfahrt, umspannt. Neben Luftschutz und Wasserschutz stehen hier auch Energieversorgung und Landschaftsgestaltung auf dem Programm. Die Weltgesundheitsorganisation (WHO) vor allem hat sich die Aufgabe gestellt, die Bedarfsanalysen und Kostenrechnungen, die Wirtschaftlichkeitsprinzipien und die Innovationen im Gesundheitswesen wesentlich systematischer und rationaler zu behandeln, als dies bislang geschehen ist. Im Sinne ihrer Projektplanung hat die WHO bereits im Jahre 1974 eine Europäische Konferenz für Beurteilung und Planung von Gesundheitsdiensten ins Leben gerufen.

Von diesem Europäischen Gesundheitsausschuß sollen im einzelnen geprüft und dargestellt werden:
- die Perspektiven der sozioökonomischen und kulturellen Umwelt, in der in den kommenden zwanzig Jahren die Gesundheitsdienste zu arbeiten haben;

- die wahrscheinliche Entwicklung der medizinischen Wissenschaften und ihrer öffentlichen Einrichtungen;
- der vermutliche Ausbau der Einrichtungen des öffentlichen Gesundheitswesens und der zu erwartende Einbau neuer Gesundheitsberufe.

Damit verknüpft bleibt die Frage nach den Kosten der medizinischen Leistungen, die einen wachsenden Anteil am Bruttosozialprodukt aufzehren. Die Diagnose- und Therapieverfahren erfordern immer kostspieliger werdende Geräte und beanspruchen immer mehr medizinisches Personal. Eine zunehmende Zahl kardiovaskulärer Krankheiten wie auch nervöser Störungen wird vor allem die ältere Generation betreffen. Während die Mortalität dank der Einführung wirksamer und frühzeitig anwendbarer Therapien eher abnehmen wird, rechnet man generell mit einem Anstieg der Morbidität und der Invalidität. Der Mensch wird – bei allem Einsatz der Gesundheitsdienste – nicht gesünder werden, sondern mehr und weitaus länger krank sein.

Aus all diesen Erwägungen heraus kann der Regelkreis Umwelt nicht hoch genug eingeschätzt, nicht sorgfältig genug beachtet werden. Denn: ,,Wir haben die Erde nicht von unseren Eltern geerbt; wir haben sie von unseren Kindern geliehen.''

2
Die Kultivierung der Lebensmittel

Der zweite Problemkreis unserer Lebensführung befaßt sich mit der Kultur der Lebensmittel, jenem gebildeten Umgang mit Speise und Trank, der allein unsere *Lebensmittel* zu einem Mittel zum Leben macht. Es ist ja in allen Bereichen unserer Existenz zunächst einmal die ,,Lebens-Natur-Lehre", unser physiologischer Fundus mit allen nur möglichen pathologischen Entgleisungen, der nach und nach über die ,,Lebens-Kunst-Lehre" hinübergeführt werden sollte in die ,,Lebens-Ordnungs-Lehre", Ausdruck eines durch und durch gebildeten, leibhaftig zu kultivierenden Lebensstils. Hierin sehen wir eine der neuen Aufgaben für die Medizin von morgen!

Unsere moderne Heiltechnik hat – wie wir alle wissen – die lebensbedrohenden Infektionskrankheiten auf eine bewundernswerte Weise zu beherrschen gelernt. Sie wird nicht dabei stehenbleiben, und sie steht ja auch heute schon in einem dramatischen Übergang von einer Medizin der Befunde hin zu einer Medizin der Befindlichkeit. Sie beschäftigt sich heute schon wieder, wie in den älteren Heilkulturen, mit jenen eigentlichen Lebensbereichen des Menschen: mit seiner Arbeitswelt und seiner Freizeit, mit der Welt der Lebensmittel und Genußmittel, mit den seelischen Bedürfnissen, mit der Umwelt also im weitesten Sinne und so auch mit einer neuen, im Grunde sehr alten *Lebensmittelkultur.*

Von diesem Eingebundensein in das Ensemble aller Lebenskreise wußte noch in neuerer Zeit der Hygieniker WERNER KOLLATH, wenn er schreibt: ,,Zum Genuß der natürlichen Genußmittel sowie aller wahren Güter des Daseins bedarf es der inneren Ruhe, der äußeren Sicherheit und der Verbundenheit mit den Menschen seines Lebenskreises sowie der Natur." Hier geht es um nicht mehr und nicht weniger als um eine durchaus mögliche Wissenschaft von der Gesundheit.

Eine Lebensmittelkunde in diesem weiteren Verständnis greift in alle Bereiche des menschlichen Wissens wie auch des praktischen Lebens ein. Hier finden wir in der Tat die Basis unserer Kultur. In diesem Sinne könnte – bereichert mit Zeugnissen aus der älteren Kulturgeschichte – von einer ,,Philosophie der Ernährung'' die Rede sein, einer philosophischen Lebensanschauung, die auch uns zu zeigen vermöchte, daß Lebensmittel weitaus mehr sind als Mittel der Nutrition, der banalen Nahrungsaufnahme und eines Ausscheidens der Stoffwechselendprodukte. Unter *Ernährung* im weitesten Sinne wollen wir daher nicht nur die Nahrungsaufnahme und die Verdauung, sondern eher den gebildeten Umgang mit Speise und Trank verstehen, nicht nur Assimilation und Dissimilation, sondern auch das ganze soziale Fluidum der Mahl-Zeiten – wahrhaft eine Kultur der Lebensmittel!

Eine wirklich wissenschaftliche Kulturgeschichte der Ernährung fehlt uns – trotz zahlreicher Ansätze – auch heute noch. Gleichwohl vermag uns gerade die moderne Wissenschaftsgeschichte, die immer auch Sozialgeschichte und Wirtschaftsgeschichte sein will, überraschend modern anmutende Anregungen zu geben. Seit den ältesten Zeiten war vor allem der Topos von ,,Speise und Trank'' (cibus et potus) eingebaut in den Kanon einer umfassenden Lebensordnungslehre, welche die Atmung und die Bewegung, das Schlafen und Wachen sowie den Affekthaushalt umfaßte und damit immer nur als Teil einer ganzheitlichen Lebensphilosophie und umfassenden Alltagskultivierung verstanden wurde.

2.1
Grundfragen der Ernährung

Der große Berliner Pathologe RUDOLF VIRCHOW (1821–1902) hat bereits vor mehr als hundert Jahren die Ernährung als ,,die Grundlage für die Existenz von Staat und Gesellschaft'' angesehen, und er konnte sich nicht genug darüber verwundern – das war im Jahre 1868 –, ,,daß nach so vielen Jahrtausenden weder die Erfahrung noch die Wissenschaft mit dieser, wie man meinen sollte, ersten Frage der Menschheit zum Abschluß gekommen ist''. Das ist in der Tat erstaunlich! ,,Eine streng wissenschaftliche Diätetik ist bis jetzt noch unmöglich'', glaubte VIRCHOW noch 1890 konstatieren zu müssen. Gerade die Wissenschaft, sie ist besonders den Gefahren der Einseitigkeit ausgesetzt, und sie hat ja auch immer wieder nur an die Stelle eines Irrtums einen anderen setzen können – was sich letzten Endes nirgendwo verhängnisvoller ausgewirkt hat als in der Ernährungsfrage.

Dennoch sind wir weitgehend angewiesen auf die Wissenschaft, auch wenn wir wissen, daß Menschen, Pflanzen und Tiere – so MAX VON PETTENKOFER (1873) – sich schließlich auch entwickelt und ganz gut bestanden haben, ,,ehe man nur daran denken konnte, wissenschaftliche Grundsätze für ihre Ernährung aufzustellen''. Man müsse offen gestehen, so fährt er fort, ,,wenn wir überhaupt nur von dem leben könnten, was wir wissenschaftlich genau wissen, daß wir längst alle, die wir da sind, zu Grunde gegangen wären''. Wissenschaft sei daher keine Vorbedingung unserer Existenz, sondern umgekehrt: ,,die Wissenschaft ist selbst nur eine sehr allmählich und spät reifende Frucht des Kulturlebens''.

Um die Mitte des 19. Jahrhunderts wurde im Zuge der Verwissenschaftlichung aller Bereiche der Medizin auch die Diätetik auf Modelle reduziert, auf Einzelrezepte und Kalorientafeln, wobei der Zusammenhang mit der alten Lebensordnungslehre verlorenging und später mehr und mehr von Außenseitern, Lebensreformern, Gesundbetern und Naturaposteln wieder aufgegriffen wurde. Je wissenschaftlicher und einseitiger die Medizin wurde, desto mehr verlor sie den Kontakt zu den Lebensbereichen Umwelt, Mitwelt und Erlebniswelt.

Damals kamen sie erst so richtig zur Geltung, und zumeist getragen von Außenseitern, alle die an sich so großartigen Programme einer Volksaufklärung. Und doch waren sie alle letzten Endes wieder zum Scheitern verurteilt, alle die aufgeklärten und noch so klugen Vorschriften zu gesundem und langem Leben, alle Makrobiotik und alle Gesundheitskatechismen, seit der Aufklärung und mit allen Mitteln der Aufklärung, weil das Konzept vom Aufklären allein offensichtlich nicht trägt.

Es ist sicherlich kein Zufall, wenn in einer jüngeren Schrift über ,,Ernährung und Gesundheit'' – mit dem Untertitel ,,Eine Untersuchung bei jungen Frauen und Männern in Heidelberg'' (1981) – die modernen Ernährungsprobleme als so umfassend geschildert werden, ,,daß anstelle der Empfehlung isolierter Schritte ein koordiniertes System einer nationalen Politik zur vernünftigen Ernährung treten müßte'', ein Konzept also, das, von der Philosophie der Ernährung ausgehend, reichen würde – und das wäre wohl der einzig vernünftige Weg – bis zu einer Ernährungsplanung und Ernährungspolitik!

2.2
Ernährung im Wandel

Ein so komplexer Vorgang wie der Wandel der Volksgesundheit innerhalb weniger Generationen kann freilich nicht in isolierbare Komponenten zerlegt werden, reduziert etwa auf Kalorien oder Vitamine oder Getreidesorten. Immerhin gibt es zu denken, wenn wir erfahren, daß in der zweiten Hälfte des 19. Jahrhunderts in Deutschland nicht nur ein rascher Anstieg des Verzehrs von Kartoffeln, Getreide und vor allem von Fleisch zu verzeichnen ist, sondern auch der noch wichtigere Sachverhalt, daß mehr und mehr auch minderbemittelte Einkommensgruppen davon profitieren konnten.

Um das Jahr 1800 noch ernährten sich breite Schichten der Bevölkerung vornehmlich von pflanzlichen Produkten. Um 1850 betrug der Anteil der tierischen Lebensmittel an der Gesamt-Energiezufuhr nur 12%, um 1980 bereits 40%. In den letzten 200 Jahren ist der Getreideverzehr auf 30% gesunken, ebenso auf 30% der Verzehr von Ballaststoffen. Gestiegen sind im gleichen Zeitraum: die Zufuhr von Proteinen tierischer Herkunft von 20% auf 65%, die Fettzufuhr von 10% auf 40% sowie der Alkohol auf 8% der Gesamt-Energiezufuhr. Hierin liegt wohl auch, im Verein mit der stetig abnehmenden körperlichen Aktivität, die Hauptursache für Fettsucht und Übergewicht.

Heute, im Zeitalter der Konserven und der Massentierhaltung, spielt die ehemals so elementare Beschaffung der Nahrungsmittel kaum noch eine Rolle. Noch zu Beginn unseres Jahrhunderts mußten – und das ist schon beachtlich – bis zu 70% des Haushaltsbudgets für Speise und Trank ausgegeben werden, heute nur noch 30%! Für Luxus in Kleidung, Wohnung, Heizung oder auch Körperpflege blieb da nicht viel übrig. Heute kann sich in unserer Gesellschaft fast jeder diese Dinge leisten; Essen und Trinken sind längst kein soziales Rangabzeichen mehr!

Was wir allerdings von der Wissenschaft für die Welt von morgen erwarten und heute schon brauchen, das wäre ein Katalog der Lebensmittel für die verschiedenen Lebensalter, für die Kindheit und alle Reifungsphasen; das wäre nicht zuletzt die richtige Ernährung im Arbeitsalltag. Was uns für die nächste Zeit noch fehlen wird und was doch so dringend erforderlich bleibt, sind Vorschriften für die Ernährung im Alter, Lebensmittel also, die eingebunden sind in die Heilmittel, aber auch losgelöst von allem ärztlichen Eingriff.

Unsere moderne Medizin beschäftigt sich heute bevorzugt wieder mit den tragenden Lebensbereichen des Menschen: mit seiner Arbeitswelt und seinen Freizeitgewohnheiten, mit seinen Lebensmitteln im weitesten Sinne des Wortes, mit seinen seelischen und geistigen Grundbedürfnissen, mit einem Gesundsein und Gesundbleiben, das immer weniger selbstverständlich wird.

2.3
Ernährung in der Welt von morgen

Es konnte nicht ausbleiben, daß wir uns – vor dem Hintergrund dieser dramatischen Entwicklungen – in unserem ,,Mergentheimer Modell" die Prinzipien der Ernährung zu einem Hauptthema gemacht haben. Damit ist ein Problem der Alltagskultur angesprochen, das uns alle angeht, jeden einzelnen und in bevorzugtem Maße die kleine, noch überschaubare Gemeinschaft, das sofort aber auch den öffentlichen Raum beansprucht und das nicht von ungefähr zu einer der großen Herausforderungen an unsere Zeit geworden ist.

War ,,Essen und Trinken" bisher nur intimes Medium privater Vergnüglichkeit oder Gastlichkeit, so sind in unserer Generation die Lebensmittel erstmals und in erschreckendem Ausmaß in den Mittelpunkt des Weltinteresses gerückt. Die Experten der Weltmodelle haben uns für die nächsten Jahrzehnte bereits die großen kontinentalen Hungersnöte vorausgesagt und damit eine Katastrophe, welche die Welt kaum überleben dürfte. Wir alle wissen gut genug, auch wenn wir es immer wieder vergessen und täglich verdrängen, daß Menschen der Dritten Welt buchstäblich dem Hungertod entgegengehen, während die Industrienationen immer blinder ihren ,,Selbstmord mit Messer und Gabel" betreiben. Die Konsequenzen werden nicht ausbleiben!

Man versteht allmählich den Widersinn abzuschätzen, der darin besteht, daß man Jahr für Jahr Millionen Tonnen an Weizen künstlich ungenießbar macht, weil es das System so fordert, während man gleichzeitig wiederum Millionen zusammenbettelt als ,,Brot für die Welt".

Man versucht immer drastischer, das Geschäft mit der Umwelt zu entlarven, das heute schon ganz groß im Kommen ist; denn auch im Herzen der ökologischen Bewegung hat sich bereits wieder eine ,,Umweltschutz-Industrie" eingenistet, die reichliche Gewinne abzuwerfen beginnt. Umweltschutz wird zum Profitschutz, wenn erst der Staat im Verbund mit der Industrie anfängt, die Proteste gegen die Verschmutzung der Welt zu kanalisieren, um den sozialen Frieden zu sichern, während doch alles in den industrialisierten wie auch den sich entwickelnden Gesellschaften immer offensichtlicher aus den Fugen gerät.

Der Aufbau einer systematischen Ernährungskultur erscheint uns für das private Leben und unsere Gesundheit gleichermaßen wichtig wie für ein öffentliches Gemeinwesen, das ohne eine durchgreifende Kultur der Lebensmittel, ohne allgemeine Wohlfahrt, einfach nicht existieren kann.

3
Die Ordnung der Zeit

Es ist kein Zufall, daß in den alten Heilkulturen das große Wechselspiel von Schlafen und Wachen im kosmischen Reigen von Tag und Nacht unmittelbar abgeleitet wurde aus den großen Rhythmen des Lebens, das dieses Wechselspiel seinerseits wiederum im Alltagsrhythmus gestaltet. Der dritte Regelkreis gesunder Lebensführung dient daher nach alter Tradition der inneren Ausgewogenheit in diesem Wechselspiel und damit der Rhythmisierung des gesamten Alltags. Aktion und Kontemplation sind nichts anderes als ein in sich geschlossenes Wechselspiel, eine innerlich ausgewogene, musikalisch gestimmte Lebensrhythmisierung. Es ist der rhythmische Wechsel, der uns die innere Spannkraft bewahrt.

Erst unter dem ausgewogenen Rhythmus von Schlafen und Wachen kommt es zu einem harmonischen Zusammenspiel aller physiologischen Funktionen und zu einem leibhaftigen Gedeihen. Es offenbaren sich augenscheinlich beim bewußten Umgang mit uns selber uralte Erfahrungen, die beweisen, daß wir in unserem Organismus eigenständige Rhythmen austragen, die dem großen kosmischen Wechselspiel von Tag und Nacht gleichgeschaltet sind, Uhren gleichsam, die das Leben stellt. Es ist der Lauf von Sonne und Mond, der die biologischen Uhren reguliert und uns eingespannt sein läßt in ein grandioses Wechselspiel der Stimmungen und Strömungen in einzigartiger Rhythmisierung. Hat man den Rhythmus weg – so NOVALIS –, so hat man die Welt weg!

,,Alles Behagen am Leben", bemerkt GOETHE, ,,ist auf eine regelmäßige Wiederkehr der äußeren Dinge gegründet. Der Wechsel von Tag und Nacht, der Jahreszeiten, der Blüten und Früchte, und was uns sonst von Epoche zu Epoche entgegentritt, damit wir es genießen können und sollen, diese sind die eigentlichen Triebfedern des irdischen

Lebens. Je offener wir für diese Genüsse sind, desto glücklicher fühlen wir uns" (Dichtung und Wahrheit).

In diesem großartigen Wechselspiel ist es der Schlaf, der uns immer wieder von neuem zu demonstrieren vermag, wie heilsam die Nacht über uns gewesen ist. ,,Ich habe", schreibt GOETHE am 15. März 1785 an Charlotte von Stein, ,,nur zwei Götter, Dich und den Schlaf. Ihr heilet alles an mir, was zu heilen ist, und seid die wechselweisen Mittel gegen die bösen Geister."

Der Schlaf vermittelt in erster Linie dem Gehirn immer wieder von neuem seine notwendige Rekreation, und er fördert die Digestion, die Verdauung. Ausreichendes Schlafen gewährt uns Erquickung an Leib und Geist. Im Wachzustand hingegen wird die Peripherie ständig angeheizt und das Zentrum nach und nach ausgekühlt: Der Organismus trocknet aus, spannt sich dabei unter Schwächung der vegetativen Funktionen auf Leistung, konzentriert sich auf kreative Verwandlung.

,,Der Mensch", so schon PARACELSUS, ,,soll wachen von morgens vier bis abends um acht, und danach soll er schlafen. Die Zeit aber zwischen acht und vier Uhr – je nach Veranlagung auch länger oder kürzer – ist nötig für den Schlaf. Hält man sich nicht daran, so ist die Ordnung der Natur gebrochen. Denn die Sonne will, daß alles wach sei." Daraus sein Rat an die Ärzte: ,,Drum wisse der Arzt, daß er alle Dinge so verteilen, verordnen und auf die gleiche Waage legen soll, daß die Natur nicht auf der einen Seite zu viel und auf der anderen zu wenig zu tragen habe."

3.1
Im Rhythmus des Alltags

Was für Jahrhunderte ein Privileg privater Daseinskultur gewesen sein mag, ist heute, im Zeitalter ökologischer Dauerkrisen, längst zum Fundamentalproblem des öffentlichen Lebens geworden. Wir sollten noch einmal wiederholen, worum es der alten Diätetik ging und worum es uns heute und morgen gehen wird: Es geht – erstens – um einen vernünftigen Umgang mit Licht und Luft, mit Wasser und Wärme, mit Klima und Boden, um einen kultivierten Umgang mit der Natur da draußen, um eine Umwelt-Medizin. Es geht – zweitens – um die Kultur des Essens und Trinkens, um die Welternährung im großen wie um die Gemeinschaftsverpflegung im kleinen, aber auch um all das, was wir uns leisten an Freßsucht, Trunksucht, Drogensucht, an einem völlig bedenkenlosen Medikamentenabusus. Es geht und es ging – drittens – in jeder Zivilisation um den ausgewogenen Rhythmus von Schlafen und Wachen, der so augenscheinlich gebunden bleibt an das Naturgeschehen von Tag und Nacht, gerade daher aber auch besonders zu stilisieren wäre. Hier geht es nicht nur um Nachtruhe und Lärmschutz, nicht allein um das Bewußtwerden einer *zirkadianen Rhythmik,* wie es uns heute die ,,Rund-um-die-Uhr-Forschung'' vermittelt, sondern viel mehr noch um die bewußte Bildung der Schlafräume, der Wachheitsgrade, des Bewußtseins selber bis zur Intuition.

Wir haben daher in unserem ,,Mergentheimer Modell'' – über das Schlafritual hinaus und über alle Regulierung der Wachzeiten – dieser Rhythmisierung des Alltags eine besondere Rolle zugesprochen. Hier in erster Linie erweist sich humaner Lebensstil!

Die Geschichte dieser Rhythmisierung des Alltags und damit auch Kultivierung aller Gemeinschaft bleibt noch zu schreiben. Sie hat an Aktualität nicht nur dadurch gewonnen, daß mit diesen privaten Lebensmustern auch alle Krisenräume des öffentlichen Lebens nahezu vollständig markiert sind, sondern mehr noch dadurch, daß mit diesen Modellen auch genau jene Binnenbereiche umschrieben sind, die ein neues, gesundes Leben im Alltag, in der Familie, in der Arbeitswelt, in jeder Art von Gruppe zu motivieren in der Lage sein dürften.

Die moderne Medizin, die sich zu einer so erstaunlich hochentwikkelten Heiltechnik differenzieren konnte, sie hat weitgehend vergessen, daß es neben den Heil-Mitteln auch Heil-Kräfte gibt: heilsame Kräfte im Wort und im Bild, Heilkräfte in der Musik, heilsame Kräfte in der Person des Arztes, nicht zuletzt in uns selber, in jener Urkraft der eigenen Natur, welche die Alten *virtus* nannten, Tugend als Tauglichkeit.

Individuum	**salus privata**	diaeta privata (persönliche Hygiene)
Gruppe	**salus communis**	diaeta communis (Familienpflege, Gruppendiätetik)
Sozietät	**salus publica**	diaeta publica (öffentliches Gesundheitswesen)

Es sind immer und überall die ganz natürlichen Lebensbedürfnisse, die uns auf den Leib geschrieben sind und die wir zu kultivieren haben, wollen wir ein vernünftiges und sinnvolles Leben führen. Es ist die *salus privata,* das persönliche Wohl, das sofort auch wieder hinweist auf die *salus publica,* die öffentliche Wohlfahrt, die hinwiederum nur zu beherrschen sein wird in der konkreten Lebensgemeinschaft einer *salus communis* oder des Allgemeinwohls (vgl. Schema Seite 31).

4
Das Gleichgewicht von Arbeit und Muße

Mit dem Problemkreis „Arbeit und Muße" haben wir uns in unserem „Mergentheimer Modell" ein eher delikates Thema zum Gegenstand diätetischer Lebensführung gemacht, eine Thematik, die man in unserer modernen *Arbeitswelt* viel zu isoliert betrachtet hat, während sie doch vom Prinzip her besonders eng in das Ensemble aller Regelkreise eingefügt ist.

Arbeit gilt als allgemeine Tätigkeit an der Natur, ist somit Teilstück der Weltkonstitution, ein „opus cum creatura" (Wirken an der Schöpfung), wie die Scholastiker dies nannten. Der Mensch erscheint dabei als Mitarbeiter an einer Schöpfung, die noch nicht zu Ende ist und die wir vollenden sollen. Die Natur zu vollenden, ist Aufgabe des „Amt Vulcani", wie PARACELSUS am Anfang des 16. Jahrhunderts die Technik genannt hat. Gleichwohl zeigt uns jede durchgreifende Analyse von *Arbeit,* daß die Arbeit nicht mit dem *Wesen* des Menschen gleichgesetzt werden kann.

In einer welthistorischen Phase aber, wo die Automation die Arbeit des Menschen weitgehend umwandelt und dem Arbeitsprozeß neue Ziele setzt, sind wir einfach gezwungen, den *Begriff der Arbeit* neu zu fassen. Mit der Arbeitswelt verbunden ist die immer noch ungelöste *soziale Frage* des 19. Jahrhunderts, die der Sozialismus zum Zentrum eines ideellen wie politischen Systems gemacht hat. Denn hier geht es weniger um Wirtschaftsformen oder Sozialtechniken als um eine Philosophie der Gesellschaft. Aus der Funktionalität der Arbeit in der Gesellschaft ergibt sich erst die partnerschaftliche Einheit des Individuums mit dem anderen, womit mehr gemeint ist als die auf ARISTOTELES zurückgehende Wesensbestimmung des Menschen als eines *Zoon politikon,* d. h. eines sozialen, politischen Lebewesens, oder auch die marxistische „Einheit von Mensch und Natur".

Hier geht es nicht zuletzt um die Physiologie der Arbeitsgemeinschaft, aus der dann auch die Hygiene des Arbeitslebens erwächst: der moralische Habitus des Arbeiters, die Atmosphäre eines Arbeitsklimas, die Bezugsfelder außerhalb eines Betriebes, die Freude an der Arbeit. Hier ist der Arbeiter nicht mehr Objekt, die berüchtigte ,,Arbeitsware", sondern Subjekt und als solcher immer auch Träger von Rechten und auch Pflichten, ist nicht mehr ,,Bezahlter" oder ,,Lohnempfänger" und kaum noch ,,Arbeitnehmer". Hier wird Arbeit zum Faktor der Sozialisation, ein *ergon,* ein Werk im klassischen Sinne: jener elementare Akt nämlich, durch den der Mensch die Natur packt, sie umgestaltet und damit auch sich selber verwirklicht.

An diesem Punkte kommt ganz deutlich und besonders erfrischend zum Ausdruck, daß die Medizin es nicht nur mit der biologischen Natur des Menschen zu tun hat, sondern auch mit seiner natürlichen Umwelt und der sozialen Mitwelt. Hier ist der Mensch im ,,opus", als ein *operarius,* ein ,,Werktätiger" im wahrsten Sinn des Wortes, nicht nur ,,zur Arbeit befähigt", sondern ,,zur Arbeit berufen", wie es in der Enzyklika ,,Laborem exercens" Papst Pauls VI. heißt, wo wir dann auch hören: daß der Mensch ,,durch die Arbeit nicht nur die Natur umwandelt und seinen Bedürfnissen anpaßt, sondern auch sich selbst als Mensch verwirklicht, ja gewissermaßen mehr Mensch wird".

4.1
Arbeit und Freizeit

Mit diesen wenigen Grundzügen und Leitlinien wären wir nun schon auf unser Thema eingestimmt, eine Thematik, aus der wir wenigstens die Prolegomena herausarbeiten wollen zu einer noch ausstehenden Anthropologie von ,,Arbeit und Freizeit". Angesichts des anthropologischen Schwergewichtes des Begriffsfeldes *Arbeit* wundert es uns nicht, daß ,,Arbeit und Muße" zu zentralen Punkten der klassischen Physiologie und Hygiene wurden. In der antiken und mittelalterlichen Diätetik ist es vor allem der Topos von ,,motus et quies", Bewegung und Ruhe, der den Rhythmus von Arbeit und Muße, das Gleichgewicht von Streß und Feierabend, den Kreislauf von Einsatz und Erholung, und dies möglichst ohne Ermüdung oder Erschöpfung, behandelt; und dieser Kreislauf zielt geradewegs auf jenes zentrale Problemfeld, das man heutzutage ,,Humanisierung der Arbeitswelt" nennt.

Dabei herrscht immer noch die Meinung vor, das eine folge auf das andere: Feierabend auf den Arbeitstag, Relaxierung auf den Streß, Muße auf die Anstrengung, während beides doch nur sich ergänzende

Elemente in der ausgewogenen Rhythmik eines in sich geschlossenen Gleichgewichts sind: Arbeitsfreude und Glück der Muße, sie entsprechen einander, stehen in Korrespondenz, in einer Konkordanz! In seinen sozialkritischen Schriften hatte der Arzt PARACELSUS schon darauf hingewiesen, daß sich unsere Arbeitsökonomie mit zunehmender Solidarität wesentlich verbessern ließe: ,,So wir nur brüderlich uns hielten untereinander, so würden vier Tage Arbeit genug sein." Ein alter, ein zu schöner Traum!

Was alles hat sich hier nicht innerhalb weniger Generationen verändert! Eine Analyse der Beschäftigungsstruktur für das Jahr 1750 zeigt uns, daß im primären Sektor (vorzüglich der Landwirtschaft) damals 80% der Menschen beschäftigt waren, im sekundären Sektor (Industrie) 10% und im tertiären Sektor (Handel, Verwaltung, Unterricht, freie Berufe) 10%. Bis zum Jahre 1950 ist der tertiäre Sektor auf 50% angestiegen, bis zum Jahre 2000 ist ein Anstieg auf 80% zu erwarten. Fraglos wird die technisierte Welt die Entfremdung von Arbeit wie auch von Muße weitertreiben. Die Freizeitgestaltung ist heute bereits kaum mehr als ein larvierter Dienst; man denke nur an die Zwänge der motorisierten Expansivität.

Der Freizeitbereich wird immer mehr zum Konsumraum und Konsumterror. Dabei ist schon von Natur aus nichts bedrohter und hoffnungsloser gefährdet als diese sogenannte Freizeit. ,,Nichts braucht", wie ERNST BLOCH meint, ,,mehr Bebauung als dieses menschliche, noch allzuwenig menschliche Feld." Immer stärker werden die Lebensbedürfnisse von äußeren Kriterien bestimmt. Der Lebensstandard als eine säkularisierte Heilsvorstellung ist das eigentliche Ziel, für das man alle Opfer bringt.

Damit ist ein weiterer Fragenkomplex angeschnitten, dem wir uns noch nicht ernsthaft gestellt haben: Der Rhythmus der Zukunft nämlich verspricht neben 30 Jahren der Ausbildung und 30 Jahren einer Produktivität einen 30jährigen Feierabend, bei steigender Lebenserwartung nach dem Jahre 2000 vielleicht auch 40 oder 50 Jahre der Muße. Die Gestaltung und Behandlung eines fünfzigjährigen Lebensabends –, das ist ein Problem, das noch nicht in den Horizont der Medizin getreten ist.

Bei dieser augenscheinlichen Verrückung und Verzerrung im Verhältnis von Arbeit und Freizeit offenbaren sich aber auch die Fehlformen im Verhältnis von Arbeiten und Feiern, die geradezu zu einer Pathologie des Arbeitslebens und Freizeitverhaltens geführt haben und die eine neuartige, durchgreifende Humanisierung der Arbeitswelt nahelegen.

4.2
Zur Humanisierung der Arbeitswelt

Nicht von ungefähr haben die alten Ärzte von einer in sich ausgewogenen Gleichgewichtigkeit von Arbeit und Freizeit gesprochen, von einer Einheit von Bewegung und Ruhe. In diesem täglich zu harmonisierenden Rhythmus wäre es unmöglich gewesen, die Erholung erst nach der Erschöpfung, die Pause auf die Anstrengung, die Rekreation auf die Leistung folgen zu lassen, wie dies heutzutage fast schon als normal angesehen wird. Dabei weiß der Physiologe nur zu gut, daß Ermüdungen zum Beispiel allein schon in geregelten Schlafzeiten ohne Rest beseitigt werden. Es sind die ,,unerholten'' Reste, die immer mehr Urlaub und Freizeit als notwendig erscheinen lassen.

Nun hat es manchmal den Anschein, als würde gerade der Produktionszuwachs die tägliche Arbeitsdauer spürbar herabsetzen und die Urlaubsdauer merklich verlängern. Der Freizeit käme dann sicherlich mehr Bedeutung zu, obschon es als kaum berechtigt erscheint, die zukünftige Zivilisation als eine ,,Freizeitgesellschaft'' zu bezeichnen. Wir beobachten, wie sich die menschliche Beschäftigung seit hundert Jahren immer mehr aus dem primären in einen tertiären Sektor verlagert. Die Freude am Arbeiten wird schwinden, die Öde der Freizeit wachsen. Aber auch die positive, die produktive Note sollte nicht übersehen werden: Die klassische Arbeitswelt tritt ab; ein Zeitalter der Muße scheint im Kommen!

Freizeit in diesem Ausmaß ist sicherlich eine Erscheinung der jüngsten Zeit, wobei die Freizeitgestaltung wiederum abhängig ist vom äußeren Lebensraum, von der sozialen Schicht, vom geistigen Bildungsniveau, abhängig nicht zuletzt vom Wandel der Familie. Mit dem Zerfall der Großfamilie in die Kernfamilie ging eine Verlagerung der Freizeit nach außen einher, auf die Sportfelder, in die Vergnügungsstätten. Wachsende Mobilität, Atomisierung der Gemeinschaften in kleinste Bestandteile führen über zunehmende Anonymität und Verlust der Autorität zu Depravationserscheinungen im Kindesalter, sich ausbreitender Kriminalität und anwachsenden Konsumkrankheiten.

Dabei bleibt die bange Frage, ob Muße – diese Grundtugend der Philosophie – jemals wieder ihr Bildungspotential wird entfalten können oder ob nicht unser Konsumdenken und die gelegentlich davon ausgehenden Zwänge Muße von vornherein unmöglich machen.

4.3
Ansätze zu einer Wissenschaft von der Freizeit

Wie aber Arbeit beides, Risiko *und* Chance, sein kann, so nun auch das Pendant zur Arbeit, die Freizeit. Der Begriff *Feierabend* ist älter und auch traulicher als der Begriff *Freizeit,* der eigentlich etwas Negatives zum Ausdruck bringt – freie, also nicht genutzte Zeit –, statt Spielräume zu bieten für ein wirklich kreatives Tun, wie man es aus ,,Feierabend'' noch heraushören kann.

Dem ,,Recht auf Arbeit'' stellt PAUL LAFARGUE – etwas provozierend, aber sehr systematisch – das ,,Recht auf Faulheit'' gegenüber, dem Wahnsinn der Arbeitswut eine Philosophie der Faulheit, ein flammendes Kontra also gegen unsere Arbeitswut, das um so bemerkenswerter ist, als der Schwiegervater des Verfassers kein Geringerer war als Karl Marx.

LAFARGUE preist zunächst einmal die Weisheit der mittelalterlichen Kirche, die den Arbeitern 90 Ruhetage im Jahr garantierte, 52 Sonntage und 38 Feiertage, und er verflucht die Französische Revolution, welche das Recht auf Arbeit letztlich doch nur zu einem Recht auf Elend machte. Als Zielpunkt aber steht LAFARGUE die 15-Stunden-Woche vor Augen. Was er fordert, ist ein ,,ehernes Gesetz'', das jedermann verbietet, mehr als drei Stunden pro Tag zu arbeiten.

Nun haben uns seit hundert Jahren schon die Naturforscher – so WERNER VON SIEMENS 1886 in Berlin – prophezeit, daß die Arbeit leichter und das Leben schöner werde, daß alle schwere Arbeit von den Maschinen, den ,,eisernen Engeln'', geleistet werde, um für geistige Genüsse Platz zu machen, und alles das nach dem ungeduldigen Memento des jungen MARX: morgens arbeiten, mittags angeln, abends feiern oder denken. Für die *nachindustrielle* Gesellschaft erwartet man, daß künftig jedermann das Leben eines Privilegierten führen könne.

Inzwischen ist aus den Freizeitgelegenheiten eine echte Freizeitverlegenheit geworden. Im Jahre 1900 hatte eine Arbeitswoche 60 Stunden, heute hat sie 40, im Jahre 2000 vielleicht nur noch 15 bis 20 Stunden. Heute stehen 40% der Amerikaner ganztags im Beruf, in zwanzig Jahren sind es noch 10% oder weniger. Wir sind befreit von der alten Arbeitsethik, ohne daß eine Moral der Muße an ihre Stelle getreten wäre. Folglich schlagen wir sie einfach tot, die Freizeit, vertreiben sie uns wieder, oder wir sterben vor Langeweile.

Arbeit und Muße sind längst kein Privatvergnügen persönlicher Lebensplanung mehr; sie haben in der Freizeitgesellschaft, mit einer Expansion des Tourismus, des Massensports, des Kurlaubs (und alles das verkoppelt mit Verkehrsproblemen, Städteplanung, Urlaubskonsum,

Trimm-Dich-Zentren) längst das öffentliche Interesse der Planungsstrategen gefunden. Vor dem Jahre 2000 werden wir bereits eine ,,Wissenschaft von der Freizeit" haben, eine Physiologie und Psychologie der Freizeit, eine Freizeit-Pädagogik und selbstverständlich auch eine Pathologie der Erholung, eine Prophylaxe, eine Hygiene und eine immer komplizierter werdende Therapie der Freizeitlaster.

Die Mechanisierung der Lebenswelt stellt aber nicht nur neue Anforderungen, sie bringt auch wachsende Schädigungen, schleichende Noxen, die oft nur spät erkennbar, dann aber nicht mehr behebbar sind. Das große Idol jedenfalls von einer *Produktionskybernetik,* mit der man so verschiedenartige Kategorien wie Wirtschaftlichkeit und Humanisierung, Rentabilität und Menschlichkeit in ein und demselben System wird nachkommen können, ist bisher ein zu schöner Traum geblieben.

Die Mechanisierung der Arbeit und ihre Automatisierung bringt nicht nur immer neue Anpassungsmuster mit sich, sondern auch schleichende Gesundheitsschäden, die erst nach Jahren erkennbar und meist unaufhebbar sind. Die Theoretiker des ,,Zeitalters der Feste", einer ,,Ära der Muße", rechnen denn auch heute schon mit einem allgemeinen Nervenzusammenbruch der Menschheit. Zu sehr hat der Mensch des ökonomischen Zeitalters es verlernt, absichtslos und doch sinnvoll zu agieren, das heißt zu spielen, so wie wir es als Kinder alle konnten und merkwürdigerweise total verlernt, bis auf die letzten atavistischen Reste verloren haben.

Dem traditionellen ökonomischen Denken gegenüber baut sich nun vor unseren Augen ein neues ökologisches Handeln auf. Auch hierfür könnten uns die historischen Muster als heuristische Modelle dienen, die es wieder zu entdecken gilt, um sie zu übersetzen in unsere Zeit und unsere Zukunft. Nicht von ungefähr diente der klassische Regelkreis von ,,motus et quies" dem Wechsel von Bewegung und Ruhe, mehr noch der inneren Ausgewogenheit in diesem Wechselspiel und damit der Rhythmisierung des gesamten Alltags.

Arbeit und Freizeit stehen hier in einem in sich geschlossenen Gleichgewichtsverhältnis; sie erscheinen nicht mehr als Gegensätze, sondern als Aspekte einer ganzheitlichen Lebenshaltung; sie wären demnach auch nicht gegeneinander auszuspielen oder gar abzurechnen, sondern in Einklang zu bringen. Überall da nämlich, wo ,,große Arbeit" ins Spiel kommt, finden wir auch die Muster disziplinierter Lebensführung wieder: eine Rhythmisierung des Alltags, eine Führung des Tages mit der Aufteilung der einzelnen Schritte im Rhythmus des Ganzen, in einem abgestimmten Ensemble, ausgewogen aufklingend wie die Melodie einer Orgel.

5
Die Kultur des Leibes

Als nicht weniger wichtig erscheint uns ein fünfter Kulturkreis, der sich mit den Absonderungen und Ausscheidungen befaßt, den „excreta et secreta", einem besonders intimen innersekretorischen Stoffverkehr, dem wir so leibhaftig verhaftet bleiben und aus dessen Signatur der alte Arzt so vortrefflich zu diagnostizieren verstand. Darin eingebunden ist alle Kultur des Sexuallebens, damit eng verbunden wiederum die Psychohygiene, eine volle Ökonomik des Affekthaushaltes mit all seinen Emotionen, die wir nicht nur als Risikofaktoren beachten sollten, sondern auch als Restitutionsfaktoren; hier geht es um den gebildeten Umgang mit sich selbst und seinesgleichen.

Wir tragen den Keim für das geistige Leben tief im naturhaften Gefüge. Natur und Kultur sind eben keine Gegen-Sätze, sondern *ein* Bildungs-Prozeß. Die Natur, von keinem belehrt, sagt HIPPOKRATES, wirkt dennoch stets das Gemäße. FRIEDRICH NIETZSCHE hat das Ausmaß dieser fundamentalen Kategorie auch dort noch erfaßt, wo er es rein metaphorisch abhandelt, als Pathologie kultureller Überfütterung und fehlerhafter Verwertung. Der Kosmopolitismus der Speisen, der Getränke, der Informationen: „das Tempo dieser Einströmung ist ein Prestissimo; die Eindrücke wischen sich aus". Man hat keinen Raum mehr, das alles aufzunehmen, und keine Zeit mehr, es zu sondieren; man kommt nicht daran vorbei, so oder so manipuliert zu werden!

Das gleiche gilt für die Verdauung: „Man wehrt sich instinktiv, etwas hereinzunehmen, tief zu nehmen, etwas zu ‚verdauen'; – Schwächung der Verdauungs-Kraft resultiert daraus." Man hat Durchfall oder ist verstopft; eine ausgeglichene Assimilation scheint kaum noch möglich. Und was noch schlimmer ist: „Der Mensch verlernt zu agieren; er reagiert nur noch auf Erregungen von außen her."

Wie in unserem körperlichen Dasein, wo es tagtäglich um Einnahme und Abgabe, um den Stoff-Wechsel eben, geht, so sind wir auch in unserem geistigen Haushalt auf Aufnahme und Weitergabe, auf Umsetzung und Einverleibung angewiesen, um zu einer vernünftigen und damit auch gesunden Existenz zu kommen.

5.1
Zur Harmonisierung des Haushalts

Die Kultur des Alltags aber ist längst keine Privatangelegenheit mehr; sie ist ein Politikum ersten Ranges geworden. Sie beschränkt sich auch keineswegs auf den banalen Bezirk unserer ,,Lebensmittel''; sie ist ein Element der Kultivierung von Leben überhaupt geworden. Und wenn MARTIN LUTHER schon im ,,Kleinen Katechismus'' fragte: ,,Was heißt denn täglich Brot?'', dann lautete damals seine Antwort: ,,Alles, was zur Leibes Nahrung und Notdurft gehört als: Essen, Trinken, Kleider, Schuh, Haus, Hof, Acker, Vieh, Geld, Gut, fromm Gemahl, fromme Kinder, fromm Gesind, fromme und treue Oberherren, gut Regiment, gut Wetter, Friede, Gesundheit, Zucht, Ehre, gute Freunde, gute Nachbarn und desgleichen.''

Die Gesundheit des Leibes hat einfach medialen Charakter: Sie dient dem Menschen zur Ausbildung seiner Natur wie zu sinnvoller Lebensführung. Und so gehören denn auch zu einer solchen Kultur des Leibes alle die so elementaren Lebensbereiche der Ernährung und Wohnung, der Erholung und Entspannung, die ein in sich ausgewogenes Gleichgewicht bilden. Die Kunde von den Lebensmitteln greift somit ein in alle Bereiche des Wissens und in alle Zweige des praktischen Lebens. Ihre Grundlagen sind – wie wir sahen – die Naturwissenschaften wie die Sozialwissenschaften, die Geschichte wie die Völkerkunde, die Wirtschaftswissenschaften wie die Religionsgeschichte.

Die Regeln und die Winke einer solchen Lebensmittelkunde greifen ein in alle Gebiete des Alltags. Es sind die scheinbar so nebensächlichen Dinge des Alltags, die hier ganz ernstgenommen werden. Wir haben das alles ja auch schon kaum im System durchdacht, dieses imponierende Gefüge und Gefälle eines so großartigen Stoff-Wechsels, Umsatzes der Stoffe, eines Stoff-Verkehrs, ein System, in das wir mit unserer Organisation leibhaftig eingebunden, eingekittet, einverleibt sind. Hier begreift man erst so richtig, daß Lebens-Ordnung – wie Ordnung überhaupt – kein ,,Zu-Stand'' ist, sondern – was ein guter Kapellmeister und eine anständige Hausfrau schon immer wußten – ein ,,Vor-Gang'', ein laufendes Aufräumen und stetiges Abstimmen im unendlichen Spiel einer Harmonisierung.

Zur Ordnung der Lebensmittel gehört daher ganz gewiß auch die Frage: Mittel zum Leben, aber Mittel zu welchem Zweck? Ist es ein Mittel zum Schlankbleiben, zum Gesundsein, zum Altwerden? Und ist es selbst als Mittel zum Gesundbleiben ein letzter Zweck, so als ob Gesundheit wirklich das höchste Gut wäre? Das Leben ist der Güter höchstes nicht, singt ein deutscher Dichter, sollte es ausgerechnet die Gesundheit sein?

Bei PARACELSUS, dem großen Wanderarzt auf den Grenzwegen zwischen Mittelalter und Neuzeit, können wir lesen: ,,Wie die Speise in den Leib geführt wird, um ihn zu erquicken in all seiner Wollust, also gibt die äußere Welt dem Menschen all seine Vernunft, Kunst und Weisheit." Die äußere Welt ist es, die uns die innere schenkt. In dieser inneren Welt aber, da begegnet uns weitaus mehr, als was man so braucht (an Lebensmitteln), was man so hat (an Lebensstandard), was man so will (an Lebensbedürfnissen). Hier leben wir eben nicht mit den Werkzeugen, von den Lebensmitteln, aus einer Leistung oder im Genießen. Der Mensch lebt nicht vom Brot allein!

5.2
Zur Hygiene des Sexuallebens

Zur Kultur des Leibes gehört nicht zuletzt die Einsicht, daß der Mensch nicht alleine lebt; er lebt immer mit anderen, von denen er abhängig ist in stetiger Anteilnahme, damit aber auch schon in beständiger Mitteilung. Wir alle sind wahrhaftig miteinander verbunden und damit einander verantwortlich. Dies gilt selbstverständlich auch für den Menschen als ein Geschlechtswesen.

Seit ARISTOTELES schon betrachten Philosophen wie Mediziner den Menschen als ein genuines Gemeinschaftswesen, als *zoon politikon* bei ARISTOTELES, als *animal sociale* bei SENECA; und ALBERTUS MAGNUS wußte in seinen Aristoteles-Kommentaren noch einmal zu differenzieren, wenn er mit dem Philosophen sagte: Der Mensch ist ein ,,animal politicum", aber er ist noch etwas mehr, nämlich ein ,,animal magis conjugale quam politicum", d. h. ein Wesen, das eher auf die Gemeinsamkeit zu zweien als auf die bürgerliche der Stadt (polis) eingestellt ist; er ist angewiesen auf die kleinste konkrete Gemeinschaft, auf die Partnerschaft von Mann und Frau: ,,Ergo conjugium magis est naturale quam politicum", also ist die Ehe natürlicher als die politische Gemeinschaft (Ethic. Nic. VIII, 14).

Hier kommt bereits deutlich zum Ausdruck, daß es die Familienhaftigkeit ist, welche die Struktur der Geschlechtspartnerschaft bestimmt. Die Ehe galt daher dem mittelalterlichen Menschen eher als eine soziale Fürsorgegemeinschaft denn als biologische Geschlechtsgemeinschaft; sie war eine ökonomische Gemeinschaft mit all ihren sozialen, affektiven und moralischen Dauerhaltungen, welche die Ehe erst zu einer Instanz zu bilden vermochten. Der Mensch ist ja ursprünglich und seinem ganzen Wesen nach Person, in einem mehr dialogischen als dialektischen Verhältnis von Mann und Frau. An die Stelle des Körpers, den ich *habe*, tritt hier der Leib, der ich *bin*. Die Sexualität wäre demnach nicht etwas, das die Erfüllung im Menschsein erst zu bewerkstelligen hätte; das Sexuelle ist vielmehr dem Menschen als eine Fähigkeit gegeben, der Erfüllung des Menschlichen zu dienen. Geschlechtlichkeit und Existenz durchdringen einander: Die Existenz strahlt in die Geschlechtlichkeit, die Sexualität in die Existenz aus.

Nicht von ungefähr wird das menschliche Sexualverhalten insgesamt als *Sinnlichkeit* bezeichnet, wie uns ja auch die gesamte Leiblichkeit als Organ sinnlicher Lust zur Verfügung steht. Aus der Kultur leibhaftiger Sinnlichkeit erwächst das Reich der Erotik, wie auch in der Erweiterung des erotischen Lustgewinns die „schönen Künste", von der bildenden Kunst bis zur Poesie und Musik, zum Tragen kommen. Nach VIKTOR VON WEIZSÄCKER offenbart sich die Eigenart des Lebendigen am originalsten in der Geschlechtlichkeit. Alle Erkenntnisse vom Wesen des Lebendigen entstammen den Erfahrungen des Geschlechtslebens, das in diesem spezifischen Erfahrungsbereich als unzertrennlich von der Liebe erscheint. VIKTOR-EMIL FREIHERR VON GEBSATTEL, der bedeutende Psychosomatiker, hat von der „Leibesgestalt" gesprochen, in der er die faszinierende Spiritualität des Leibes erkennt, und dies in einer Dimension, in der Eros und Sexus noch eins sind. Als eine Grundgestalt von Polarität und Komplementarität äußert sich das Geschlecht immer in seiner sexuellen wie sozialen Organisation.

Die Geschlechtlichkeit erst ermöglicht es dem Menschen, über sich hinauszugehen, um transzendentale Möglichkeiten des Bewußtseins zu erschließen. Im anthropologischen Sinne hat es sich daher stets als verhängnisvoll erwiesen, wenn man die Phänomene der Sexualität lediglich auf Sexus oder auch nur auf Poesie oder idealisierende Romantik reduzieren wollte. Die Geschlechter besitzen einen jeweils eigenen Lebenssinn, der letzten Endes auch ihre Beziehung zueinander verständlich macht.

Nach moderner anthropologischer wie übrigens auch theologischer Auffassung wird die Sexualität als essentielle Befindlichkeit und nicht nur als funktionale Komponente erlebt. Die in der Sexualgemeinschaft gegebene Möglichkeit der Fortpflanzung orientiert die Ehe auf eine erweiterte Gemeinschaft hin; aus der intimen Zweisamkeit wird ein Zeichen der Öffentlichkeit. Somit ist – theologisch gesehen – die Geschlechtlichkeit sowohl Teil der Schöpfungsordnung als auch Heilszeichen der Erlösungserwartung. In einer solchen Sicht kann es nicht allein der Sachverhalt der Bedürftigkeit sein, der die Geschlechter zur Ergänzung anhält; es ist eher ein zusätzlicher Reichtum, welcher hier der Geschöpflichkeit des Menschen geschenkt wird.

Dem Wesen der Geschlechtlichkeit kommt man letzten Endes nur näher, wenn man Mann und Frau nach Ursprung und Ziel als ein Geheimnis Gottes erfaßt, als ein ,,opus alterum per alterum'', ein Werk, in dem und durch das sich einer am anderen und mit dem anderen verwirklicht. Hier begegnet dem *Du* immer ein *Ich*; beide aber stehen in einem unvertretbar persönlichen Zusammenhang, der sich in Frau wie Mann als *Selbsterfahrung* ereignet. Sexualität erscheint somit als Medium der Selbsthingabe wie der Fortpflanzung, der Selbstfindung und zugleich Selbstüberschreitung; sie äußert sich als Medium einer doppelten Transzendenz: zum anderen Geschlecht *hin und auf* die nächste Generation *zu*. Eins ist in das andere eingebunden und somit erst aus dem anderen zu verstehen. Vollkommenheit erreicht der Mensch nur in der Wechselwirkung zwischen Mann und Frau.

Wir zweifeln nicht daran, daß es bei derart tiefgreifenden Begegnungen und Wechselwirkungen, die uns so konkret auf den Leib geschrieben und unserem Wesen anvertraut sind, um natürliche Vorgänge handelt, die aber ständig und in jedem Betracht einer Bildung bedürfen. Hier geht es nun wirklich um die Kultur des Leibes!

6
Die Beziehung zum anderen

Der letzte Punkt einer Kultivierung des Alltags betrifft unseren Affekthaushalt und damit uns selber im Umgang mit anderen. Hier geht es mit unserer ganzen Garnitur an Leidenschaften und Freudenschaften genau um das, was die alten Ärzte *affectus animi* nannten und was wir heute allzu blaß und billig mit *Psychohygiene* umschreiben – als wenn's hier um die ,,Seele'' ginge und nicht den ganzen Menschen mit Herz und Hirn und Haut und Haaren.

Die ,,affectus animi'' der alten Scholastiker werden heute *psychische Grundsituationen* genannt. Sie werden systematisiert als *Risikofaktoren:* als Hast und Zwang, als Frustration und Aggression, als Neid und als Angst. Was wir freilich dabei nur zu oft übersehen und allzu leicht vergessen haben, ist der Tatbestand, daß es neben den sich so negativ auswirkenden Risikofaktoren auch die positiven *Restitutionsfaktoren* gibt: die Freude und die Erwartung, das Urvertrauen und die daraus entspringende Sicherheit, die Zuwendung und Zuneigung, die gehaltene Gelassenheit wie auch die gelassene Gehaltenheit, die Zufriedenheit, die Hoffnung schließlich und wie all diese Tugenden heißen.

Alle Kultur will letztlich nichts anderes als ,,Stil geben''! Alles, was unsere Natur an Kräften und Schwächen bietet, soll einem künstlerischen Plan eingefügt werden. Diesen Rahmen sollte uns das jahrhundertealte Schema von den ,,sechs nicht-natürlichen'' Lebensbedingungen geben.

In der älteren Heilkunde wird der gebildete Umgang mit anderen unter den ,,Gemütsbewegungen'' abgehandelt, wobei alles darauf ankommt, die rechte Mitte zwischen Gemütserregung und Gemütsruhe zu finden. Ganz ohne Gemütsbewegung nämlich ist nichts im Leben zu gestalten. Nichts Großes – so ARISTOTELES – wird ohne Leidenschaft vollbracht. Auf alle Erregung des Gemüts hat daher die Beruhigung zu folgen, wobei es letztlich ,,die Ruhe" selber ist, die zum Wesen des Gemütes und zu aller Kultur der Affekte gehört. ,,Ich will den Menschen die Ruhe wiedergeben", heißt es in NIETZSCHES Nachlaß, ,,ohne welche keine Kultur werden und bestehen kann."

Wir brauchen im zivilisierten Alltag allenthalben die Gemüts-Bewegung. Wir existieren nun einmal in einer Welt, die letztlich nicht im Verstande wurzelt. Zum *Kopf* muß das *Herz* treten, zum *Ich* das *Du*, wobei das Du wohl letzten Endes immer wichtiger ist als das Ich. Es wären demnach die Gleichgewichte aller Vermögen des Gemütes und aller Vermögen des Verstandes, die uns am Leben erhalten und den gebildeten Umgang mit unseresgleichen erst ermöglichen. Affekte und Emotionen können uns ganz gewiß kränken und krankmachen; sie können aber auch gesundmachen und die Gesundheit erhalten.

6.1
Vom Spielraum der Leidenschaften

Eingebunden in erstaunlich festgefügte Gesetzlichkeiten unserer angeborenen Naturanlagen und ausgeliefert den oft so erschreckenden Zwängen unserer sozialen Umwelt bleibt uns offensichtlich doch ein Freiraum, in dem wir unser Leben zu führen haben und unsere Gesundheit zu bilden vermögen.

,,Am Leitfaden des Leibes" wollte vor allem FRIEDRICH NIETZSCHE auch unsere psychischen Affekte auffassen als ,,zugleich etwas Physiologisches", als durchaus leibliche Phänomene, die es zu kultivieren gilt. Wir wissen längst noch nicht, wieviel *Natürliches* es zu gestalten gibt. Bei einer Kultur unserer Affekte aber läuft es letztlich wieder auf eine Philosophie hinaus, ,,welche im Grunde der Instinkt für eine persönliche Diät ist". Denn, so NIETZSCHE: ,,Ein Mensch, der über seinen Jähzorn, seine Gall- und Rachsucht, seine Wollust nicht Meister werden will und es versucht, irgendwo sonst Meister zu werden, der ist so dumm wie der Ackermann, der neben einem Wildbach seine Äcker anlegt, ohne sich gegen ihn zu schützen."

Der Hierarchie der Risikofaktoren gegenüber wird hier eine Hierarchie der ,,Ja-sagenden Affekte" gegenübergestellt, die alles das enthalten, ,,was reich ist und abgeben will und das Leben beschenkt und vergoldet und verewigt und vergöttlicht", wobei letzten Endes die Gesundheit nichts anderes wäre als ,,eine Art Vergöttlichung des Leibes". Von den ,,Wildwässern der Seele" hat NIETZSCHE gesprochen, und daß man sie ja nicht abzuleiten oder auszutrocknen habe, vielmehr zu regulieren und zu zivilisieren, Affekte, die letztlich immer nur transfiguriert werden wollen zu Geist.

„Der Mensch", so GOETHE, „kann und soll seine Eigenschaften weder ablegen noch verleugnen. Aber er kann sie bilden und ihnen eine Richtung geben." Das gilt für alle die psychischen Grundsituationen wie Angst und Neid, Hast und Zwang, Frustration und Aggression, die wir im gebildeten Umgang mit anderen zu verwandeln vermögen in Zuwendung und Zuneigung, in Urvertrauen und Sicherheit, in Gelassenheit und Zufriedenheit, in Freude und Hoffnung. Von allen positiven Affekten der belebendste aber ist sicherlich die Hoffnung, weil sie – so ERNST VON FEUCHTERSLEBEN – als „die himmlische Vorempfindung" unserer eigenen Verwirklichung vorarbeitet. Die Hoffnung, als „ein zarter Teil unseres Selbst", sie ist nichts anderes als „ein holdes Ich, das sich nie vernichten lassen will".

Die Prognosen der Futurologen verheißen uns zwar bis zum Jahrhundertende eine rapide Zunahme von Neurosen, Anpassungsstörungen im Überdruß an der Zivilisation, aber sie vertrösten uns auch damit, daß wir mit einem erstaunlichen Anwachsen von Psycho- und Soziotherapeuten, von Seeleningenieuren jedweder Couleur, zu rechnen hätten.

Hier haben wir es mit einem besonders wunden Punkt zu tun, wo am wenigsten aus einem technischen Denken für technisierten Konsum gedacht und geplant, produziert, manipuliert oder auch nur medikamentös therapiert werden kann, wo man vielleicht doch wieder zurück muß auf die alten Lebensmuster der Mutter Natur.

Wie eng dieser Spielraum ist, wie wenig gerade im Affektleben einem freien Ermessen zusteht, das hat uns nicht nur der naturwissenschaftliche Determinismus gezeigt, sondern auch und gerade die Psychoanalyse! Was bleibt uns denn wirklich in diesem an sich so großartigen, dramaturgisch bewegten Prozeß des Umgangs – mit Bewegung und Gegenbewegung, in aller Gegenseitigkeit und auch Solidarität –, was bleibt uns eigentlich noch persönlich zu tun?

Die Naturwissenschaften haben uns zu demonstrieren vermocht, wie wenig an Freiheitsraum dem Menschen in diesem gigantisch gefügten kausalen Netz aller Vorgänge in der Welt noch bleibt. Die Reste an Hoffnung auf freie Entscheidungsspielräume hat uns die Psychoanalyse zu nehmen versucht. „Ich habe mir", schreibt FREUD, „schon einmal die Freiheit genommen, Ihnen vorzuhalten, daß ein tief wurzelnder Glaube an psychische Freiheit und Willkürlichkeit in Ihnen steckt, der aber ganz unwissenschaftlich ist und vor den Anforderungen eines auch das Seelenleben beherrschenden Determinismus die Segel streichen muß." Was bleibt dem *Ich* auch – zwischen *Es* und *Über-Ich* – als das ewig Vergebliche!

Und nun nehmen wir uns in diesem absolut determinierten ,,psychischen Apparat" abermals die Freiheit, *nicht* die Segel zu streichen, uns ,,vorwissenschaftlich" zu verhalten, um jenseits aller Produkte von Anlage und Umwelt ein Gesundsein wie Krankwerden mitformendes personales Selbst anzunehmen. Der Mensch beansprucht einfach die Fähigkeit, in den Lauf wie die Gestaltung seines Lebens eingreifen zu können; er greift ein, was der Arzt freilich – souverän und jenseits von Schicksal und Freiheit – mit seinem ebenso notwendigen wie notwendenden Eingriff schon immer getan hat.

Eingreifen aber wird der Arzt immer müssen: Eingreifen nicht nur mit dem Messer oder mit pharmazeutischen Maßnahmen, sondern auch mit dem Rat, auch mit der Ratlosigkeit. Angesichts der Notwendigkeit einer Indikation zum Eingriff haben wir den Mut gefaßt, unser ,,Mergentheimer Modell" einmal als Ganzes vorzustellen, als eine der Möglichkeiten, aber auch als die große Chance, den menschlichen Spielraum zu nutzen, um gesund und vernünftig zu leben.

Zusammenfassung und Überleitung

Wir haben uns bei unserer Einführung in die Regelkreise gesunder Lebensführung auf das Prinzipielle beschränkt und wollen diese Lebensmuster abschließend – thesenartig – noch einmal wiederholen. Was uns heute – und mehr noch morgen – auf den Nägeln brennt, das ist:
- die Beherrschung der Luft, des Wassers, des Bodens, der Energievorräte und der Energienutzung, der Umwelt also im weitesten Sinne;
- die Kultivierung der Nahrungsmittel, darüber hinaus aber auch die Versorgung einer Weltbevölkerung mit Lebensmitteln und die Verhütung von Freßsucht, Trunksucht und Drogensucht;
- die Regulierung der Wachzeiten wie der Nachtruhe, damit auch eine Rhythmisierung des Tagesablaufes und eine Bekämpfung der Lärmstörungen;
- die Humanisierung der Arbeitswelt und im Zusammenhang damit die Rekultivierung von Freizeit und Muße sowie die Ordnung einer in Produktion wie Konsum gleicherweise ausgewogenen Freizeitgesellschaft;
- die Regulierung des eigenen Stoffhaushaltes, darin eingeschlossen die Theorie und Praxis einer Sexualhygiene, der Umgang also mit sich und mit anderen;
- die Beherrschung des Affekthaushaltes und damit der Einbau der Psychohygiene in eine anthropologisch zu begründende allgemeine Gesundheitsbildung, die sich vermutlich – im Ensemble aller sechs Lebensmuster – nur in kleineren Gruppen, der Familie in erster Linie, verwirklichen läßt.

Wir würden uns wahrhaftig kaum so intensiv für diese elementaren Forderungen einsetzen, wenn wir nicht selbst von ihrer Richtigkeit und Notwendigkeit überzeugt wären. Als Historiker wissen wir, daß sich

Zusammenfassung und Überleitung

kluge Ärzte mehr als dreitausend Jahre damit befaßt haben, und als Futurologen müssen wir annehmen, daß sie auch das dritte Jahrtausend noch beschäftigen werden. Man wird es sicherlich auch gespürt haben, daß wir es bei diesen sechs Lebensmustern nicht mit einem zufälligen Spiel zu tun haben, daß vielmehr dahinter so etwas stecken könnte wie ein überraschend systematisch angelegtes Konzept, das heute immer deutlicher bewußt wird. Was sich dahinter verbirgt, das ist eine Heilkunde, die jahrtausendelang eine Theorie der Gesundheit war, eine Lehre vom Zustand, Verlust und von der Wiederherstellung von Gesundsein, ehe sie – in den letzten hundert Jahren erst – immer ausschließlicher zu einem bloßen System der Krankenversorgung und Sozialversicherung wurde.

Für alles das stellt uns die Wissenschaft zwar beachtliche Instrumente, aber keine Wegweiser auf. Sie mag uns noch so viele Fragen lösen helfen; die Probleme unseres praktischen Lebens sind damit noch nicht einmal berührt. ,,Die Natur hat uns das Schachbrett gegeben'', wie GOETHE sagt, ,,aus dem wir nicht hinaus wirken können noch wollen, sie hat uns die Steine geschnitzt, deren Wert, Bewegung und Vermögen nach und nach bekannt werden: nun ist es an uns, Züge zu tun, von denen wir uns Gewinn versprechen.''

Was also ist zu tun bei dieser so schwierigen und doch auch wieder so einfachen Kunst, vernünftig zu leben? Zunächst kommt es wohl auf den Versuch an, einmal Punkt für Punkt an diese sechs Muster vernünftiger Lebensführung anzuknüpfen, sie zu systematisieren, zu aktualisieren, zu operationalisieren, zu prüfen für unser Leben von heute und morgen. Nicht von ungefähr hatte der griechische Arzt GALEN schon die Heilkunde als eine Theorie der Kultur begreifen wollen, die bestimmend wurde nicht nur für die Gesundheitslehre, sondern auch für die Ethik, die Pädagogik, die Politik. In dieser Heilkunst im weitesten Sinne war die Physiologie noch die Basis aller Kultur und die Diätetik die einzige Möglichkeit, ein kleines konkretes Stück dieser Welt sinnvoll zu organisieren.

Hier ist *Diät* noch wirklich eingebunden in das Ensemble der sechs Regelkreise zu gesunder Lebensführung. Genau das ist es aber, was der klassische Begriff von *diaita* meint: eine Lebensordnung im ganzen. Denn alle diese Punkte einer diätetischen Lebensführung bilden nicht nur die fundamentalen Grundbedürfnisse, verankert in unserer Erbmasse, sondern auch die entscheidenden Kulturelemente, ausgerichtet auf eine Stilisierung des Lebens. Sie vermitteln – als der durchzivilisierte persönliche Rhythmus des Alltags – die Bildung der Lebensordnung. Damit bilden sie aber auch schon jene Restitutionsfaktoren gegen die Pathologie unseres Alltags, wie er sich in den Risikofaktoren unserer modernen Welt zeigt: der Umweltverschmutzung, der Freß- und Drogenwelle, der Bewegungsarmut, im psychischen und sozialen Streß.

Es werden vielleicht in naher Zukunft schon ganz verschiedenartige Wissensbereiche sein, die wir in Forschung und Lehre heranzuziehen haben: die Pädagogik und die Familienforschung ebenso wie die Philosophie und die Theologie, um das viel zu enge Konzept einer bloßen kurativen Heiltechnik wieder auszuweiten auf die Kategorien einer auch die Umwelt, die Mitwelt, die Erlebniswelt umfassenden Sorge-Struktur, auf eine eher kosmologisch als anthropologisch orientierte Medizin. Aus der Heiltechnik würde dann wieder eine Heilkunde!

＃ Zweiter Teil

Die Regelkreise der Lebensführung

Einleitung

Die Regeln gesunder Lebensführung gehen jeden an; sie sind Leitbilder für den kranken wie den gesunden Menschen. Sie begleiten uns alle, von der Wiege bis zur Bahre. Denn: Vollkommen gesund kann niemand genannt werden! Wir alle werden krank, immer wieder krank, aber wir blühen auch wieder auf, wie PARACELSUS das formuliert hat, ,,blühen für und für zu einer vieltausendfältigen Gesundheit". Es gibt so viele Gesundheiten auf dieser Welt wie es Schönheiten gibt. Und wie jeder seine Art hat, schön zu sein, jeder auf seine Art schön, so ist auch jeder gesund auf seine eigene Art und Weise.

Jeder hat seine eigene Art, gesund zu sein, zu bleiben und auch wieder gesund zu werden. ,,Dein Kraut schlägt bei mir nicht an, meines nicht bei Dir", schrieb GOETHE an LAVATER: ,,In unseres Vaters Apotheke sind viele Rezepte." Wir wären folglich gut beraten, wenn wir uns der Pluralität der Heilsysteme anvertrauen würden, statt ausgerechnet diese unsere eigene, die so moderne wie einseitige Medizin als die absolute anzusehen, um sie dann noch zu übersteigerten Preisen sogenannten unterentwickelten Völkern zu verkaufen. Jedermann ist aber auch für seine Gesundheit verantwortlich! Jeder sollte nicht nur die Grenzen und Abstufungen von Gesundsein kennen, sondern auch die Möglichkeiten seiner Gesunderhaltung.

Es sind dies sicherlich ganz neue – und im Grunde wiederum doch nur uralte – Aufgaben, mit denen auch der Arzt sich wieder vertrauter machen sollte: die Beratung der noch Gesunden, die gekonnte Anleitung zu vernünftiger Lebensführung, die Begleitung vor allem der Chronisch-Kranken und der Sterbenden. Der Arzt ist hier immer noch der ,,Zeuge der großen und kleinen Szenen des Lebens", Zeuge von Geburt und Tod, von allen Hochzeiten und Tiefzeiten, ist der Ratgeber der Ratlosen, der Fachmann für die Gesundheit, der daher auch sein Wissen und diese seine Weisheit an den Mann bringen sollte und an die Frau.

Zu den Aufgaben der Gesundheitswissenschaft gehört daher in erster Linie die Erforschung der Risikofaktoren und damit auch die Ausschaltung der im persönlichen wie öffentlichen Leben immer gefährlicher werdenden Risiken, als da sind: Fehlernährung, Bewegungsarmut, Rauchen, Trinken und sonstige Süchte, psychischer und sozialer Streß, gar nicht zu reden von all den seelischen Verklemmungen und geistigen Verkümmerungen. Die bisherige Krankheitslehre hatte uns mehr eine Wissenschaft der Momentaufnahmen, der ganz akuten und sicherlich gefährlichen Zustände geboten. Jetzt sind es mit einem Male die chronischen Leiden, die Verschleißkrankheiten, der Diabetes, das Rheuma, die Folgezustände nach erfolgreichem Eingreifen, die erforscht sein wollen. Damit ist aber ein ganz neuer, im Grunde uralter Faktor wieder in das Gesichtsfeld der Ärzte gerückt: die Zeit nämlich und somit auch das Durchstehen oft schmerzhafter Zeiträume, die immer schwieriger werdende Bewältigung jener wachsenden Lebensfrist, die wir einer Medizin verdanken, die dem Leben neue Jahre geben konnte, ohne nun auch den Jahren neues Leben zu schenken.

Wie falsches Verhalten nämlich nach und nach zu Erkrankungen führen muß, so leitet richtige Haltung an zur Gesundheit. Gesundheit selber ist ja weniger ein Zustand als ein Habitus, der sich aus vielen Komponenten zusammensetzt, mit vielerlei Stimmen in einem gewaltigen Orchester, der sich ausdrückt im Gang, im Mienenspiel, in der Kleidung, in unseren Redensarten, in Eß- und Trinkgewohnheiten, im Spiel und in unseren Hobbies, in jedem Atemzug, kurzum: in unserem eigenen, so sehr persönlichen Lebensstil.

Wenn es aber um die Anleitung zum gesunden Leben geht, dann kann man nicht früh genug anfangen, nicht systematisch genug erziehen. Eine solche Erziehung geht freilich nicht über die bloße Belehrung — an Informationen haben wir mehr als genug! Wir müssen schon einige Schichten tiefer dringen, um in jene Tiefe zu gelangen, aus der heraus sich ein Mensch noch motivieren, in Bewegung bringen und eher bekehren als belehren läßt, um schließlich sein Leben zu ändern, zu einem anderen Verhalten zu kommen, und damit zu einer neuen Haltung, zu einem neuen Lebensstil, der sich dann — vielleicht — ganz von selbst verallgemeinern wird.

In einem System der sozialen Sicherung, an dem wir alle aktiv beteiligt sind, ist jedermann auch zu einem Gesundheitspolitiker geworden, ob er dies weiß oder nicht, ob ihm das lieb sein mag oder auch nicht. „Jeder sein eigener Arzt", so hatte es in der Aufklärung schon der junge NOVALIS gefordert, dem nicht von ungefähr die Medizin die „Elementarwissenschaft eines jeden gebildeten Menschen" war.

Als eine solche Elementarwissenschaft für den gebildeten Menschen haben wir die sechs Regelkreise der älteren Hygiene aufgefaßt, die wir an unserem „Institut für Gesundheitsbildung" einzuüben bestrebt sind. Wir haben es dabei im Grunde immer mit sechs Zielgruppen zu tun, die sich wie folgt charakterisieren lassen:
– Gesunde oder jedenfalls solche, die sich gesund fühlen und demgemäß auch „nichts zu klagen" haben;
– Bedingt-Gesunde, die über die Last des Alltags klagen, Belastete also und dann bald auch Überlastete;
– Risikopersönlichkeiten, die vor allem unter den zivilisationsbedingten Risiken (Nikotin, Alkohol, Streß) zu leiden haben;
– Kranke, die einer kurativen Behandlung bedürfen;
– Chronisch-Kranke, die mit ihrer Krankheit auf Dauer zu leben haben;
– Todkranke, die gleichwohl und besonders eines Beistandes bedürfen.

Den beiden ersten Gruppen dienen wir mit der primären Prävention, mit Gesundheitsberatung und Gesundheitsbildung. Den beiden mittleren Gruppen kommen wir mit der sekundären Prävention zu Hilfe, mit Früherkennung und ärztlicher Behandlung. Für die beiden letzten Gruppen steht uns die tertiäre Prävention zur Verfügung, das Umgehen mit Chronisch-Kranken und mit Sterbenden.

Im Mittelpunkt aller präventiven Maßnahmen haben zunächst einmal die ärztlichen Dienste zu stehen, wobei neben dem Arzt immer mehr auch ein ganzes Spektrum an nichtärztlichen Gesundheitsberufen herangezogen wird. Wir sprechen bei allen Gruppen zu Recht von Komplementärbereichen, sprechen von Komplementärstrategien und sollten so auch die zahlreichen Komplementärberufe (Ernährungsberater, Psychologen, Sozialarbeiter, Gesundheitstrainer, Psychotherapeuten etc.) zu Wort kommen lassen.

Nur so wird man auf Dauer den Bedürfnissen einer notleidenden Bevölkerung gerecht, wobei sich immer mehr herausstellt, daß es neben den Grenzflächen von Krankheit und Gesundheit vor allem die Zwischenbereiche und die Übergangsfelder sind, die in den Mittelpunkt einer umfassenden Heilkunde treten.

Im wissenschaftlichen Programm der Gesundheitsplanung werden daher in Zukunft stets beide Bereiche gleichzeitig und gleichrangig betrachtet werden müssen: die Kranken-Versorgung wie die Gesundheitssicherung, wobei angesichts der kosmopolitischen Situation und der ökonomischen Lage der Gesundheitssysteme in naher Zukunft schon die Prävenierungsstrategien Priorität haben dürften vor allen Intervenierungstechniken. Extreme Kreise fordern – mit mehr oder weniger ernst zu nehmenden Argumenten – die Gesundheitsbildung als Alternative zur Medizin, eine Laienmedizin mit Entmedikalisierung und Entprofessionalisierung, die dem Menschen selber wieder die enteignete Gesundheit anvertrauen würde, womit man freilich an die Stelle unserer modernen Medizin mit Schlagseite nur wieder neue Einseitigkeiten, Maßlosigkeiten, Halbheiten setzen würde und zudem verzichten müßte auf die zahlreichen Segnungen der Heiltechnik, die kein vernünftiger Mensch in Frage stellen wird.

Offizielle Arbeitsgruppen der Weltgesundheitsorganisation, die unter der Flagge ,,Gesundheit für alle bis zum Jahre 2000'' immer energischer die Gesundheit als eine ,,politische Idee'' proklamieren, sind heute bereits auf weltweiter Ebene dabei, Strukturen und Funktionen einer globalen gesundheitlichen Primärversorgung (Primary Health Care) zu entwickeln. Es soll eine allgemein umfassende gesundheitspolitische Idee sein, die sich aller Maßnahmen, nicht zuletzt auch des breiten Spektrums der Massenmedien, bedient, um soziale Aktionen in Gang zu setzen. Daß wir hier auf dem Wege zu einer eher kontrollierten statt informierten Gesellschaft sind, kann nicht übersehen werden.

Die Grenzen sollten daher deutlich gezeichnet, die Gefahren rechtzeitig gebannt werden: Was sich hier auf der Weltebene abzeichnet, das sind abermals die Züge einer nicht weniger maßlosen Medizin, als es die ausschließliche Heiltechnik der letzten hundert Jahre war. Vielleicht sollten wir angesichts dieser vorherrschenden Mentalität aber auch erinnern an eine Erwiderung von THOMAS MANN zu einer Arzt-Kritik an seinem ,,Zauberberg'', eine äußerst geistreiche Bemerkung, die lautet: ,,Denn diese Spielart humanistischer Wissenschaft, genannt Medizin: wie tief ihr Studium auch der Krankheit und dem Tode gehören möge, — ihr Ziel bleibt Gesundheit und Humanität, ihr Ziel bleibt die Wiederherstellung der menschlichen Idee in ihrer Reinheit.''

1
Der Lebensraum und seine Gestaltung

1.1
Einleitung

Die Natur ist der ursprüngliche Lebensraum des Menschen, sein Milieu, in dem sich seine Existenz, vor allem seine biologische, in Jahrmillionen angepaßt und seine Entwicklung vollzogen hat. Das Unwirtliche und Wirtliche einer Region, die Qualität von Klima, Wetter, Luft, Licht, Wasser und Boden waren und sind herausfordernde Faktoren für biologische und kulturelle Anpassungsleistungen und Ausleseprozesse, aber auch elementare Voraussetzung für Geborgenheit und Entfaltung des Menschen auf der Erde.

Gleiches gilt im biologischen Sinne für alle Arten von Lebewesen. Dabei ist zu bedenken, daß im Verlaufe der Geschichte unserer Erde, auf Kontinente oder Regionen bezogen, immer wieder Katastrophen mit gewaltigen Veränderungen der Biosphäre und dem Untergang ganzer Kulturen von Lebewesen und Pflanzen und – wie wir vom Beispiel der Eiszeit wissen – auch Klimaveränderungen eingetreten sind.

Die Natur als Umwelt und Zuhause des Menschen war also in großen Zeitabständen immer wieder durch terrestrische und kosmische Katastrophen von Zerstörung und Umwandlung betroffen.

Nun aber ist die Natur durch zivilisatorische Einwirkungen in transkontinentalem Ausmaß in die Gefahr einer nachhaltigen, wenn nicht gar endgültigen Deformierung und Destabilisierung geraten. Der Mensch und mit ihm alle Arten von Lebewesen müssen durch die gigantische Ausbeutung und zunehmende Schädigung der Natur um den Verlust ihrer natürlichen Lebensvoraussetzungen bangen. Weltweit hat sich in den Ballungszentren menschlicher Siedlungen das ökobiologische Lebensmilieu und damit die Lebensqualität teilweise bis zur gesundheitlichen Toleranzgrenze verschlechtert.

Zwar wurde schon immer die Problematik des Spannungsfeldes zwischen naturgegebenen Lebensbedingungen und zivilisatorischen Schöpfungen diskutiert. Erinnert sei nur an den Schlachtruf von JEAN JACQUES ROUSSEAU: ,,Zurück zur Natur!"

Doch spätestens in den letzten Jahren ist bestürzend deutlich geworden, welche großen Probleme der Umgang des Menschen mit seiner natürlichen und zivilisatorischen Umgebung aufwirft. So die kaum korrigierbare Zerstörung des ökologischen Gesamtgefüges, wie sie beeindruckend etwa von der Expertenstudie ,,Global 2000" für den amerikanischen Präsidenten analysiert wurde. Oder die kritische Betrachtung des Siedlungsverhaltens der modernen Industriegesellschaft, wie sie ALEXANDER MITSCHERLICH in dem Buch ,,Die Unwirtlichkeit unserer Städte" angeprangert hat.

Alle zivilisationsbedingten, also willkürlichen Eingriffe in das außerordentlich komplexe, natürliche Gesamtgefüge haben immer wieder zu der einen Erfahrung geführt: daß nämlich die Ergebnisse ganz anders aussehen, als sie eigentlich geplant waren. Besonders die langfristigen Folgen von anfänglich sehr erfolgversprechenden Maßnahmen beweisen uns deutlich, daß letztendlich die Menschheit die Zeche auch selbst bezahlen muß, wenn das empfindliche Gleichgewicht der Natur durch unbedachte Eingriffe zerstört wird.

Ein Beispiel für die Problematik: Vordergründig verbessert der Einsatz von chemischen Mitteln die Ernteerträge und wäre deshalb eigentlich zu begrüßen. Doch wenn sich nach einiger Zeit die bekämpften Schädlinge als resistent erweisen, ihre natürlichen Feinde dagegen scharenweise an dem Gift zugrunde gehen, dann geht die Rechnung eben nicht mehr auf. Erinnert sei außerdem noch daran, daß über die Nahrungskette die Rückstände der verwendeten Substanzen in den menschlichen Organismus gelangen und möglicherweise gesundheitliche Schäden auslösen können – die zerstörerische Wirkung fällt auf ihren Verursacher zurück, beim Pflanzenschutz wie in der Wasserwirtschaft oder der Ausbeutung von Energiequellen.

Die Dynamik ökologischer Systeme wird durch eine Vielzahl ineinandergreifender Regelkreise bestimmt, die sich nicht getrennt voneinander verwalten oder steuern lassen. Es ist deshalb gefährlich und kurzsichtig, die Folgen von Eingriffen durch einfache, kausale *Wenn-dann-Modelle* berechnen zu wollen. Dennoch scheint es so zu sein, daß viele Menschen bei ihren Entscheidungen weniger in kybernetischen Vernetzungen denken, sondern eher nach ,,einfachen" Zusammenhängen und Lösungen suchen. Eine gefährliche, vor allem lebensgefährliche Illusion; denn sowohl die atomare Aufrüstung wie auch der ungezügelte Landverbrauch oder der gedankenlose Gebrauch von Spraydosen haben mittlerweile weitreichende Folgen.

Deshalb erscheint es dringlich, der Zerstörung der Natur und dem zivilisatorischen Vandalismus Einhalt zu gebieten. Einer der Gründe für das offenkundige Dilemma besteht wohl darin, daß die Menschheit die Auswirkungen ihres Handelns nur noch bedingt überschaut und ihnen nur noch in beschränktem Maße gewachsen ist. Es ist daher wichtig zu überlegen, wie dem weiteren Raubbau vorzubeugen ist. Doch ebenso bedeutsam erscheint die Beantwortung der Frage, was denn Positives zu tun sei, um aktive Verantwortung und Lebensqualität im Umgang mit der natürlichen und zivilisatorischen Umgebung zu sichern: Die Mahnung vor den Folgen von Mißbrauch und Verwüstung ersetzt nicht die Information über die Pflege und Wahrung angemessener Umweltbedingungen.

Diese uns zur Genüge bekannten Probleme sind zu einer Hauptsorge der Menschen und einer Herkulesaufgabe der Politiker und der politischen Systeme in aller Welt geworden. Alles, was nachfolgend als diätetische Aufgabe im Umgang mit der Natur zu sagen ist, steht daher im Schatten der ökologischen Bedrohung und unserer tiefen Sorge um die Erhaltung der Natur als Basis und Voraussetzung allen Lebens.

Die diätetische Thematik
Sie stützt sich bei diesem Regelkreis auf eine über 2000jährige medizinische Tradition und eine wachsende Zahl neuer Erkenntnisse, die wir vor allem der Biometeorologie, der Arbeits- und Sozialmedizin und der Geophysik verdanken. Für die Gesundheitsbildung sind die Grundelemente unserer äußeren Lebensbedingungen, wie sie in der hippokratischen Diaita und später in den *sex res non naturales* als Luft, Licht, Wasser und Boden genannt werden, in funktionaler Hinsicht vor allem als Klima, Wetter, Landschaft, Stadt oder Landgemeinde, Industrie, Wohnung und Kleidung von Bedeutung. Umwelt also recht konkret, bezogen auch auf die zivilisatorischen Einflüsse und die Kultur des Wohnens und der Bekleidung.

Der Mensch benötigt sein Leben lang ein Mindestmaß an Kontakten mit der Natur, aus der er seine Energie bezieht, an deren gesetzmäßigen Regeln er sich ausrichtet und durch die er Freude, Gleichklang, Entlastung, Entspannung und ein Gefühl der Geborgenheit erfährt.

Das Gehen und Laufen durch Feld und Wald, das Baden in Flüssen und Seen, im Meer, das Nächtigen im Freien, der Genuß frischer Luft und wärmender Sonne, des Windes und der Trunk kühlen Wassers aus einem Brunnen – das stärkt unseren Körper und erfüllt uns mit Wohlbehagen und höchster Lebensfreude. Aber ist es nicht so, daß in der Zivilisationskultur diese ursprünglichen Kontakte mit der Natur an Dauer, Häufigkeit und Qualität ständig abnehmen, während sich unser Aufenthalt in der zivilisatorischen Umwelt – Fabrik, Büro, Wohnung, Auto – immer weiter ausdehnt?

Die Entfremdung von der Natur, unsere im Urlaub und an Wochenenden eher sporadischen, häufig auch nicht mehr so intensiven Berührungen mit der Natur sind Hauptursache der gestiegenen Anfälligkeiten für Erkältungen, für die Empfindlichkeit gegenüber Wind und Zug und allen Witterungseinflüssen. Die Sorge und Klage über den fortschreitenden Verlust an natürlicher Umwelt wäre im Hinblick auf die Gesundheit des Menschen einäugig, wollte man übersehen, daß die Mehrzahl der Menschen von sich aus aufgrund ihres Lebensverhaltens die Kontakte zur Natur unter zivilisatorischen Einflüssen abgebaut hat.

Die medizinischen Aspekte der Beziehungen zwischen Mensch und natürlicher wie auch zivilisatorischer Umwelt und eines gesundheitsdienlichen Verhaltens des Menschen in seinem weiteren und engeren Lebensmilieu sind an den Erfahrungen und Erkenntnissen über die Einwirkungen von Wetter und Klima, von Licht, Luft und Wasser, aber auch über das zivilisatorische Lebensmilieu, vor allem die Wohnung und Kleidung, orientiert.

1.2
Wetter und Klima

Die Abhängigkeit gesundheitlichen Befindens von Wetter und Klima ist der Medizin seit Jahrtausenden bekannt. HIPPOKRATES schrieb dazu über „Luft, Wasser, Lage", und es finden sich seitdem über alle Zeiten hinweg zu diesem Thema Beiträge in der medizinischen Literatur, zudem auch spruchhafte Volksweisheiten, die in prägnanter Kürze eine Fülle empirischer Beobachtungen vermitteln. Heute spricht man von Biometeorologie und Bioklimatologie, um jene Bereiche wissenschaftlicher Bemühungen zu kennzeichnen, die sich mit den Zusammenhängen von Wetter, Klima, Jahreszeiten und dem gesundheitlichen Befinden und Auswirkungen auf den Menschen befassen.

Das Klima als Gesamt der meteorologischen Erscheinungen und Charakteristikum eines mittleren atmosphärischen Zustandes in einem

Gebiet, bleibt weitgehend unveränderlich. Der Wechsel der Jahreszeiten vollzieht sich etwa alle drei Monate. Das Wetter wechselt dagegen fast täglich, es steht in der Kürze seiner Perioden den biorhythmischen Tagesschwankungen des Menschen am nächsten und wird allein schon aus dieser Ähnlichkeit für die Ursache vieler Unpäßlichkeiten und Beschwerden gehalten. Hier ist zu bedenken, daß Reaktionen unseres Organismus auf Wetterreize, stammes- und entwicklungsgeschichtlich betrachtet, sicherlich eine schützende Warnfunktion bedeuten und eine Veränderung der natürlichen Umwelt als Peristase anzeigen und Vorkehrungen eines anpassenden Verhaltens bezwecken. Der gesunde Organismus vermag solche Reaktionen so ablaufen zu lassen, daß keine besondere Beeinträchtigung des Befindens die Folge ist.

Im Gegenteil: Die Belastbarkeit im fortlaufenden Wechsel von Temperatur und Witterung ist eine wichtige Voraussetzung zur Belebung der Abwehr- und Leistungskräfte, während künstliche Temperierung (etwa durch Klimaanlagen) die Empfindlichkeit und Anfälligkeit (wie gegen Infektionen) deutlich steigert. Deshalb ist zu empfehlen, den Organismus planmäßig und ohne zu starke Isolation durch schützende Kleidung an die sich ändernden Witterungsverhältnisse im Verlauf des Jahres zu gewöhnen. Wohnräume sind gut zu durchlüften und mäßig zu temperieren; naturgemäße Trainings- und Abhärtungsmethoden, etwa Saunabäder oder Güsse, sollten die Gewöhnung an wechselnde Umweltbedingungen unterstützen. Gleichwohl gilt die Wetterfühligkeit – manchmal ist sogar vom Witterungsstreß die Rede – als eine der häufigsten gesundheitlichen Klagen.

Nach demoskopischen Umfragen geben zwischen 50 und 70% der Bevölkerung eine zumindest zeitweilige stärkere Beeinflussung ihres Befindens durch Wettereinwirkungen an.

Die interessante Beobachtung, daß die Wetterfühligkeit in der Kriegszeit und den Notjahren der Nachkriegszeit wesentlich geringer war, während sie in den letzten Jahrzehnten stark zugenommen hat, wirft die Frage auf, wie man sich das erhebliche Anwachsen wetterbedingter Befindensstörungen erklären kann.

Auch wenn man von seiten des Wetters unruhigere Phasen annimmt und den Trend zur Überalterung der Bevölkerung sowie einen ansteigenden Reizpegel der zivilisatorischen Umwelt ins Kalkül zieht, so läßt sich die vermehrte Wetterfühligkeit doch überwiegend als Problem verminderter Adaptionsfähigkeit und vermehrter Sensibilisierung gegenüber Klima- und Wettereinflüssen durch Überlastungen und Disharmonien in der Lebensführung erklären. Und hier liegen Störfelder in allen übrigen diätetischen Regelkreisen vor, die von anwachsend vielen Menschen entweder nicht erkannt, nicht verstanden oder nicht bewältigt werden: in übermäßiger, falscher Ernährung und dem Genußmittelkonsum, Drogenkonsum; in arrhythmischer Lebensweise sowohl im Alltag wie auch in den Freizeiten und im Urlaub, in Bewegungsmangel und Entfremdung zur eigenen Körperlichkeit und schließlich in seelisch-geistigem Unvermögen im Umgang mit sich und anderen.

Wetterfühligkeit, die wir von der Wetterempfindlichkeit bei oder nach Krankheiten und Verletzungsfolgen unterscheiden und daher als physiologisches Problem im Vorfeld von Krankheit sehen, stellt sich uns medizinisch als Aufgabe der Diätetik und ihrer Regelkreise im Rahmen der Gesundheitsbildung, also als Aufgabe der Prävention.

Dabei geht es um die Bemühung einer lebensdienlichen Stilisierung der Lebensführung und des Lebensverhaltens innerhalb und mit Hilfe der hier abgehandelten Lebensordnung. Ziel des ersten diätetischen Regelkreises ist eine Konditionierung des Lebensverhaltens zur Verbesserung der Adaptionsfähigkeit gegenüber den dargelegten biotropen Einwirkungen von Klima und Wetter. So sehr hier beim ,,Regelkreis Umwelt'' die Notwendigkeit im Vordergrund steht, das Defizit an Kontakten mit der Natur infolge der Zwänge unseres zivilisierten Lebens und der Zurückdrängung der Natur auszugleichen, so muß doch das Gesamt der Regelkreise als Lebensordnung bei der Bemühung um Verbesserung der biologischen, seelischen und sozialen Anpassungsamplitude an die Lebensbelastungen unumgängliche Berücksichtigung finden. Das schließt bei begrenzter Betrachtung der Aktivierung und Reaktivierung der Systeme des Organismus und seiner Funktionen zumindest eine naturgemäße Ernährung, die Hygiene des Körpers und gymnastisches, sportliches Training mit ein, weil dadurch ein direkter Zugang zu einer Verbesserung der so wichtigen vegetativen Funktionsordnung und des Kreislaufs möglich ist.

Die Gewöhnung des Körpers an Wechsel und Unbill des Wetters, vor allem an Kälte und Wärme, an Regen und Wind wurde früher als ,,Abhärtung'' verstanden. Sie verlangt intensive tägliche Bewegung in der Natur bei jedem Wetter und alle Jahreszeiten hindurch und wird nur durch mehrjähriges Training nachhaltig erreicht. Sofern es die muskuläre Herzleistung und die Funktion der Bewegungsorgane zulassen, ist tägliches Lauftraining (Trimmtrab) in leichter Sportkleidung (in kühler Jahreszeit Trainingsanzug) die beste Methode, den gesamten Organismus in allmählich steigender Belastung der Herz- und Kreislaufanforderung mit der Witterung, mit der Luft, Sonne und Natur im ganzen in ein stabiles Verhältnis zu bringen. Ältere Menschen mit eingeschränkten körperlichen Leistungsmöglichkeiten ist der tägliche Spaziergang mit kurzen Intervallbelastungen durch Trimmtrab oder schnelles Gehen zu empfehlen. Wichtig sind dabei die Zügelung von Leistungsehrgeiz (vor allem in der Gruppe), eine mindestens halbstündige Dauer der Bewegung im Freien, intermittierende Pulskontrolle bei Erfordernis einer Mindestbelastung zur Erreichung eines Trainingseffekts und das Durchhalten solcher täglicher Übung das ganze Jahr hindurch. Den Beginn eines solchen Geh- und Lauftrainings setzt der völlig Untrainierte am besten im Sommer, um die Atemorgane zunächst bei warmer Luft an den heftigen Luftaustausch zu gewöhnen und Erkältungen zu vermeiden. Für die praktische Umsetzung hat sich bewährt, sich je nach individuellen täglichen Pflichten (Arbeitszeiten) einen passenden Zeitraum, entweder frühmorgens vor dem Frühstück oder abends nach Geschäftsschluß, festzulegen und zur Gewohnheit werden zu lassen.

Eine der Wohnung so nahe wie möglich gelegene Lauf- bzw. Gehstrecke, entfernt oder abgeschirmt vom Verkehr, ,,ein Stück Natur" möglichst und mit guter Luftqualität ist geeignet, eine im Wechsel der Jahreszeiten stets reizvolle Begegnung mit der Natur dem Lauf- und Gehtraining mit Atemübungen und Gymnastik beizufügen.

1.3
Luft

Der bewußte Umgang mit Luft, dem wichtigsten peristatischen Lebenselement des Menschen, erfordert neben täglichem Aufenthalt im Freien auch eine Grundschulung des Atmens und tägliche Atemübungen als wichtigen Teil der Gymnastik. Für eine ökonomische Atmung beim Lauf und körperlicher Anstrengung jeder Art, ferner zur Ableitung von inneren Spannungen, nicht weniger für geordnetes Sprechen und die Bildung der Stimme ist die Erlernung und tägliche Übung verschiedener Formen des Atmens von höchster Bedeutung. Die Optimierung des Gasaustausches in den Lungen durch Ausschöpfung und Regulierung der Atmung, hält die Lungen und das Herz gesund. Luft ist das von der Natur am meisten abgeforderte Lebensmittel des Menschen, auf das wir kaum drei Minuten verzichten können.

In unserer Atmosphäre, der alles Leben gewährenden Lufthülle der Erde, finden sich etwa 77% Stickstoff, 21% Sauerstoff, Wasserdampf, in kleinsten Mengen einige Edelgase und auch Kohlendioxyd. Von einer weitgehenden Konstanz dieser Relationen, an die wir biologisch angepaßt sind, hängt unser Wohlbefinden ab. Verschiebt sich etwa der Säuregehalt der Luft zur sauren Seite, so kommt es zu Reizerscheinungen der Bronchialschleimhaut oder gar Bronchitis. Verändert sich die Luft zum Alkalischen hin, wird die Durchlässigkeit (Permeabilität) der Schleimhäute erhöht und werden die Bewegungen des Flimmerepithels in den Bronchien verlangsamt.

Trockene Luft hat eine Austrocknung der Schleimhäute, deren Elastizitätsverminderung und eine Reduzierung der Aktivität des Flimmerepithels in den Bronchien (zur Eliminierung des Staubes) zur Folge. Auch die Schleimproduktion, die Durchblutung der Schleimhäute und die Antikörperbildung werden vermindert. Kalte Luft hat eine Verengung der Kapillaren, eine Verringerung der Durchlässigkeit der Zellmembranen und damit Voraussetzungen für eine Vermehrung von bestimmten Bakterien und Viren zur Folge, wie wir es z. B. bei ,,Erkältungen'' beobachten.

Die normalerweise niedrige Konzentration von Ozon, der besonders aktiven Form des Sauerstoffs, in der Luft wirkt bakterizid, dagegen hat eine hohe Konzentration bei längerer Einwirkung eine Schädigung des Atemepithels und eine erhöhte Infektionsbereitschaft zur Folge.

Der Luftdruck, den die Atmosphäre auf jeden Menschen – je nach Größe und Körperoberfläche in Meereshöhe mit einem Druck von 10–20 Tonnen – ausübt, wird durch den inneren Körperdruck soweit ausgeglichen, daß er nur für labile Konstitutionen bei Hoch- oder Niederdruckwetter zu ,,Fühligkeit'' Anlaß gibt. Vermindert sich jedoch bei Aufenthalt in großer Höhe der Sauerstoffdruck, so tritt Kurzatmigkeit (Hecheln) ein, erhöhte Herztätigkeit (Herzklopfen) und als Kompensation bei längerer Dauer eine vermehrte Bildung des roten Blutfarbstoffs (Hämoglobin).

Diese physikalisch-chemischen Daten zur Beschaffenheit und Wirkung der Luft illustrieren die eigentlich engen Grenzen, die dem Menschen in seinem peristatischen Lebenselement Luft für Gesundheit und Wohlbefinden gezogen sind.

Als Träger der Schallwellen ist die Luft physikalisch vor allem durch Lärm beeinflußt. Nach neueren Umfragen fühlt sich in der Bundesrepublik am Tage jeder zweite und nachts jeder vierte von Lärm belästigt. Als lärmempfindlich bezeichnet sich etwa jeder sechste Mann und jede vierte Frau. Die wesentlichen Lärmquellen sind Arbeitslärm (Baustellen!), Fluglärm, Straßenverkehrslärm und Lärm in Wohn- und Freizeitbereichen (Diskotheken!). In nahezu allen diesen Bereichen hat der Lärm zugenommen.

Als Lärmfolgen beobachtet man bei kurzzeitiger Lärmeinwirkung

Der Lebensraum und seine Gestaltung 65

eine vorübergehende „Vertäubung" als reversible Hörminderung, bei längerer Lärmeinwirkung von 90 und mehr Dezibel (dB) eine Lärmschwerhörigkeit als bleibende Hörschädigung. Sie erfolgt über eine Stoffwechselüberlastung mit allmählicher Zerstörung der schallempfindlichen Haarzellen des Innenohrs. Aber auch eine chronische Überstimulierung des zentralen und vegetativen Nervensystems und eine Behinderung sowohl der akustischen Umweltorientierung und der Gesprächskommunikation wirkt sich stark belastend auf die Gesundheit aus.

Zur Lärmbegrenzung und als Grenzwerte für die Gesundheitssicherung gegenüber Lärmschädigungen hat der Verein Deutscher Ingenieure (VDI) Richtwerte erarbeitet, nach denen folgende Grenzwerte nicht überschritten werden sollen:
Im Arbeitsbereich: bei hoher geistiger Beanspruchung 50 dB
bei mehr schematischer geistiger Tätigkeit 60 dB
bei Routinearbeit 80 dB
Die Gesamtbelastung sollte pro 24 Stunden den Mittelwert von 70 dB nicht überschreiten.

Während im Arbeitsbereich Lärmschutzmaßnahmen auf gesetzlicher Basis Eingang gefunden haben, sind junge Menschen vor allem durch die überlaute Popmusik in Diskotheken von Lärmschädigungen mit Hörverlust bedroht, nachdem diese Musik zu einem erheblichen Teil ihre Faszination aus ihrer Lautstärke (114 dB und mehr!) bezieht. Die äußerste Lärmtoleranz liegt bei 140 dB.

So ist es verständlich, daß der Erholung suchende Mensch die „Stille der Natur" aufsucht, wo das Rascheln der Blätter nur 10 dB ausmacht. Reine Luft und Stille werden zu Recht von Luftkurorten als stabilisierende Gesundheitsfaktoren angepriesen. Leider werden jedoch auch Kurorte von Bau- und Flugzeuglärm heimgesucht, und es wird immer schwerer, Oasen zu finden, in denen Klima, Wetter, saubere Luft und Stille eine erfrischende, ausgleichende Begegnung mit der Natur als Voraussetzung für hohe Lebensqualität bieten.

1.4
Licht

Das Licht bedeutet für den Menschen den wichtigsten Lebensreiz und – als Sonnenlicht – die Hauptquelle aller Energie. Das Licht breitet sich zwar wellenförmig aus, besteht aber auch aus kleinsten Teilchen (Quanten) und besitzt daher die typische Grundstruktur unserer Welt. Es ermöglicht dem Auge die Wahrnehmung seiner optischen Funktion, seine Erfassung von Helligkeit, Farbe und Form. Darüber hinaus ist das Licht auch unentbehrliches Stimulans für die vegetativen Steuerungszentren mit Einfluß auf Aktivität, Wachstum und Reifung und hormonale Regulationen. Vor allem hat Licht für den biologischen Tagesrhythmus aller Lebewesen die im Zuge der Evolution endogen etablierte Funktion eines Zeitgebers, worauf später (s. Regelkreis drei) noch eingegangen wird. Der Mensch ist aus tagesrhythmischer Sicht ein ,,Tagwesen", d. h. ein Lebewesen, das seine elementaren Aktivitäten unter Lichteinfluß vollbringt. Physiologisch erklärt man sich dies so, daß Lichtreize über einen Teil der Sehbahn energetisch den Hypothalamus beeinflussen, der wiederum das hormonale System und den Stoffwechsel aktiviert.

Angesichts dieser lebensaktivierenden Wirkung des Sonnenlichts ist es verständlich, daß sich vor allem in der nördlichen Erdregion der Mensch nach Licht und Wärme sehnt und seinem ,,Sonnenhunger" bei Reisen in den Süden ungezügelt nachgibt. Die Sonne, vergleichbar mit einem gewaltigen thermonuklearen Kraftwerk – als ständig explodierender Gasball mit ca. 5800 °C Temperatur im Randbereich –, vermittelt uns ihr Licht und ihre Energie als Strahlung mit verschiedenen Wellenlängen. Ein Drittel der zur Erde hin ausgestrahlten Sonnenenergie geht in der Atmosphäre durch Reflexion in den Weltraum verloren, der Rest erreicht als Licht die Erdoberfläche. Die Sonnen- und Himmelsstrahlung umfaßt bezüglich ihrer biologischen Bedeutung vor allem das relativ schmale Spektrum des kurzwelligen Ultraviolettlichts und des langwelligen Infrarotlichts. Das Ultraviolettspektrum des Sonnenlichts ist für die Vitamin-D-Synthese der Haut von Bedeutung, es führt auch über Rötung zur begehrten Bräunung der Haut und hat eine bakterizide Wirkung, weshalb man zur Prophylaxe der Tuberkulose früher in den Wintermonaten mit ihrem Defizit an Sonnenstrahlung künstliche UV-Lichtbestrahlungen und zur Therapie von Hauttuberkulose gleichermaßen Bestrahlungen mit UV-Licht durchführte. Daß allzu langes Liegen in praller Sonne in Schwimmbädern und an Stränden teilweise hochgradige Hautverbrennungen bis zu Blasenbildungen und in der Folge – besonders bei Wiederholungen solcher Strahleninsulte – einen Elastizitätsverlust der Haut mit dem Bild der ,,Apfelsinenhaut" oder einer Verlederung der Haut zur Folge hat, wird zwar von Ärzten immer wieder warnend betont, jedoch allzu häufig nicht berücksichtigt. Die ästhetische Überbewertung gebräunter Haut ist denn auch ein besonderes Kapitel der Kulturpsychologie. Ernster noch wird eine übermäßige Exposition der Haut gegenüber der Sonnenstrahlung und der UV-Lichtwirkung, wenn Pigmentflecken (mehr oder weniger bräunlich gefärbte, teils warzige Hautveränderungen = Nävi) vorliegen, die unter längerer UV-Lichteinwirkung zu schwarzem Hautkrebs (Melanom) entarten und damit zu den bösartigsten Krebsformen zählen. Wer also solche Pigmentflecken in der Haut hat, muß sich mit größter Zurückhaltung in der Sonne aufhalten.

Die Infrarotstrahlung ist in der Biosphäre nicht nur als Gegenstrahlung zum Körper bedeutsam, sondern auch als Wärmeabstrahlung des Körpers. Beides ist in Zusammenhang mit der Thermoregulation des Organismus von praktischer Bedeutung für gesundheitsdienliches Verhalten und Anpassung an die natürlichen Umweltverhältnisse. Die durchschnittliche Körpertemperatur von 37 °C wird beim Menschen lebenslang aufrechterhalten. Diese für den Ablauf aller Organfunktionen optimale Temperaturkonstanz verlangt eine ständige Anpassung der Wärmeproduktion durch den Stoffwechsel und des Wärmeaustauschs mit der Umgebung und deren schwankender Temperatur. Die Wärmeabgabe bzw. der Wärmeverlust steht in Beziehung zur Oberflächen-Volumen-Relation und der Dicke des Körpermantels (Haut und Fettgewebe). Neugeborene und Kleinkinder sind in wesentlich höherem Grade von Wärmeverlust bedroht als Erwachsene, und magere und dünnhäutige Menschen mehr als Korpulente.

Im Alter nimmt die thermoregulatorische Leistungsfähigkeit ab. Große Kälte hat als thermoregulatorischen Mechanismus eine Engstellung der Hautblutgefäße mit Verringerung der Wärmeabgabe in der Körperperipherie, ,,Gänsehaut'', und Muskelzittern mit vermehrter Wärmebildung zur Folge. Wird der Körper (etwa bei Sturz in eiskaltes Wasser) plötzlich einer großen Kälte ausgesetzt, so vermag er dem nicht lange zu widerstehen, weil die thermoregulatorischen Möglichkeiten (ohne besonderen Kleidungsschutz) nicht ausreichen. Schüttelfrost, Muskelschmerzen und Zuckungen, Erstarren der Muskulatur und Empfindungs- und Bewußtlosigkeit sind die Folgen.

Gegenüber großer Hitze kennt der Organismus als thermoregulatorische Anpassungsleistung die Gefäßerweiterung mit vermehrter Wärmeleitung und Strahlung, eine verstärkte Atmung – ,,Hecheln'' – (Konvektion und Verdampfung) und Schwitzen (Verdampfung). Nur wenn die Umgebungstemperatur niedriger als die Körpertemperatur liegt und die Luftfeuchtigkeit nicht abgesättigt ist (unter 95%), wirken diese Regulationsmechanismen. Andernfalls kommt es bei extrem feuchter Hitze zum Hitzestreß, dessen Belastung sich an der Herzfrequenz, der Körpertemperatur und der Schweißabsonderung beurteilen läßt. Kann der Hitzestreß nicht mehr kompensiert werden, so besteht die Gefahr eines Hitzschlags mit Fieber, Herzklopfen, Atemnot,

Krampfzuständen, Halluzinationen und möglicherweise Herzversagen. Was tun bei Hitzestreß? Hochgradiges und anhaltendes Schwitzen führt zu starkem Wasserverlust des Körpers und gleichzeitig zu Verlust von Natrium, Kalium und Stickstoff. Ein Wasserverlust von 5% des Körpergewichts verringert bereits die Blutfüllung des Herzens. Daher ist eine reichliche Flüssigkeitszufuhr – soweit möglich schon morgens vor Eintritt der Hitze – und zur Kompensation des Kochsalzverlustes eine salzhaltige, auch kaliumreiche Kost zur Vermeidung oder Minderung von Hitzestreß erforderlich.

1.5
Wasser

Ursprungselement des Lebens ist das Wasser, in dem vor Milliarden Jahren sich die ersten Aminosäuren bildeten, die Bauelemente des Eiweißes. Es spricht vieles dafür, daß das Leben in seiner Frühgeschichte dem Urgrund des Wassers entstiegen ist und in langer Vorzeit einen Wechsel des Lebenselements vom Wasser zur Luft vollzogen hat. ERNST HAECKEL hat im vorigen Jahrhundert das ,,Biogenetische Grundgesetz'' entwickelt, wonach die embryonale Individualgeschichte eines Lebewesens eine verkürzte Wiederholung der Stammesgeschichte sei. Beim Menschen läßt sich die Entwicklung als Embryo in der Fruchtwasserblase daher als Hinweis auf eine ursprüngliche Verbundenheit mit dem Lebenselement Wasser verstehen und die Ausstoßung des Fötus aus der wassergefüllten Fruchtblase als ,,Auswanderung'' aus dem Urgrund des Wassers und Entwicklungsschritt zu einem ,,Luftwesen''.

Aber auch für das Leben außerhalb des Wassers bleibt das Wasser für den Körper des Menschen und für die gesamten Lebensprozesse eine unverzichtbare Voraussetzung, liegt doch der Wassergehalt des Körpers beim Kind mit 70% und beim Erwachsenen mit 60% sehr hoch. Davon sind zwei Drittel als Flüssigkeit in den Zellen der Organe, und ein Drittel zirkuliert im Blutkreislauf und der Lymphe. Da alle biologischen Prozesse, vornehmlich der Stoffwechsel, Wasser benötigen und der Körper Stoffwechselprodukte über die Nieren als Harnflüssigkeit ausscheidet, ist tägliche Flüssigkeitszufuhr durch Getränke und Nahrung erforderlich. Der Wasserumsatz von Zufuhr und Ausscheidung von Flüssigkeit liegt pro Tag zwischen 2–3 Litern, kann sich aber bei Hitze und körperlicher Hochleistung (Sport!) bis zu 10 Litern ausdehnen. Die ausgeprägte Abhängigkeit des menschlichen Körpers vom Wasser ist auch daran erkennbar, daß ein Flüssigkeitsverlust von 10% des Körpergewichts (etwa bei starkem Durchfall) bereits zu schweren Mangelerscheinungen und Krankheiten führt, während ein Defizit von 20% den Tod zur Folge hat.

Es zeigen sich also auch beim Wasserhaushalt enge Spielräume für das Wohlbefinden und eine hochgradige Abhängigkeit von der Umwelt bzw. deren kostbarem Stoff Wasser.

Das Wasser, an dessen Kreislauf alle Umsetzungen der Lebensvorgänge im Körper, alle biologischen Funktionen gebunden sind, bietet die Natur durch Quellen und Brunnen als Getränk, jedoch in ursprünglicher Form durch Bäche, Flüsse, Teiche, Seen und das Meer auch für den äußeren Gebrauch zur Reinigung und Erfrischung des Körpers. Qualität und Anwendungsweise des Wassers spielen seit Anbeginn menschlicher Kulturen für die Erhaltung und Wiederherstellung der Gesundheit eine bedeutende Rolle. Trinkkuren mineralhaltiger Wässer sind von alters her Bestandteil und Basis der Heilkunde und haben den Orten, an denen Mineralwässer sprudeln, einen Nimbus als Heilort verliehen. Die wohldosierte Aufnahme der in den Mineralwässern enthaltenen Elemente des Bodens, der Erde, spielt eine bedeutsame Rolle für den Ausgleich und die Harmonie des Stoffwechsels, für die Zufuhr wichtiger Spurenelemente, die Forcierung der Ausscheidung und eine Stimulierung der Organfunktionen. Diese Wirksamkeiten von Mineralwässern sind inzwischen auch wissenschaftlich hinreichend belegt. Ebenso weisen epidemiologische Studien umgekehrt darauf hin, daß extrem weiches Wasser, dem es an Mineralien, vor allem an Calcium und Magnesium fehlt, sehr wahrscheinlich ein häufigeres Auftreten des Herzinfarkts mitverursacht. ,,Gesundes" Wasser zu Trinkzwecken soll daher möglichst alle biologisch wichtigen mineralischen Bestandteile enthalten und weitgehend keimfrei sein.

Die äußere Anwendung des Wassers beim Baden und in der Form von Bädern, Güssen, Waschungen, Wickeln u. a. m. ist eines der ältesten, zeitlos probaten Mittel, um die Anpassungsreaktionen des Körpers an die Umwelt zu trainieren und die Haut widerstandsfähig zu halten oder zu kurieren.

Von den Kneippschen Wasseranwendungen bis zu physikalisch und chemisch zu besonderer Wirksamkeit aufbereiteten Bädern und zum feuchtheißen oder kalten Wickel spannt sich das weite Feld der Hydro- und Balneotherapie, worauf noch später bei Regelkreis 5 einzugehen ist.

Wie ernst angesichts der Bedeutung des Wassers als elementarer Voraussetzung für Leben und Gesundheit die umweltbedingten Probleme mit Verknappung und sinnloser Verschwendung des Wassers, mit bakterieller und chemischer Verunreinigung des Wassers durch die ansteigende Übersäuerung und Vergiftung des Bodens sind, das sollte jeden Menschen nicht nur an den politischen Auseinandersetzungen als Anwalt der Natur teilnehmen lassen, sondern Anlaß geben, Vorbild durch eigenes Verhalten zu werden, und wäre es nur der sparende Umgang mit dem Verbrauch an Wasser.

1.6
Wohnungen und Wohnen

In Jahrtausenden seiner Stammesgeschichte hat der Mensch in Entwicklungsschritten seine thermische Unabhängigkeit erreicht, ist er von ursprünglich wechselwarmer Anpassung an Klima und Wetter und die Umgebungstemperaturen zu seinem konstanten Binnenklima, zur Warmblütigkeit gekommen. Gegen Hitze, Kälte und Wettereinwirkungen schirmt sich der Mensch wie mit einer äußeren Schale durch eine Behausung ab, die ihm ein weitgehend konstantes Raumklima und insgesamt eine angenehme Existenz und Geborgenheit gegenüber der Umwelt ermöglicht. Die Geschichte der Wohnung und des Wohnens des Menschen von der durch Feuer und Lufterwärmung klimatisierten Höhlenwohnung bis zu den vollklimatisierten Hochhäusern spiegelt nicht nur den technischen und kulturellen Fortschritt, sondern auch die lediglich im Komfort ausgeweiteten Grundbedürfnisse der Behausung und des Wohnens wider.

Das Verhältnis der Aufenthaltszeiten im Freien, in der Natur, zu denen in der Behausung hat sich eindeutig zugunsten der letzteren gewandelt. Der Mensch verbringt jetzt viel Zeit in geschlossenen Räumen, in denen er weitgehend unabhängig von Klima und Wetter ist. Das Klima der Wohnung ist unter anderem allerdings abhängig von den Baumaterialien des Hauses und seiner Bauweise. So vermindern etwa besonders dicke Wände alter Häuser den äußeren Temperatureinfluß stark und halten die Räume im Sommer kühl und im Winter warm. Nur die Feuchtigkeit der Luft findet zu wenig Austausch. Neuere Häuser mit dünnen Wänden sind einer intensiveren Temperaturfluktuation im Sommer und Winter ausgesetzt. Durch besondere Bauelemente der Fassade kann jedoch die Sonneneinstrahlung so gesteuert werden, daß im Winter die Sonnenenergie in die Räume eindringt und im Sommer weitgehend ferngehalten wird; ebenso lassen sich Lüftung und Lichteinfall steuern.

Leider wird beim Bauen oft mehr auf räumliche Behaglichkeit und Zweckmäßigkeit als auf gesundheitliche Gesichtspunkte geachtet. Das gilt auch für die Heizung, den Einbau von Klimaanlagen, für die Fenster als wichtigem Steuerungsfaktor der Ventilation, der Sonneneinstrahlung und Beleuchtung der Räume mit natürlichem Tageslicht. Generell ist zur Raumtemperatur zu sagen, daß ihre weitgehende Konstanz durch eine selbsttätige regulierte Raumheizung Vorteile hat. Ein mit 18 °C temperierter, von vielen allerdings als ,,kühl" empfundener Raum ist gesünder als ein mit 22 °C oder gar darüber temperierter, denn eine zu hohe Raumtemperatur verringert die natürliche Anpassungsfähigkeit.

In feuchten Gegenden, in denen das Wohlbefinden vor allem von der Luftbewegung abhängt, sollte die Lage des Hauses dem dominierenden Luftstrom, der Hauptwindrichtung angepaßt und an den Fenstern Einlaßöffnungen angebracht werden. Die Anordnung differenter Druck- und Sogfenster gewährleistet den besten Ventilationseffekt.

Von den reichhaltigen Erfahrungen und Überlegungen zum mehr gesundheitsorientierten Bauen und Wohnen, die sich seit geraumer Zeit als ,,Wohnmedizin" artikulieren und gesundheitsdienliche Gesichtspunkte des Bauens und der Wohnkultur in die Außen- und Innenarchitektur einbringen, kann hier nur stichwortartig die Rede sein; so der Hinweis auf die Bedeutung der farblichen Gestaltung der Räume und deren psychologische Wirkungen, die Lichtqualitäten der künstlichen Beleuchtungskörper, die Nutzung der Solarenergie als Zusatzheizung und zur Warmwasserbildung und die auf physiologische Bedürfnisse hin orientierte Neugestaltung von Sitzmöbeln, Liegen und Betten.

Schließlich ist an den sozialen Status einer Wohngegend, eines Hauses, einer Wohnung und deren Einrichtung zu denken, worauf im nachfolgenden Beitrag eingegangen wird.

1.7
Das lokale Klima der Stadt

Die meisten Menschen leben in Städten. Die Anhäufung und Dichte von Wohnhäusern und Großbauten bringt eine Klimaänderung mit sich, weil durch die lokale Konzentration von Steinmassen eine größere Wärmekapazität entsteht, durch den Hochbau vielschichtige Oberflächenstrukturen vorliegen und schließlich eine eigene Wärmeproduktion durch Energieverbrauch bzw. häusliche und industrielle Verbrennungsanlagen und den Straßenverkehr stattfindet. Das alles ergibt summarisch eine wesentlich höhere Wärmekonzentration als auf dem flachen Land. Hinzu kommen als Verschlechterung der Luftqualität die Schadstoffemissionen von Haushalt, Industrie und Verkehr. Das schafft andere atmosphärische Verhältnisse als im natürlichen Freiland und macht die Stadtlandschaften zu Wärmeinseln, mit einem 1–3°C höheren Temperaturmaximum gegenüber der Umgebung. Bei warmem Wetter wirkt sich der länger anhaltende Wärmeüberschuß als Belastung für den Organismus und Behinderung von Erholung und Schlaf aus. Im Winter bei Frost ergeben sich dagegen Vorteile durch deutliche Minderung der Kälte.

Die Luftfeuchtigkeit ist in der Stadt geringer als in ländlichen Bereichen, ein Umstand, der durch Parkanlagen und kleine Seen einen gewissen, jedoch lokal begrenzten Ausgleich findet.

Da die Wärme der Häuser und Straßen Konvektionswinde erzeugt und zu vermehrter Wolkenbildung anregt, kommt es in der Stadtnähe zu vermehrten Niederschlägen. Über Großstädten gehen 5–10% mehr Regenschauer nieder als im Freiland.

Auch die Strahlungsintensität über der Stadt zeigt Besonderheiten. Die Stadtoberfläche reflektiert ca. 30% der auftreffenden Sonnenstrahlung und sie absorbiert etwa 70%. Die Dunstglocke über der Stadt mit ihren chemischen Verunreinigungen ist Hauptursache für die geringere Sonnenstrahlung, die zwischen 25 und 55% geringer ist als auf dem Land. Bei hochgradigem Smog (Mischung von Rauch und Nebel) kann die UV-Strahlung bis 90% geringer als normal sein.

1.8
Kleidung

Unser Organismus ist bezüglich der Existenzfähigkeit unter verschiedenen klimatischen Bedingungen durch eine außergewöhnliche Anpassungsfähigkeit ausgezeichnet. So vermag die weitgehend unbehaarte Körperoberfläche über Wärmeabstrahlung und Schweißbildung Verdunstungskühle zu bewirken. Dabei ist zu bedenken, daß bei überernährten Menschen ein besonders salzreicher Schweiß die Verdunstung von Wasser vermindert und den Organismus durch ansteigende Körpertemperatur dazu zwingt, größere Schweißmengen abzusondern. Das zwingt zu der Einsicht, in heißem Klima nicht auch noch zusätzlich Salz aufzunehmen, da beim Schwitzen eine Erhöhung der Salzkonzentrationen im Körper erfolgt und beim Wohlgenährten genügend Salzreserven verfügbar sind.

Bei kaltem Klima und Wetter verfügt der Mensch als ,,Warmblüter" durch thermoregulative Reaktionen über ausgleichende Möglichkeiten zur Erhaltung einer gleichmäßigen Körpertemperatur, sofern sich die Erfordernisse der Anpassung an Kälte zeitlich und in ihrem Ausmaß in Grenzen halten.

Der heutige Mensch friert jedoch bei kühler Außentemperatur sehr schnell. Das hängt mit einer Verminderung natürlicher Anpassungsfähigkeit durch die Gewohnheit des Tragens von Kleidung zusammen. Der Mensch in unserer Zivilisation hat sich längst an das Tragen von Kleidung gewöhnt, womit er seiner Haut als der größten Kontaktfläche zur Umwelt gleichsam eine ,,zweite Haut'' übergezogen hat. Die Bekleidung ermöglichte dem Menschen zwar, sich in Regionen mit kalten Jahreszeiten anzusiedeln und extreme Kälte zu überstehen, aber sie isoliert eben auch vom natürlichen Kontakt mit der Umwelt um so mehr, je umfangreicher und dichter er sich bekleidet.

Für ein Maximum an Kontakt mit der natürlichen Umwelt und als Vorbeugung gegen eine ,,Domestizierung'' naturgegebener Anpassungsleistungen des Organismus empfiehlt es sich, die Bekleidung an der unteren Grenze des Notwendigen zu halten, also so wenig und so dünn wie es die Umstände erlauben und es die Erhaltung unserer körpereigenen Reaktionen zur Temperaturanpassung bei kühlem oder heißem Wetter verlangt.

Die Kleidung soll zwar wärmedämmend, aber nicht wärmeisolierend sein und einen guten Luftaustausch ermöglichen. Sie muß die Feuchtigkeit der Körperverdunstung in ihrer der Haut aufliegenden Schicht aufsaugen und bei kalter Außentemperatur in ihrer Außenschicht wärmedämmend und luftdurchlässig sein. Für die Unterkleidung empfiehlt sich vom Material her Baumwolle, für die Über- oder Oberkleidung bei Kälte Wolle und bei naßkaltem Wetter als äußere Schicht (Mantel, Bluse) einen vor allem wärmedämmenden und nässeabweisenden Kunstfaserstoff.

Die Kleidung soll aber auch weit genug und elastisch sein und eine freie Bauchatmung und volle Beweglichkeit der Gliedmaßen gewährleisten. Da die Kleidung, besonders die Dessous, die Ausscheidungen der Haut – neben Wasser und Salz eine Anzahl weiterer Stoffe – aufnimmt, sollte die Unterwäsche möglichst täglich gewechselt werden, während die Oberkleidung mehrmals vor der notwendigen Reinigung getragen werden kann, wenn sie täglich ausgehängt und gelüftet wird.

Die Schuhe nach einigen Stunden oder wenigstens täglich zu wechseln, ebenso bei Neigung zu Fußschweiß der tägliche Strumpf- oder Sockenwechsel, gehören zur Entlastung und Erfrischung der Füße. Die Schuhe sollen sich der Fußform zwar fest, aber bequem anpassen und zwar wärmedämmend, aber doch luftdurchlässig sein. Diese Voraussetzungen sind am besten bei Schuhen mit Leder für das Oberteil und die

Innensohle erfüllt, während die Außen- oder Untersohle aus wasserabweisendem Gummimaterial sein kann.

Das Tragen von offenen Sandalen im Sommer und die Übung des Barfußgehens – für abgehärtete Menschen sogar im Schnee – gehört ebenso wie die Bewegung mit nacktem Körper an sonnigen Badestränden zu jenen Versuchen und Übungen, Klima, Wetter und Licht und Luft als natürliche Umwelt in anregendem Kontakt mit dem Organismus zu halten.

Es liegt an jedem einzelnen, in seiner Lebenspraxis auf diese so selbstverständlich wirkenden (und damit oft vernachlässigten) Faktoren zu achten. Oft sind Schäden oder Krankheiten durch den grundsätzlich falschen Umgang mit den elementaren Dingen entstanden, genauso wie ,,natürliche" Methoden (etwa nach Kneipp) eine erstaunlich intensive Heilwirkung immer wieder unter Beweis stellen.

Die kulturell-ökologische Thematik
Vergegenwärtigen wir uns noch einmal, daß die durch die Zivilisation entstandenen, künstlichen Umweltbedingungen eine immer größere Rückwirkung auf Individuum und Gemeinschaft haben, je weiter die natürlichen Bedingungen an Einfluß verlieren. Erinnert sei an die Auswirkungen von Hochhaussiedlungen (in denen biologisch gewachsene Strukturen keine Rolle spielen) auf das Zusammenleben, etwa durch die Zunahme von aggressiven Verhaltensweisen, psychosomatischen Beschwerden (Kopfschmerzen) oder die Häufung suizidaler Tendenzen. Weiter sei erinnert an die durch Elektrizität und Produktionstechnologie verursachte, künstliche Veränderung der Lebensrhythmen (Schichtarbeit) oder die genetisch und chemisch manipulierten ,,Bioprodukte" (wie Getreide) mit dem Ziel ertragreicherer Verwertbarkeit.

Ganz gleich, wie diese Entwicklungen im Einzelfall auch bewertet werden, ihre Auswirkungen auf unseren Alltag sind nicht zu leugnen. Deshalb ist es wichtig, bewußt und im Rahmen des Möglichen die zivilisatorischen Bedingungen zu überprüfen und nötigenfalls auch zu verändern – denn sie bestimmen mit darüber, wie wir uns fühlen und wie es uns geht.

Folgende Aspekte spielen dabei eine Rolle:
- Die *Arbeits- und Siedlungslandschaft*. Durch die Einwirkung aller physikalischen, chemischen, physiologischen und sozialen Faktoren gestaltet sich in Erwerbsleben und Privatsphäre die Basisbedingung des Lebensgefühls; deshalb ist zu überprüfen, ob nicht durch Veränderung von Variablen (Lärmbegrenzung, Begrünung) oder Be-

einflussung der zwischenmenschlichen Situation (Sozial- und Gemeinschaftsräume, Kommunikationspunkte in Siedlungen) qualitative Verbesserungen erreicht werden können.
- Die *Verkehrs- und Informationsstrukturen* bestimmen, welches Bild wir von unserer Welt haben, wie sie deshalb für uns aussieht und wie wir uns in ihr bewegen. In all diesen Bereichen sind Depravierungen und Verkümmerungen möglich (passive Fortbewegung mit schmerzhaft-chronifizierten Einschränkungen von Muskulatur und Gelenken, Manipulation durch unkritisch verarbeiteten Medienkonsum). Bewußte Aktivierung (Spaziergänge, Radfahren, kritischer Umgang mit der Informationsflut) begrenzt nicht zuletzt manifeste Folgeschäden und wirkt damit hochgradig präventiv.
- Die *Einwirkung künstlicher Substanzen und Produkte* ist überaus vielfältig. Man denke nur an die ganze Palette moderner Errungenschaften vom Konservierungsmittel über die Haushaltsreiniger und Kosmetika bis zu den hochwirksamen Medikamenten und den synthetischen Fasern mit den daraus hergestellten Geweben. Gerade die Zunahme der Allergien zeigt deutlich, welche Schattenseiten neben der allgemeinen Belastung der Umwelt diese Erzeugnisse für die Gesundheit des einzelnen haben können, wie die Stichworte Formaldehyd, Asbest, Contergan oder Polyvenylchlorid (PVC) belegen.
- Die *Vernetzung in bereits selbstverständliche Steuerungsprozesse* wie künstliche Beleuchtung, Klimaanlagen, Verkehrs-, Produktions- und Organisations- und Informationsabläufe (ob Ampelanlage, Telefon oder Geldautomat). Nicht nur die organische Belastbarkeit wird dadurch gelegentlich in Mitleidenschaft gezogen (Grippeanfälligkeit bei stets gleichbleibender Raumtemperatur, Rhythmusstörungen wegen Auflösung des natürlichen Tag-Nacht-Wechsels). Zusätzliche Störungen des Individuums sind berechenbare Nebenwirkungen neuer gesellschaftlicher Entwicklungen. So beispielsweise erhöhter Streß durch immer umfangreichere Verplanung oder Gefühle der Hilflosigkeit in immer weniger durchschaubaren Arbeitsabläufen, Verringerung oder Abbau zwischenmenschlicher Kontakte.

Eine Umsetzung dieser Erkenntnisse in den praktischen Alltag ist auf folgenden Gebieten möglich:
a) *Arbeitswelt* – etwa durch die Nutzung von Arbeitszeitverkürzungen für Erholungspausen, Gymnastik oder zur Förderung einer menschlicheren Atmosphäre; außerdem sind zahlreiche Verbesse-

rungen im Rahmen der Farbgestaltung, der Begrünung, der Vermeidung von anonymisierenden Produktionsbedingungen möglich.
b) *Siedeln und soziales Klima* – durch die Schaffung und Verbesserung kommunikativer Knotenpunkte („Kirche, Kino, Kindergarten"), der Verkehrslinien (Radwege, verkehrsberuhigte Zonen), Ansiedlung und Pflege von Dienstleistungsbetrieben („Eckkneipe", „Tante-Emma-Laden").
c) *Individueller Wohnbereich* – durch die Verwendung wenig belastender Bau- und Ausbaustoffe, ausreichende Beleuchtung, gut abgestimmte Luft- und Wärmezirkulation (statt maximaler Isolation); daneben sollte das Gefühl der sozialen und persönlichen Geborgenheit seinen Ausdruck finden.
d) *Bekleidung* – durch die Bevorzugung atmungsaktiver Stoffe aus Fasern, die keine allergischen Reaktionen hervorrufen, sowie Kleidungsstücke, die die Körperfunktionen nicht stören oder einengen (wie zu enge Hosen oder Gürtel); dies gilt schließlich und besonders für das Schuhwerk, das weder die Haltung noch die Füße physiologisch belasten darf.

Es stimmt sicherlich, daß die zivilisatorischen Errungenschaften ihre immer offensichtlicheren Begleitschäden mit sich bringen. Trotzdem ist in einer totalen Ablehnung jeder Entwicklung keine befriedigende Lösung des Problems zu sehen. Deshalb erfordert die eigene Gesundheit einen bewußten Umgang mit den alltäglichen Erzeugnissen unserer Kultur.

Die unterschiedlichsten Überlegungen zu diesem Thema lassen sich in Fragenkomplexen zusammenfassen; eine derartige Übersicht gibt Auskunft darüber, welche Aufgaben und Möglichkeiten jeder einzelne im Umgang mit den vorhandenen ökologischen Bedingungen hat. Nach FIETKAU (1981) geht es dabei im wesentlichen um folgende Überlegungen:
1. Wie *nehmen* Menschen ihre Umgebung *wahr?* (Umweltbewußtsein, Bereitschaft zur Akzeptanz umweltbezogener Risiken, Perzeption des Verhältnisses Mensch-Natur etc.);
2. Wie *beeinflussen* Menschen durch ihr Handeln die Umwelt? (Konsumstile, Tourismus, Nutzungsbereitschaft öffentlicher Nahverkehrssysteme etc.);
3. Wie *gestalten* Menschen ihre Umwelt? (städtebauliche Maßnahmen und ihnen zugeordnete Präferenzen, Partizipationsformen und politische Beteiligung an umweltbezogenen Planungen etc.);
4. Wie *wirken sich* unterschiedliche Umweltbedingungen auf den Menschen *aus?* (Wohlbefinden, psychische Gesundheit, Kommunikationsstile etc.).

Die ganzheitliche Sicht unter Berücksichtigung aller Faktoren, von denen hier die Rede war, zwingt zu einer solch umfassenden Analyse. Wie die therapeutische Praxis zeigt, können nämlich überall schädliche und krankmachende Entwicklungen gefördert, wenn nicht sogar ausgelöst werden. Gerade die Diskussion der letzten Jahre hat wie bei keinem anderen Regelkreis der Lebensführung die Brisanz offengelegt, die in den pathologischen Einflüssen aus unserer Umwelt steckt – von der sorglosen Verwendung giftiger Reinigungssubstanzen über asoziale Siedlungsplanung bis zur inhumanen Gestaltung von Arbeitsplätzen.

Der tätige Einsatz für das eigene Wohlbefinden erfordert also ebenso wie das mittlerweile dringend notwendige Umweltbewußtsein ein Denken in miteinander vernetzten Zusammenhängen. Erst die Berücksichtigung der voneinander abhängigen und sich gegenseitig beeinflussenden äußeren Rahmenbedingungen erlaubt eine gesundheitsbewußte Alltagsgestaltung, die wenig von physikalischen, physiologischen oder sozialen ,,Vergiftungen'' belastet ist und immer möglichst frühzeitig auch entsorgt wird.

Daraus ergibt sich aber im positiven die Bestätigung der Bedeutung, die in der klassischen ,,Diätetik'' als Kunst der Lebensführung dem Umgang mit der Natur zugewiesen wurde.

2
Die Ernährung und ihre Prinzipien

2.1
Einleitung

Gleicherweise wichtig wie die Ordnung der natürlichen Umwelt ist für den gesunden Menschen die Ernährung, jener bewußte Umgang mit Essen und Trinken, die nicht von ungefähr als „Lebensmittel" bezeichnet werden. Die physiologische Bedeutung der Ernährung ist ebenso unbestritten wie ihr kultureller und psychosozialer Stellenwert. Dementsprechend weit gestreut sind die Überlegungen, von welchen Einflüssen wohl eine gesundheitlich schädigende oder förderliche Ernährungsweise bestimmt wird.

Essen und Trinken als biologische Grundbedürfnisse sind – ähnlich wie Schlafen oder Atmen – durch zentralnervöse Prozesse gesteuert, und sie wurden bereits in einem sehr frühen Stadium der Evolution des Nervensystems fest verankert. Die Diskussion zahlreicher experimentell nachgeprüfter Hypothesen verweist auf diese vitalen und dominanten Vorgänge, die naturgemäß ihre Auswirkungen auf das menschliche Verhalten haben. Man denke nur an das Konzept des antagonistischen Zusammenwirkens, biologisch verankert im Hunger- und Sättigungszentrum, die beide im Hypothalamus liegen; oder an die Vorstellung der kybernetischen Regulation von Blutzuckerspiegel, freien Fettsäuren und Körpertemperatur durch die Nahrungsaufnahme.

Hunger und Durst sind phylogenetisch im Stammhirn lokalisiert, und sie haben die elementare Aufgabe, den Organismus funktionstüchtig und gesund zu erhalten. Seit Millionen Jahren ist der Mensch gemäß dieser vitalen, einprogrammierten Grundfunktionen darauf aus, „mit dem Maul zu erschnappen" (ERASMUS), was ihm bekömmlich erscheint und ihm erreichbar ist.

Die Stammesgeschichte des Menschen war bis in die jüngste Zeit ja auch eher von Mangel und Unregelmäßigkeit der Ernährung denn von Überfluß gekennzeichnet. Daher kann es kaum wundern, daß der elementare Trieb nach Nahrung und Trank so fest und schwer zugänglich im Menschen verankert ist, wenn er uns gleichwohl unter heutigen Verhältnissen eines so reichhaltigen Konsumangebots in den Industrieländern als atavistisches Relikt erscheint und wir uns so schwertun mit seiner Reglementierung und der so nötigen Gestaltung eines disziplinierten Eß- und Trinkverhaltens.

Nun gibt es sicherlich nichts auf der Welt, was einem modernen Menschen selbstverständlicher erscheinen könnte als die Ernährung. Nichts ist aber auch im modernen Alltag schwieriger als die richtige Auswahl der Nahrungsmittel oder der Getränke; nichts erscheint uns komplizierter, als das rechte Maß zu finden beim Essen und Trinken.

Die moderne Ernährungslehre versucht – den verschiedensten Bedürfnissen entsprechend –, die Lebensmittel aufzuteilen in Nahrungsmittel, Genußmittel und Heilmittel. Nahrungsmittel dienen der Selbsterhaltung des Organismus, während Genußmittel sich vornehmlich an den Sinnesapparat wenden: an den Geschmack und die Augenlust, an den Geruch vor allem. Heilmittel hingegen dienen ganz besonderen Zwecken; sie wirken als Ersatz oder als Reiz; sie haben ihre spezifischen stimulierenden oder rehabilitierenden Kräfte.

Wenn wir auch hier, bei den Grundregeln der Ernährung und Verdauung, von einem in sich geschlossenen ,,Regelkreis" sprechen, so sollten wir doch bedenken, daß gerade dieses so elementare Lebensmuster der Ernährung besonders innig mit den anderen Modellen verbunden ist: mit unseren Arbeitsbedingungen und Freizeitbeschäftigungen, mit Schlafen und Wachen und ganz besonders eng mit den Gemütsbewegungen unseres Affekthaushalts.

Wir wären angesichts der so schwierigen Regulierung der Lebensmittel gut beraten, wenn wir uns
- zunächst einmal, wenn auch nur in großen Zügen, den Grundlinien einer physiologischen Ernährung zuwenden würden,
- damit zugleich aber auch die Fehlformen der Ernährung und ihre krankmachenden Bedingungen verbinden würden, um uns dann
- mit dem Aufbau einer gesunden Ernährungskultur zu befassen, damit aber einer Ernährung, die ganz gewiß auch ein Thema der Gesundheitsberatung ist.

2.2
Grundlinien einer physiologischen Ernährung

Die Lebensmittel sind in der Tat ein Mittel zum Leben, sind so etwas wie die elementaren Mittel des Lebens überhaupt. Mit der Geburt bereits wird die Nahrungsaufnahme zu einem existentiellen Ausdruck unseres Lebensgefühls, da der Organismus ständig auf die Zufuhr von Energie und wichtigen Stoffen angewiesen ist. Darüber hinaus erlebt das Kleinkind in der Verbindung von Geborgenheit und Ernährung jenen Zustand von Sicherheit, gefühlsmäßiger Ausgefülltheit und genußvoller Lustbefriedigung, der als grundlegend positive Erfahrung auf Jahre hinaus wirksam und prägend bleibt. Treten hier Störungen auf, entsteht ein tiefgreifend verunsichernder Zustand von emotionaler Labilität, der oft erst viel später seinen Ausdruck in psychosomatischen Beschwerden oder der Unfähigkeit zur Bewältigung von Krisensituationen findet.

Das Ernährungsverhalten ist deshalb nicht von ungefähr auch ein Bereich, in dem sich die psychische Verfassung eines Menschen widerspiegelt. ,,Man spült den Ärger hinunter"; etwas ,,schlägt auf den Magen"; bei einem angenehmen Erlebnis hat jemand ,,Lust auf etwas Leckeres" oder ,,läßt die Korken knallen" – Frust und Unlust, Freude und Wut führen zu entsprechenden Reaktionen, lösen sie aber auch dann schon aus, wenn es ,,nichts Vernünftiges zu essen gibt", wenn ,,der Magen knurrt" oder ganz allgemein etwas ,,nicht nach Geschmack" ist.

Dank der Erkenntnisse der Tiefenpsychologie wissen wir, daß Eß- und Ernährungsstörungen oft auch als Alarmsignal zu sehen sind. So etwa, wenn jemand sich der Auseinandersetzung mit dem Leben und der eigenen Entwicklung, dem Erwachsenwerden, verweigert (Magersucht, Appetitlosigkeit), eine Ersatzbefriedigung oder den Ausgleich für fehlende Zuwendung sucht (Fettsucht, Alkohol, Drogen, Nikotin) oder Belastungen ganz allgemein schlecht gewachsen ist (,,Magengeschwür"). Diese nur als Beispiele für eine ganze Reihe von Problemen mit ihrer psychosomatischen Symptomatik, der wir später gesondert nachgehen wollen.

Neben den genetischen, konstitutionellen und pathophysiologischen Kausalitäten, die das persönliche Ernährungsverhalten auslösen, kommt folgenden individuellen Faktoren eine entscheidende Rolle zu:
a) *Physiologische Bedürfnisse und Zustände des Organismus.* In diesen Komplex gehören der grundsätzliche Umgang mit Hunger und Durst (aber auch mit Sättigung und Verdauung), die Auswirkung

der wechselnden körperlichen Belastungszustände (wie starker Anspannung, Ermüdung, Erschöpfung oder Konditionsschwäche), ganz besonders aber die Konsequenzen der (nicht nur biologisch zu verstehenden) Alterungsprozesse.

b) *Persönlichkeit und Selbstbild.* Dazu zählt vor allem die individuelle Bewertung der erfüllten oder nicht verwirklichten Erwartungen (in puncto Karriere, Partnerschaft, Selbstbewußtsein . . .), dann aber auch die aktuelle Beurteilung der eigenen Fähigkeiten, Qualitäten und (noch) vorhandenen Möglichkeiten (etwa für den beruflichen Aufstieg). Versagensängste und Selbstzweifel, die dann vielleicht regelmäßig im Alkohol ertränkt werden, gehören als Merkmale ebenso hierher wie der ,,Heißhunger" eines Menschen, der ,,sich selbst nicht leiden kann".

c) *Motivationslage, Einstellungen und Wertsystem.* Allgemeine Lustlosigkeit (,,Null Bock") oder Begeisterungsfähigkeit, das innere Engagement für eine Aufgabe lassen entweder den Appetit vergehen oder aktivieren mit der Lebensfreude auch das Genußvermögen. Dies gilt besonders bei der Frage, ob im eigenen Dasein, der Gemeinschaft mit anderen ein Sinn gesehen wird. Wer keine grundsätzliche Orientierung besitzt, der sieht auch keinen triftigen Grund mehr, für sein leibliches Wohl zu sorgen.

d) *Emotionale Situation.* Wut, Angst und Schmerz stehen ebenso wie Freude in engem Zusammenhang mit dem Stoffwechsel. Positive oder negative Erregung schlagen sich schnell im Ernährungsverhalten nieder. Man denke nur an solche plastische Redensarten wie: ,,Ich bekomme vor Aufregung keinen Bissen herunter"; ,,Sie leben von Luft und Liebe"; oder ,,Mir wird vor Ärger speiübel". Je schlechter dann die Emotionen bewältigt werden, um so nachhaltiger müssen darunter die Nahrungsaufnahme und -verarbeitung leiden.

e) *Zwischenmenschliche Konflikte.* Eine spannungsgeladene Umwelt- und Familiensituation, berufliche Differenzen wirken sich belastend aus, wohingegen ein intaktes soziales und kulturelles Milieu vorteilhafte Folgen für den Umgang mit Essen und Trinken haben. Streit, ,,unverdauter" Streß und persönliche Aversionen führen schnell zur Suche nach Ersatzbefriedigungen, wohingegen Harmonie und gegenseitige Zuneigung die Konflikte nicht so schnell ,,auf den Magen schlagen" lassen.

f) *Persönliche Eigenheiten.* Es gibt im individuellen Alltagsablauf zahlreiche Gewohnheiten, die sich einfach festgelegt haben, ohne auf schwerwiegende psychische Ursachen zurückgeführt werden zu müssen. Das können bestimmte Lieblingsspeisen, Essenszeiten oder Gesundheitsüberzeugungen sein, die rasch änderbar, aber zur Zeit noch bestimmend sind. Gelegentlich ist eine solche „Marotte" der unauffällige Ausdruck ansonsten kaum erkennbarer Probleme. Allgemeines Ziel gesunder Ernährung ist es, die Grundfunktionen des Organismus so zu beeinflussen, daß seine Gesamtverfassung optimal erhalten und in jenem Gleichgewicht gehalten wird, das neben subjektivem Wohlbefinden Belastungen und Anpassungen ermöglicht und der Entstehung von Krankheiten Widerstand bietet. Als wichtige Grundfunktionen gelten dabei: ein geordneter Ablauf der *Stoffwechselvorgänge*, ein funktionstüchtiger, belastbarer *Kreislauf*, eine freie, unbehinderte äußere *Atmung* und eine leistungsfähige *Abwehr* gegenüber Infekten und Giften.

Der *Stoffwechsel*, der mit der Nahrungsaufnahme beginnt und mit den Ausscheidungen endet, ist zwischen diesen beiden Funktionen durch einen programmierten Ablauf biochemischer Prozesse gekennzeichnet, der sich im Magen-Darm-Trakt, in der Leber, im Blut, im Bindegewebe und in der Feinstruktur der Organzellen abspielt. Es steht außer Zweifel, daß neben endogenen Faktoren und der Psyche auch exogene Faktoren, und hier vor allem Qualität und Quantität von Nahrung und Getränk, einen derart komplizierten Funktionsbereich mit Vorteilen oder Nachteilen zu beeinflussen vermögen.

Was den *Kreislauf* angeht, so ist dieser insofern mit dem Stoffwechsel verbunden, als kein Stoffwechselvorgang ohne Funktion des Kreislaufs, vor allem ohne ausreichende Funktion der kapillaren Endstrombahn und ihrer Verbindungen zu den Organzellen, möglich ist. Ein rascher Blutstrom in den Kapillaren, eine intakte Struktur der Kapillaren und die Permeabilität ihrer Membranen sichern einen genügenden Stoffaustausch zwischen dem Blut und den Organzellen. Gleiches gilt für die *Atmung*, die Abgabe von Kohlensäure und die Aufnahme von Sauerstoff in den Lungen.

Die Grundfunktion der *Abwehr* schließlich erfüllt jene Leistungen, die mit der Resistenz gegenüber Krankheitserregern und der Vernichtung bösartig entarteter Zellen zusammenhängen. In erster Linie bezieht sich dies auf das retikuloendotheliale System (RES) als Verbund von Retikulum- und Endothelzellen, denen die Antigenspeicherung, die Immunkörperbildung, die Synthese und Abgabe von Immunglobulinen und weiteren Abwehrsubstanzen zukommt.

Das alles sind Grundbedingungen einer normalen Ernährung. Der Haushalt des Gefühlslebens vor allem, aber auch die Einwirkungen von subjektiv bedeutsamen Faktoren, wie es der psychosoziale Streß ist, das alles zeigt, welch vielfältige Aspekte der individuellen Lebensführung die Ernährungsweise beeinflussen. Denkt man darüber hinaus noch an die durch die Psychoanalyse ins Blickfeld gerückte Problematik, daß unbewältigte Konflikte oft die Suche nach Ersatzbefriedigungen (wie etwa durch übermäßiges Essen) zur Folge haben, so geht daraus deutlich genug hervor, daß Persönlichkeit und Biographie für jeden Menschen eine wesentliche Grundlage auch seines Umgangs mit der Ernährung liefern.

Wie sehr alles, was wir tun, von Lernprozessen abhängt, wurde durch die Experimente des russischen Physiologen PAWLOW eindrucksvoll demonstriert. Seine Forschungen zum bedingten Reflex (nicht von ungefähr an einer Reiz-Reaktionsverbindung bei der Nahrungsaufnahme durchgeführt) bildeten die Basis für jene Richtung der Verhaltenswissenschaft, die in der Praxis unter anderem Regeln für das Erlernen und Verlernen von Verhaltensweisen zu geben sucht.

Die sich ständig wandelnden Konventionen, die Essen und Trinken als Gemeinschaftsereignis bestimmen, mögen recht unterschiedlich sein; sie haben jedoch in jedem Fall eine wichtige Funktion, auch wenn es sich um so unterschiedliche Dinge wie eine ,,bürgerliche Hochzeitstafel'', den Cliquentreff bei ,,McDonalds'' oder eine ,,bayerische Brotzeit'' handelt. Nicht vergessen werden sollte die Wirkung von Idolen und Medien, die in einer immer stärker informationsdurchsetzten und damit manipulierbaren Gesellschaft das Verhalten des einzelnen beeinflussen, wenn nicht normieren können.

Hinzu kommen die ethnischen und kulturellen Eigenheiten, die über den Tag hinaus und grundsätzlich die Ernährungsweise bestimmen. So entstand in überwiegend katholischen Gegenden die traditionelle Gewohnheit, aus kultischen Gründen am Freitag Fisch oder Eierspeisen an Stelle von Fleisch zu essen. Für den Mohammedaner sind Schweinefleisch und alkoholische Getränke prinzipiell untersagt. Umgekehrt sind bei uns Rauschgifte (Marihuana oder Opium) verboten, gehören im Orient dagegen zu den tolerierten Bereichen der Alltagskultur.

2.3
Fehlformen der Ernährung

So gesund und bekömmlich jeder Bissen und jeder Trank, den wir in den Mund nehmen, sein mag, so sehr waren Essen und Trinken auch seit alters mit einem gewissen Risiko behaftet. Dicht neben der Physiologie, der Lehre vom rechten Essen und Trinken, steht daher die Pathologie, die Lehre von den Verfehlungen bei Speise und Trank, wie sie vor allem in unserer modernen Arbeitswelt in Erscheinung treten.

Nun hat gerade in den letzten Jahrzehnten die physische Belastung durch Arbeitsprozesse abgenommen, während die Verkürzung der Arbeitszeiten immer weiter zunahm. Trotzdem verhalten sich viele Mitbürger noch so, als müßten sie nach wie vor durch hohe Kalorienzufuhr den körperlichen Anstrengungen der 50er Jahre begegnen. Auch andere Vorstellungen haben in weiten Kreisen der Bevölkerung noch Bestand: so etwa die, durch üppige Mahlzeiten am Wochenende („Sonntagsbraten") die Leistungsfähigkeit für die kommenden Tage sicherzustellen – man denke nur an weitverbreitete Ansichten wie „Wer viel arbeitet, muß reichlich essen" oder „Iß ordentlich, damit etwas aus dir wird!"

Als anhaltende Folge der kriegs- und nachkriegsbedingten Notzeiten wurde seit 1945 der immer krassere Konsum von Nahrungs- und Genußmitteln offenkundig. Die stark materialistisch geprägte Ideologie unserer Gesellschaft hat darüber hinaus die Tendenz gefördert, zwischenmenschliche Probleme (wie mangelnde Fähigkeit zur Konfliktbewältigung, Vereinsamung oder fehlende Solidarität) durch Flucht in exzessive Eß- und Trinkgewohnheiten lösen zu wollen.

Die Folgen konnten nicht ausbleiben, wie uns einige Zahlen zeigen. Die Statistik belehrt uns, daß heute etwa 65% der Bundesbürger an Stoffwechselkrankheiten leiden, die durch Ernährungsfehler bedingt sind. An die zehn Millionen Menschen leiden an chronischer Verstopfung; 8,5 Millionen sind übergewichtig; 6,3 Millionen klagen über Leber- und Gallenbeschwerden. Wir haben in der Bundesrepublik Deutschland 2,2 Millionen Diabetiker und 1,8 Millionen Gichtkranke. Die Dunkelziffer der Rheumatiker ist kaum zu schätzen, geschweige die der Alkoholiker.

Ein (wenn auch nicht vollständiger) Überblick über die augenblicklich vorwaltende Situation kann uns die Vielzahl zwischenmenschlicher Vernetzungen aufzeigen, in die jeder einzelne von uns eingebunden ist, insofern sie den Umgang mit der Ernährung betreffen. Es handelt sich dabei um:

a) Die *allgemeine Versorgungslage*. Krisenzeiten, Umweltereignisse, befürchtete oder tatsächliche Existenzbedrohung verstärken das Sicherstellungsbedürfnis („Hamsterkäufe"), bestimmen Zusammensetzung und Qualität der verfügbaren Nahrungsmittel, fördern das Auftreten von Mangel- und Überflußschäden.

b) Der *gesellschaftliche Stellenwert* der Ernährung. Hierzu zählen religiös-kultische Bestimmungen (Fleischlosigkeit, Fasten, koschere

Kost ...), ethnologische Besonderheiten (,,Linsen mit Spätzle", ,,Königsberger Klopse"). Auch die Frage, wie sehr Wohlstand und Sozialstatus in Trinksitten und Eßgewohnheiten ihren Ausdruck finden, muß hier berücksichtigt werden. Man denke nur an den Stammtisch, den Betriebsausflug, das Arbeitsessen oder die Hochzeitsfeier.

c) *Allgemeine soziale Faktoren.* Darunter sind gesellschaftliche Moden oder Trends (,,Cuisine Nouvelle"), ernährungsbezogene Bildungsprogramme (,,Eisen im Spinat"), Einflüsse durch Fernsehen und andere Medien (Kartoffel-, Bananen- und Quarkdiät ...) zu verstehen. Außerdem geht es um Einflußgrößen wie Nahrungsmitteltechnologie und -verfügbarkeit (wie die Tiefkühlkost oder die Einkaufsmöglichkeit von Frischgemüse), organisierte Beköstigung (etwa beim Kantinenessen) oder verordnete Maßnahmen durch Fachleute (so die ärztliche Diätvorschrift).

d) *Bedeutung von Bezugspersonen.* Dazu rechnet man den Einfluß von Familienmitgliedern und engen Freunden (einzeln oder als Gruppe), ferner von Leitbildern und Persönlichkeiten, zu denen eine starke emotionale Bindung besteht. Erinnert sei nur an die ,,Lieblingsgerichte aus Omas Küche" und die von der Werbewirtschaft eingeplanten Veränderungen der Konsumgewohnheiten, wenn Stars von Fernsehen und Leinwand zu Cognac oder Zigarette Marke ,,XY" greifen.

e) *Ökologische und organisatorische Aspekte.* Hier sind die zumeist schädlichen Auswirkungen von Klima und Wetterwechsel zu nennen, die Wohnbedingungen ebenso wie die Auswirkungen von Urlaubsaufenthalten. Außerdem zählen zu diesem Themenkomplex alle praktischen Umstände, die im Alltag des einzelnen mit Essen und Trinken verbunden sind, so etwa Ort, Zeitpunkt und Dauer der Nahrungsaufnahme, Einkaufsgewohnheiten, Zubereitungsart und Vorlieben der Zusammensetzung der Ernährung.

Jede Beratung, die den Einfluß dieser Faktoren nicht genügend berücksichtigt, muß auf Widerstand stoßen und droht im Endeffekt wirkungslos zu bleiben. Auch und gerade dann, wenn jemand für eine Veränderung seiner Gewohnheiten durchaus aufgeschlossen ist, ist Weitsicht geraten; denn die langfristige Stabilisierung des neu eingeschlagenen Weges verlangt die konsequente Überlegung, welche Widerstände im Alltag dagegen auftauchen werden. Kostspielige Kochrezepte scheitern sonst am zu kleinen Budget; die üblichen Trinkgewohnheiten der Arbeitskollegen erschweren jeden maßvollen Umgang mit Wein und Bier; Geburtstagsfeiern im Freundeskreis machen den Verzicht auf Cremeschnittchen oder kalte Platten zum großen Opfer.

Rituelle Vorschriften schließlich prägen durchgehend das Gemeinschaftsleben (etwa in der ,,Fastenzeit'', am ,,Sabbath'' oder während des ,,Ramadan'') und bestimmen selbst dann noch die Konsumgewohnheiten, wenn der spirituelle Charakter eines Festes längst säkularisiert ist: Beim ,,Leichenschmaus'' nach der Beerdigung, selbst beim Verzehr der Weihnachtsgans denken sich viele Menschen nichts Besonderes mehr, ohne allerdings deshalb auf den Genuß verzichten zu wollen.

Die Vielfalt der individuellen, sozialen und kulturellen Aspekte macht deutlich, wie stark die Ernährung von äußeren und inneren Faktoren bestimmt wird. Damit aber taucht die Frage auf, inwieweit sich das Verhalten des einzelnen überhaupt ändern läßt. Eine Verhaltensänderung aber wäre schon deshalb wichtig, um die Entstehung und Verschlimmerung psychosomatischer Erkrankungen (wie Colitis ulcerosa oder Anorexia nervosa) zu verhüten. Zum anderen ließe sich gerade hier das Auftreten von Risikofaktoren (Übergewicht, Rauchen, Bluthochdruck...) eindämmen. Noch wichtiger dürfte die präventive Überlegung sein, auf welche Weise nämlich der gesundheitsbewußte und bedarfsgerechte Umgang mit Essen und Trinken und eine angemessene Ernährungskultur zur Bewahrung der Vitalität des einzelnen beizutragen in der Lage wären.

2.4
Aufbau einer gesunden Nahrungskultur

Angesichts der oft so grotesken Formen unseres Fehlverhaltens in bezug auf Essen und Trinken sind wir nun aber auch um so energischer dazu angehalten, wieder auf die einfachen Grundformen einer vernünftigen und dann auch gesunden Ernährung zu achten.

Standen in früheren Zeiten – wie jetzt noch in vielen Ländern der ,,Dritten Welt'' – Hunger und Mangelernährung im Vordergrund medizinischer Aspekte der Ernährung, so hat es die Medizin heute in den Ländern der westlichen Zivilisation fast ausschließlich mit Folgen der Überernährung und eines übermäßigen Alkoholkonsums zu tun; beide sind zu einem der aktuellsten sozialmedizinischen Probleme und zu einem Schwerpunktthema der Präventivmedizin geworden.

Es ist eine alte kulturelle und medizinische Erkenntnis, daß Essen und Trinken gesund erhalten, aber auch krank machen können, daß Wohlbefinden und Leistungsfähigkeit, Heilung von Krankheit und Bewahrung davor zu einem wesentlichen Teil von Qualität und Quantität der Nahrung und des Getränks abhängen. Zur Heilung von Krankheiten und zu deren Vorbeugung hat sich daher seit Urzeiten ein erfahrungsorientiertes „Diät-System" entwickelt und verfeinert, das zumindest als „Basistherapie" auch heute noch Anwendung finden könnte.

Die Vorschriften für eine vernünftige Ernährung sind so eindeutig wie einfach. Sie lassen sich auf wenige Punkte bringen, die lauten:
– In allem Maß halten! Mäßig leben aber heißt einfach leben.
– Eine gemischte Kost bevorzugen! Wenig Fleisch, dafür Obst und Gemüse, wenig Salz, ausreichend Vitamine!
– Sparsam umgehen mit Fett und Zucker, besonders maßvoll aber mit Alkohol!
– Achten auf den geregelten Rhythmus der Mahlzeiten! Alles hat seine Zeit, die Aufnahme der Nahrungsmittel wie die Verdauung, der geregelte Stuhlgang, der oft so wesentlich beiträgt zum Wohlbefinden.

Wir sollten aber nicht nur die allgemein gültigen, oft allzu weise klingenden Regeln aufstellen, sondern gerade an diesem Punkte etwas konkreter werden und wesentlich gründlicher auf die Einzelheiten eingehen.

Da erscheint uns zunächst die Qualität der Grundnahrungsmittel, die in einem so engen Bezug steht zu ihrer Naturbelassenheit und ihrem Potential an Eiweiß, Fett, Kohlenhydraten und den essentiellen Nährstoffen. Sie alle sind für den Organismus unentbehrlich und von ihm nicht zu synthetisieren (Vitamine, Mineralstoffe, Spurenelemente und bestimmte Amino- und Fettsäuren).

Aus dieser Erkenntnis heraus versteht sich die generelle Empfehlung, daß immer und in hohem Maße Rohkost und Vollwertkost anzustreben sei. Das bedeutet im einzelnen: Salate, Frischgemüse, Frischobst, Nüsse; Getreidekörner und Getreideschrot, Vollkornmehl, Vollreis, Hirse. Ferner Rohmilch und ihre Varianten, Quark, Frischkäse, Frischeier, Frischfleisch und frischer Fisch. Wichtig sind: naturbelassene Pflanzenöle, frische Butter, pflanzenölreiche Margarine, rohes Schweineschmalz; fermenthaltiger, unerhitzter Honig. An Getränken ist zu empfehlen: Mineralwasser, frische Frucht- und Gemüsesäfte, Buttermilch, Sauermilch.

Die Ausrichtung der Nährstoffrelation im einzelnen steht noch in der Diskussion und ist für bestimmte Zielsetzungen der Ernährung jeweils zu variieren. Für den Normalfall jedoch kann die Ausrichtung gelten: 50% Kohlenhydrate (vorwiegend Ballaststoffe); 30–35% Fette; 15–20% Eiweiß.

Um die Qualität der Grundnahrungsmittel und essentiellen Nährstoffe zu erhalten, ist eine wertschonende Zubereitung der Speisen erforderlich: Beim Schälen und Putzen von Obst, Gemüse, Kartoffeln nur das Notwendigste entfernen! Nicht in offenen Töpfen unter Luftzufuhr garen! Die eben ausreichende Gartemperatur und Garzeit wählen! Wertschonend garen (dämpfen, dünsten, grillen)! Nach Möglichkeit Speisen nicht wieder aufwärmen!

Die erwähnten natürlichen *Getränke,* auch Kräutertees, können und sollen in reichlichem Maß genossen werden. Kaffee, Tee und Alkohol unterliegen einer gebotenen Einschränkung in Qualität, Maß und tageszeitlichem Konsum. Kaffee aus Bohnen zubereitet hat qualitative Vorteile gegenüber gefriergetrockneten Instantformen.

Gewürze verbessern nicht nur den Geschmack der Speisen, sondern auch die Funktion der Verdauungsorgane, indem sie das Angebot an Verdauungsenzymen vergrößern und den Ablauf der Verdauungsvorgänge begünstigen.

Einzuschränken ist jedoch die Zufuhr von *Kochsalz*. Eine möglichst geringe Kochsalzmenge mit begrenzter Zufuhr von Natrium wirkt sich günstig auf die Gefäßwände, die Strömung des Blutes in den Kapillaren und das Bindegewebe aus und verhindert Wasserretention in den Geweben (Gewichtszunahme!) und die Entstehung hohen Blutdruckes. Die bedarfsgerechte, meist schon in den Nahrungsmitteln vorhandene Tagesbedarfsmenge an Kochsalz liegt bei 4–6 Gramm. ,,Nachsalzen" sollte daher unterlassen werden. Kaliumreiche vegetabile Kost (Kartoffeln!) wirkt sich dagegen günstig auf Gefäße und Kreislauf aus.

Der gesunde Mensch weist nicht zuletzt das Phänomen eines seiner Körpergröße und Konstitution angemessenen und vor allem stabilen Körpergewichts auf. Stabilität – zu verstehen als anfälliger Bereich mit nur geringen physiologischen Schwankungen des Gewichts – ist hier summarischer Ausdruck einer ökonomisch ausgeglichenen Bilanz zwischen Nahrungszufuhr und Stoffwechselleistung einerseits und Verbrauch von Nahrungsenergie und Ausscheidung andererseits. Die Kontrolle der Gesundheit findet daher als tägliche Gepflogenheit am Morgen auf der Waage statt. Ernährung als Essen und Trinken im Sinne der Energiezufuhr für die Lebensprozesse ist neben der Qualität vor allem eine ständig an die Bedürfnisse und den Verbrauch anzupassende quantitative Aufgabe, von der die Gesundheit und die Gefahr von Krankheit in höchstem Maße abhängig sind.

Die Ernährung und ihre Prinzipien 89

Für die gesunde Lebensführung sind folgende Steuerungsmöglichkeiten verfügbar:
– Drosselung und gegebenenfalls zeitweiliger Entzug oder, wenn nötig, Erhöhung der Nahrungszufuhr.
– Ankurbelung und Beschleunigung des Stoffwechsels und der Ausscheidungen.
– Erhöhung oder Verminderung des körperlichen Energieverbrauchs durch körperliche Arbeit (Sport, Training) oder Schonung, Ruhe.

Im Hinblick auf eine günstige Beeinflussung der Stoffwechselgrundfunktion ist für die quantitative Nahrungszufuhr folgendes zu bedenken: Begrenzte Energiezufuhr wirkt für den Stoffwechsel entlastend. Die Verteilung der Nahrungsmenge auf kleinere Mahlzeiten begünstigt während der Verdauung die Zusammensetzung des Blutes (Glucose, Lipide) und erleichtert die hydrolytische und enzymatische Aufschließung der Nährstoffe. Einfach komponierte Mahlzeiten stellen geringere Anforderungen an die Verdauungsorgane. Maßvolle, reduzierte Eiweißzufuhr läßt die energetischen Stoffwechselprozesse ökonomischer ablaufen, begünstigt den Fettstoffwechsel und begrenzt die Tendenz der Lipogenese. Basische Nahrungsvalenzen dienen der Erhaltung der Alkalireserven und der Regulation des Säure-Basen-Haushaltes. Reduzierung von Nahrungsmitteln mit Rückständen von Pestiziden, Schwermetallen und sonstigen Schadstoffen verhindert die Beeinträchtigung oder Blockierung von Enzymen und Enzymsystemen. Ausreichende Zufuhr von Flüssigkeit (2–3 l täglich) ermöglicht und verbessert die Ausscheidung von Stoffwechselprodukten und die Entschlackung des Bindegewebes.

Um die Grundfunktionen des *Kreislaufs* gesundheitlich günstig zu beeinflussen, ist folgendes zu beachten: Quantitative Einschränkung der Zufuhr von Natrium (Kochsalz) verhindert dessen Anreicherung in den Gefäßwänden und dem Bindegewebe, vermindert dadurch die Sensibilität der Gefäße gegenüber den vasokonstriktorischen, sympathikotonen Katecholaminen (Adrenalin, Noradrenalin), wirkt gegen Erhöhung des Blutdrucks und begünstigt die Zirkulation in der kapillaren Strombahn. Kaliumreiche, vegetabile Kost begünstigt die Struktur und Funktion des Gefäßbindegewebes und der Kapillarmembranen. Knapp gehaltene und auf polyensäurereiche Nahrungsfette ausgerichtete Fettzufuhr verbessert die Fließeigenschaften des Blutes, seine Viskosität also, und mindert die Agglutinationsbereitschaft der Erythrozyten und Thrombozyten.

Die besondere Ausrichtung auf Qualität und Quantität der Ernährung, wie sie als spezielle Diät und Basistherapie bei akuten und chronischen Krankheiten angezeigt ist, liegt außerhalb dieser der primären Prävention zukommenden Darstellung. Hier hat man sich an fachspezifische Einrichtungen zu wenden. Es gibt heute allerorts – zumal in Kurorten – hochspezialisierte Ernährungsberatungsdienste, die bei bestimmten Erkrankungen oder auch etwa im Hinblick auf eine kindgerechte bzw. dem Alter angemessene Ernährung fachkundig Auskunft und Rat erteilen. An diese Ernährungsberater sollte man sich eher wenden als an die vielen ,,Ratgeber'', deren Dienste mehr auf Gewinn ausgerichtet sind.

Durch fachkundige Information, besser noch durch tägliche Übung, möglichst in einer Gruppe, wird eine Verhaltensänderung wirksam, die gleichzeitig der körperlichen Versorgung, dem psychischen Lustgewinn wie auch der Verstärkung des sozialen Erlebens dient. Das Ziel wäre dann die tägliche und befriedigende Beantwortung folgender Fragen:
- Was esse und trinke ich?
- Warum schmeckt mir das?
- Welchen gesundheitlichen Wert hat diese Ernährung?
- Wie werden meine Lebensmittel hergestellt und verarbeitet?
- Wieviel esse und trinke ich?
- Wann und wie häufig nehme ich etwas zu mir?
- Mit wem esse und trinke ich gemeinsam?
- Welchen Sinn und welchen Nutzen hat meine Ernährung heute gehabt?

2.5
Ernährung als Thema der Gesundheitsberatung

Auf all diese so vielschichtigen Fragen nun auch eine den einzelnen befriedigende Antwort zu finden, das wäre in erster Linie die Aufgabe einer gesundheitsbewußten Ernährungsberatung.

Nun gibt es eine ganze Reihe personaler und sozialer Faktoren, die bestimmen, wie und was wir essen, wann wir etwas zu uns nehmen. Eine Ernährungsberatung, die Erfolg haben will, muß von der subjektiven Situation des einzelnen ausgehen, statt ,,objektive'' Wahrheiten verkünden zu wollen. Ansatzpunkte dafür bietet eine Reihe von Überlegungen, die als Basis für jedes Beratungsgespräch empfohlen werden können (aus PUDEL, 1985):
- Eßverhalten stabilisiert sich durch wiederkehrendes Auftreten.
- Eßverhalten ist individuell hochgradig situationsgebunden.
- Eßverhalten wird sicher durch innere Regulationsvorgänge mitgesteuert.

- Eßverhalten ist aber mehr als Nahrungsaufnahme, es ist ein ganz wichtiger Teil des menschlichen Sozialverhaltens, es ist darüber hinaus – identifizierbar an Geschmackserfahrungen – eine wiederkehrende Möglichkeit, positive Erinnerungen „zu schmecken".
- Der „gute Geschmack" kann zum vorherrschenden Motiv werden, wenngleich er in seiner Qualität kaum neutral im Sinne sensorischer Kriterien gefaßt werden kann.
- Eßverhalten ist psychosoziales Verhalten. Daher kann die Ernährungsberatung nicht nur die Nahrungsaufnahme des Menschen zum Gegenstand ihrer Beratung machen, sondern sie muß das individuelle psychosoziale Geschehen um das Essen herum mit ins Auge fassen.

Jede Nahrungsaufnahme verlangt nämlich einen „zeitlichen Raum" und ihre Einbettung in einen rhythmischen Turnus, der sich zwar an individuellen Bedürfnissen, aber doch auch sinnvoll an chronobiologischen Erfahrungen der Tagesrhythmik orientieren sollte. Aus der Sicht der Tagesrhythmik ist zu bedenken, daß Essen und alkoholische Getränke müde machen und in eine trophotrope, vagotone Phase führen. Zu berücksichtigen bleibt auch generell, daß die Leistungsfähigkeit der Verdauungsorgane infolge der Ruhe und physiologischen „Fastenzeit" während der Nacht am Vormittag und noch am Mittag am besten ist. Dieser Umstand spricht dafür, die Tageshauptmenge an Eiweiß und Fett auf das Frühstück und eine Mittagsmahlzeit zu konzentrieren und die leichter verdaulichen Kohlenhydrate und Ballaststoffe am frühen Abend zu sich zu nehmen, auf alle Fälle den Fleischgenuß am Abend zu meiden.

Der Säugling verlangt einen Vierstundenrhythmus der Nahrungsaufnahme, der bei den meisten Erwachsenen in einen „Dreierrhythmus" mit Frühstück, Mittag- und Abendessen reduziert ist. Zwischenmahlzeiten („Vesper") am Vormittag und Nachmittag sind, mit Ausnahme bei körperlicher Schwerarbeit, ein Rückfall in den „Babyrhythmus". Eine wenigstens vierstündige Pause zwischen den Zeiten der Nahrungsaufnahme am Tage läßt den Verdauungsorganen Zeit und schützt sie vor Überforderung. Dieses „kleine Fasten" mit mindestens vierstündigem Intervall zwischen den Tagesmahlzeiten wirkt sich auch disziplinierend für ein geordnetes Eß- und Trinkverhalten und günstig für Konzentration und Leistung bei allen täglichen Verrichtungen aus. Für die Getränke gilt die Konsequenz, daß wir tagsüber Mineralwasser, Frucht- und Pflanzensäfte sowie Tee und Kaffee genießen und alkoholische Getränke dem Abend vorbehalten sein sollten.

Wer es wegen Übergewicht streng mit sich angehen lassen will, kann im Anschluß an ,,Null-Diät" oder an eine Fastenkur sein Gewicht am besten mit einem als Tagestrennkost konzipierten ,,Zweierrhythmus" halten oder weiter verringern. Dabei wird die Mittagsmahlzeit eliminiert. Um die Insulinstimulation zwischen 11.00–12.00 Uhr vormittags in Grenzen zu halten und infolge länger andauernder Sättigung durch Eiweiß und Fett mittags gut ,,über die Runden zu kommen", wird nach langjähriger Erfahrung empfohlen, ein reines Eiweiß- und Fett-Frühstück (Milch und Milchprodukte, ,,Ham and eggs") zu sich zu nehmen, und die Kohlenhydrate (Kartoffeln, Gemüse, Salate) einschließlich alkoholischer Getränke ab 17.00 Uhr für den frühen Abend einzuplanen, womit wir abermals beim so empfindlichen Rhythmus im Stoffwechsel angelangt sind.

Der *Stoffwechsel* beginnt bereits mit dem Kauen der Speisen. ,,Wer nicht kaut, hat sein Leben nicht lieb", weiß ein arabischer Spruch. Gutes und genügend langes Kauen erleichtert die Verdauung. Hastiges Schlingen bringt allzuviel Luft in den Magen und in der Folge ein Völlegefühl und Blähbeschwerden. Das Sättigungsgefühl wird bei langsamer Nahrungsaufnahme mit gründlichem Kauen der Speisen mit einer geringeren Nahrungsmenge als beim hastigen Schlingen erreicht.

Die erste Stunde nach dem Essen muß der Verdauung gehören. Körperliche Anstrengung sollte während dieser ersten Stunde nach der Mahlzeit vermieden werden, um die kollaterale Verschiebung des Blutes in die Verdauungsorgane nicht zu stören. Die vor allem nach dem Mittagsmahl störende kollaterale Verschiebungsanämie des Gehirns – ,,plenus venter non studet libenter" – läßt sich im Alltag bei nur kurzer Mittagspause mit Schwarztee oder Kaffee mindern.

Nicht zu Unrecht wird mit ,,Stoffwechsel" als schicklichem Ausdruck vor allem der Stuhlgang verstanden. Rhythmus und Häufigkeit des Stuhlgangs und Beschaffenheit und Farbe des Stuhles sind Kontrollkriterien des ,,Ausverleibten", wobei in quantitativer Hinsicht bei der Bilanz von Nahrungsaufnahme als ,,input" und der Stuhlausscheidung als ,,output" einer Beachtung der Ausscheidung große Bedeutung zukommt.

In der Gesundheitsberatung darf die Information über Physiologie und Pathologie des Stuhlgangs und der Beachtung des Ausgeschiedenen kein ,,unschickliches" Thema sein. Seine Aktualität bezieht dieses Thema leider durch zwei negative Aspekte. Einmal begegnen wir beim ,,sogenannten Gesunden", vor allem bei Frauen und Übergewichtigen, dem ursächlich komplexen Symptom der Obstipation. Die Obstipation ist insofern ein Risikofaktor für die Gesundheit, als sie als Hinweis auf

Störfaktoren der Ernährung und anderer Verhaltensfelder der diätetischen Regelkreise zu sehen ist und meist außerhalb ärztlicher Beratung im Dunkelfeld der Selbstmedikation zu unkontrolliertem, gesundheitsschädlichem Gebrauch von Abführmitteln führt.

Addiert wird der außer ärztlicher Kontrolle stattfindende Gebrauch unterschiedlicher Laxanzien durch die vielen „privaten" Versuche, mit Abführmitteln und dadurch verstärkter Ausscheidung das Übergewicht zu reduzieren.

Hier liegt par excellence eine wichtige Aufgabe für die ärztliche Gesundheitsberatung und gesundheitliche Aufklärung vor. Nur eine eingehende soziobiographische, diätetisch orientierte Anamnese und Analyse kann im Einzelfall hier weiterhelfen, nicht zuletzt aber auch eine Untersuchung der Analregion (Schrunden, Hämorrhoiden).

Der *Wasserhaushalt* zeigt seine Bedeutung vorab schon in der Tatsache, daß unser Organismus im Säuglingsalter einen Wassergehalt von 70% seines Volumens und bei Sechzigjährigen noch von 50% hat. Eine wichtige Voraussetzung für Wohlbefinden und Gesundheit sind daher ausreichende Wasser- und Salzkonzentrationen in den Organen und eine dementsprechende Zufuhr von Flüssigkeit, nachdem alle Stoffwechselvorgänge an Wasser gebunden sind.

Auf Flüssigkeitsverlust (schon bei 5% der Gesamtmenge) reagiert der Körper mit Leistungsabfall. 15–20% Wasserverlust des Körpers können zum Tode führen, wobei die Geschwindigkeit des Wasserverlustes eine Rolle spielt.

Der Körper reagiert auf Verminderung der Flüssigkeit mit Erhöhung der Herzfrequenz (Pulsfrequenz) infolge vermindertem Venendruck und mit einem Ansteigen der Körpertemperatur. Der tägliche Wasserbedarf liegt beim Menschen mit mittlerer Größe und Gewicht bei 2,5–3 Litern. Er wird zugeführt durch 1–1,5 l Flüssigkeit in der Nahrung und 1,5–2 l Getränke.

Untersuchungen über das tagesrhythmische Trinkverhalten lassen erkennen, daß die während des Tages verbrauchte und ausgeschiedene Flüssigkeit meist und vorwiegend am Abend ersetzt wird. Außer Zweifel steht, daß viele Menschen ihrem Körper zu wenig Flüssigkeit zuführen. Unter ihnen finden sich gehäuft Obstipation und hypotone Kreislaufregulationsstörungen. Eine möglichst exakte Erhebung über die tägliche Flüssigkeitszufuhr hat daher für die ärztliche Gesundheitsberatung große Bedeutung.

Die tägliche Zufuhr von Salzen durch Speisen und Getränke soll gleichfalls Beachtung finden. 3–5 g Kochsalz (Natrium) pro Tag sind ausreichend und meist schon durch die Nahrungszufuhr abgedeckt.

Beim Schwitzen (im Sommer durch körperliche Anstrengung) kommt es nicht nur zu Natrium-, sondern auch zu Kaliumverlust, da der Körper, vor allem auch die Nieren, Wasser durch Natriumretention zu behalten versucht und dafür vermehrt Kalium ausscheidet. Folgen sind Schwäche, Zittern und Herzrhythmusstörungen. Daher darf vermehrte Kaliumzufuhr nicht vergessen werden (Aprikosen, Bananen, Pfirsiche, Birnen, vor allem Kartoffeln). Dies gilt auch bei stärkerem Durchfall mit raschem Verlust an Wasser und Elektrolyten, vor allem von Kalium.

2.6
Essen und Trinken in bezug auf das Lebensalter

Für jedes Lebensalter gelten die zuvor genannten Grundprinzipien für eine gesunde Ernährung. Dennoch sind für die Gesundheitsberatung einige variante Gesichtspunkte für die Ernährung von Kindern und Jugendlichen im Wachstumsalter und für ältere Menschen von Bedeutung. Nur kurz anzusprechen ist die Prägung des Eß- und Trinkverhaltens im *Kindesalter* und bei Jugendlichen als eine der wichtigsten Erziehungsaufgaben in der Familie.

Hauptübel ist die schon bei Kindern einsetzende Überernährung. Dabei wurde festgestellt, daß übergewichtige Kinder mit achtzigprozentiger Wahrscheinlichkeit auch zu fettleibigen Erwachsenen werden. Schon beim Säugling und Kleinkind werden also die Weichen für eine lebenslängliche Fehlernährung und Fettsucht gestellt. Als Hauptursache für die Überernährung gilt hier der Konsum von Kohlenhydraten, vor allem von Süßigkeiten, deren Genuß zudem die Zahnkaries bewirkt.

Gefahr für die Gesundheit droht aber auch durch die meist in der Pubertät auftretende Magersucht, die als „Twiggy-Syndrom" unter Jugendlichen geradezu eine Modeerscheinung werden und damit epidemischen Charakter annehmen kann. Hier sind die psychischen Wurzeln des Fehlverhaltens abzuklären und individuelle ärztliche Behandlung erforderlich.

Der *alte Mensch* bedarf zwar keiner besonderen Diät, jedoch der Einsicht, daß die Funktionsleistung der Verdauungsorgane mit den Jahren nachläßt und wegen der geringeren körperlichen Aktivitäten auch der Energieverbrauch absinkt. Generell ergibt sich daraus die Empfehlung einer Reduzierung der quantitativen Nahrungszufuhr. Qualitativ ist im Alter eine vollwertige Kost, die von ihrer Zusammensetzung und Zubereitung her gewisse Funktionseinschränkungen des alternden Organismus berücksichtigt, voll ausreichend. Mäßig ernährte Menschen haben eine höhere Lebenserwartung.

Mit Rücksicht auf den beim alten Menschen unter erschwerten Bedingungen ablaufenden Fettstoffwechsel sollte die Aufnahme von Fett auf mehrere Mahlzeiten verteilt werden. Bei den Kohlenhydraten sollten raffinierte (verfeinerte) Mono- und Disacharide weitgehend ausgeschaltet werden. Verringert werden sollte mit Rücksicht auf den Status des Herz- und Kreislauf-Systems auch die Zufuhr von Kochsalz. Bier und Wein als alkoholische Hauptgetränke sind nur dann als „Milch des Alters" zu erachten, wenn sie mäßig und zur Unterstützung der Verdauung bei den Mahlzeiten genossen werden.

Die Bundeszentrale für gesundheitliche Aufklärung hat 1970 eine Studie veröffentlicht, in der auch eine Typologie derjenigen Mitmenschen entworfen wurde, deren Lebensweise häufig Probleme mit der angemessenen Ernährung aufwirft. Dies sind insbesondere:

– Der konservative, einfache Ernährungstyp, dem es darauf ankommt, satt zu werden, und der eine reichhaltige, kräftige und fette Mahlzeit vorzieht.
– Der ängstliche, überbesorgte Ernährungstyp, der sehr ernährungsbewußt lebt, häufig bereits an einer Krankheit leidet, die diätetisch – im Sinne diätbezogener Verpflegung – beeinflußbar ist, und der Wert legt auf geringe Quantität, auf Rohkost, auf leichte und fettarme Kost (in der Rolle des „Gesundheitsapostels" oft allerdings ein Opfer extremer und einseitiger Einstellungen).
– Der inkonsequente, unregelmäßig essende Ernährungstyp, der zwar weiß, welche Nahrungsmittel ihm zuträglich wären, den jedoch nach anderem gelüstet und der im ständigen Kampf um die schlanke Linie lebt.
– Der unaufmerksame, uninteressierte Ernährungstyp, dem es egal ist, was er ißt, und der irgendwelche Nahrung zu sich nimmt, damit sein Körper funktioniert.

Solche Klassifikationen sind sicher vereinfachend und berücksichtigen keineswegs angemessen die individuelle Situation. Trotzdem erleichtert ein derartiges Orientierungsschema vielfach den Einstieg in das Gespräch. Das gilt besonders dann, wenn es um die empfindlichste, aber auch wichtigste Form der Ernährungsberatung geht, um das so heilsame Fasten.

2.7
Heilwirkung des Fastens

Als ein Therapeutikum ersten Ranges haben wir das Fasten zu betrachten, das sich ja keineswegs nur mit der Regulierung der Eßgewohnheiten befaßt, das vielmehr auch alle anderen Regelkreise erschüttert und in heilsame Bewegung bringt: das Atmen und Sichbewegen, das Schlafen wie die Affekte und darüber hinaus jede Art von Sinneswahrnehmung und geistigem Erleben. Hier haben wir es in der Tat mit einem Stoß ins System zu tun – und nicht nur mit einem zeitweiligen Entzug von Speise und Trank!

Die alten Hochkulturen wie auch die großen Religionen haben nicht von ungefähr bevorzugt den Wert des Fastens betont und den geregelten Fastenzeiten die größte Bedeutung für das Heil der Seele wie des Leibes beigemessen. Die heilsame Wirkung des Fastens ist denn auch heute noch offenkundig; sie will lediglich reaktiviert werden. Wir alle empfinden es als wohltuend, wenn die so bewegten Vorgänge im Darm einmal zur Ruhe kommen, wenn sie der Schonung und Säuberung unterliegen, wenn gleichzeitig eine Entschlackung eingeleitet wird, eine Neuregulierung und in der Folge dann auch eine neue Besinnung.

Als Motivation und Indikation für solche reduktiven Eingriffe in die Ernährung, wie sie nicht nur beim totalen Fasten, sondern auch schon beim Teilfasten notwendig sind, ergeben sich die verschiedensten Aspekte:
– Medizinisch gesehen bewirkt das Fasten eine Entlastung des Kreislaufs und der Verdauungsorgane.
– Diätetisch gesehen kommt es zu einer Rücknahme des Übergewichts und dabei in der Regel auch zu der gewünschten ,,Entschlackung''.
– Ästhetisch gesehen fallen die verschiedensten Gesichtspunkte ins Auge; man denke nur an das modische ,,Schlank ist beautiful''!
– Religiös gesehen stehen die traditionellen Exerzitien mit ihren Übungen der Buße und einer allgemeinen Verzichtshaltung im Vordergrund.

PARACELSUS hingegen hatte als Arzt auch schwerwiegende Einwände gegen das Fasten, wenn es als Ausdruck einer insgesamt exaltierten, extremen Lebensweise erachtet werden mußte: ,,Die ganze Woche sich anfüllen und am Freitag und Samstag zu Wasser und Brot fasten, oder ein ganzes Jahr voller Fleisch stecken und in den Fasten keines mehr – das ist Ungleichgewicht der Natur.''

Mäßigkeit im Alltag, in dem wir tagtäglich zur gemäßen Mitte auch und gerade beim Essen und Trinken finden sollen, ist gewiß besser als der Versuch, unmäßiges Verhalten mit extremem Nahrungsentzug zu büßen. Dennoch sind Teilfasten und totales Fasten nützliche Übungen für die Erhaltung der Gesundheit und obendrein für den Umgang mit sich selbst. Zur Entlastung des Organismus durch Teilfasten, auch zur Reduzierung eines geringeren Übergewichts, bietet sich eine ganze Reihe von Sonderdiäten an, die jeweils eine eigene Gewichtung der Zielsetzungen besitzen.

Sonderdiäten im Sinne eines Teilfastens tragen bei kurmäßiger Anwendung, am wirksamsten im Frühjahr und Herbst, besonders dann zur Festigung und Erhaltung der Gesundheit bei, wenn Übergewicht, Störungen der biologischen Grundfunktionen oder Organschwächen vorliegen. Das totale Fasten als ,,Null-Diät", als ,,kohlenhydratsubstituiertes Saftfasten" etwa nach BUCHINGER-LÜTZNER, oder als ,,Molkenkur" mit Protein- und Kohlenhydratsubstitution mit den Zielen einer umfassenden Gewichtsreduktion und Umstimmung des Stoffwechsels, ist Aufgabe von Kliniken und Sanatorien unter ärztlicher Leitung und wird mit unterstützenden Maßnahmen, vor allem Bewegungstherapie, kombiniert.

Fasten – jahresrhythmisch am besten im Frühjahr oder Herbst – ist als eine Übung zu erachten, bei der der ganze Mensch in die richtige Verfassung kommen und zu seiner Lebensordnung finden soll. ,,Das Fasten ist der Friede des Leibes", sagt PETRUS CHRYSOLOGUS. Es dient daher auch als der königliche Weg zu mentaler Gesundheit.

3
Der Alltag und seine Ordnung

3.1
Einleitung

Unser Leben verläuft nicht kontinuierlich und gleichförmig, sondern in rhythmischen, sich jeweils typisch wiederholenden Intervallen. Bei diesem Auf und Ab aller biologischen Funktionsabläufe sprechen wir vom Lebensrhythmus, der von einer besonderen wissenschaftlichen Disziplin, der Chronobiologie, seit einigen Jahren besonders sorgfältig untersucht wird.

Das bekannteste Beispiel für diese Zeitordnung des Lebens ist der Wechsel von Schlafen und Wachen, der sich nicht von ungefähr im Ablauf von Tag und Nacht vollzieht und der uns das vor Augen führt, was man mit einem recht anschaulichen Bild als „die innere Uhr" bezeichnet hat, als „Uhren, die das Leben stellt".

Eine Vielzahl von solchen „inneren Uhren", von Schwingungsgebern in allen Zellen und Geweben des Organismus, die systematisch gruppiert und aufeinander abgestimmt sind, geben unserem Organismus und allen seinen Funktionen eine in sich harmonisch geordnete Zeitstruktur. Der Gang dieser biologischen Uhren steht nach außen in korrelierendem Bezug mit den kosmischen Abläufen und Phasenwechseln, vor allem mit der Erdumdrehung, mit Tag und Nacht, jedoch auch mit anderen Faktoren der Natur und der sozialen Umwelt. Diese Koppelung unserer „inneren Uhren" an die gesetzmäßigen Abläufe des Kosmos erklärt, daß der Mensch in Millionen von Jahren seine Zeitorientierung aus dem Lauf von Sonne und Mond, aber auch aus seinen damit zusammenhängenden Stimmungen in rhythmischen Abläufen bezogen hat.

Alle diese biologischen Einstellungen sind im Normalfall hervorragend synchronisiert und aufeinander abgestimmt, so daß unsere Existenz gleichsam von einem faszinierenden Räderwerk lebenserhaltender und lebensverwaltender Programme gesteuert wird. Es wäre jedoch falsch, deshalb anzunehmen, daß der ,,normale" Ablauf des Lebens völlig gleichförmig und ohne Schwankungen sei. Im Gegenteil – nichts ist normaler als ein ständiges Auf und Ab, der Wechsel von Höhen und Tiefen, als die Fähigkeit, mit dem schwankenden Zustand der eigenen Verfassung trotzdem – und gerade deswegen – ein gesundes und sinnvolles Leben zu führen.

Wir werden daher gut beraten sein, uns bei einem so empfindlich gestimmten Regelkreis zunächst einmal auf die *physiologischen Gesetzlichkeiten* zu besinnen. Sodann wollen wir aber auch alle *Störungen* und Entgleisungen dieser Biorhythmik in Betracht ziehen, um abschließend die Möglichkeiten und Grenzen einer *biologischen Regulation* und damit auch die Aufgaben der diätetischen *Gesundheitsberatung* zu bedenken.

3.2
Rhythmus als Zeitordnung des Lebens

Alle Zeit unseres befristeten Lebens ist geordnet im Rhythmus des Alltags. Hat man den Rhythmus, so hat man auch schon den Sinn seines Lebens! Seit einigen Jahren ist es die ,,Chronobiologie", die als wissenschaftliche Disziplin alle Einwirkungen biologischer Rhythmen auf unser Leben zu erforschen sucht. Sie stellt uns erstaunliche Informationen zur Verfügung, die sich insgesamt für die Gestaltung einer ganzheitlichen Lebensführung als vorteilhaft erweisen.

Die biologisch vorgegebenen Rhythmen sind Programme, deren Gesetzlichkeiten jeder unterworfen ist, ganz gleich, ob es dem einzelnen unbedingt in sein Konzept paßt oder nicht. Die Rhythmik der Nervenaktionen in der ,,Signal- oder Informationsrhythmik" des Nervensystems, erlaubt jedenfalls rasche Wahrnehmung, blitzschnelle Reaktion und Entscheidung gegenüber einer Umweltsituation.

Eine zwar große Anpassungsvarianz an Leistungsbeanspruchung, jedoch strenge Rückregelung auf ihre Ruhefrequenz zeigt die Rhythmik des Herzschlags und der Atmung. Die Ruhefrequenz des Herzschlags beim Gesunden liegt knapp über 70/min, kann aber bei hoher körperlicher Belastung auf 200/min ansteigen. Auch die Atemfrequenz, in Ruhe 18/min, kann erheblich gesteigert werden. Typischerweise und konstant kehren aber die beiden aneinandergekoppelten, so zentralen Rhythmen nach bedarfsbedingter Auslenkung immer wieder zu ihrer Ruhefrequenz zurück. Diese Gesetzmäßigkeit beim Gesunden erlaubt anhand der Zeitmessung der Rückstellung der Frequenz nach Belastung genaue Rückschlüsse auf die Belastungs- und Regulationsfähigkeit von Kreislauf und Atmung. Auch der 10-Sekunden-Rhythmus des Blutdrucks ist regulativ an den Atem- und Herzrhythmus gekoppelt.

Interessanterweise deckt sich der Frequenzbereich von Herz- und Atemrhythmus mit dem Frequenzbereich der Rhythmik unserer Körperbewegungen, vor allem mit Gehen, Laufen und Armbewegungen, aber auch mit den Grundrhythmen von Musik und Tanz.

Eine größere Wellenlänge mit Periodendauern von 10 Sekunden bis zu einer Stunde zeigen die rhythmischen Bewegungsabläufe der ,,glatten Muskulatur'', welche die Bewegungen von Magen, Darm, Harnblase, Gebärmutter und der Blutgefäße bewirken. Hier dominiert bei den Zusammenziehungen ein Grundrhythmus mit Periodendauer von einer Minute, wenngleich dieser Rhythmus in den verschiedenen Organen erheblich modifiziert und von anderen Rhythmen überlagert wird. Große Wellenlängen mit einer Periodendauer von einem Tag, einem Monat oder einem Jahr weisen komplexe Regulationen und Umstellungen des Organismus auf, wie sie uns beim Tages- und Jahresrhythmus begegnen.

Die Erkenntnisse über eine solchermaßen hierarchisch geordnete Zeitstruktur unseres Organismus haben eine eigenständige Ordnungsfunktion mit dynamischen Regulationen eines geordneten Zusammenspiels aller rhythmischen Lebensvorgänge, somit eine umfassende physiologische Zeitordnung deutlich werden lassen. Dabei spielt vor allem für die schnelleren, kurzwelligen Rhythmen, die während des Tages durch Aktivität mehr oder weniger gestört werden, der Nachtschlaf in der Zeit des letzten Tiefschlafes eine besondere Ordnungsfunktion für die Wiederherstellung und Neuordnung der rhythmischen Systeme.

Besonders interessant für den *Tagesrhythmus* sind die unterschiedlichen Phasentypen der *Morgenmenschen* und der *Abendmenschen*, wobei die Morgenmenschen bildhaft als ,,Lerchen'', die Abendmenschen als ,,Eulen'' gekennzeichnet werden. Die Ausprägung dieser Typologie mit unterschiedlichem Tagesprofil insbesondere im Ablauf der Leistungs- und Erholungsphasen ist durch wissenschaftliche Untersuchungen sichergestellt und bereits vom 6. Lebensjahr an signifikant.

Durch die Typologie der ,,Lerchen'' und der ,,Eulen'' erfährt das allgemeinverbindliche Stimmungs- und Leistungsoptimum und das

Pessimum der Tagesrhythmik eine Differenzierung von praktischer Nützlichkeit. Es ist jedenfalls für den einzelnen wertvoll, seine Auf- und Abschwünge, seine guten und seine weniger guten Stunden im Tagesablauf zu wissen und sein Verhalten danach einzurichten.

In Analogie zu den rhythmischen Phasen der Körperfunktionen verlaufen auch die täglichen Phasen unseres seelisch-geistigen Auf- und Abschwungs. Der von FRIEDRICH BRAASCH eingeführte Begriff der *Antriebsentfaltung* ist im Sinne von Leistungsbereitschaft zu verstehen, wobei es aber vor allem um die Bereitschaft eines seelisch-geistigen Leistungspotentials geht, gleichgültig, ob dieses Leistungspotential abgerufen wird oder nicht. Antriebsentfaltung schließt aber auch eine Aufgeschlossenheit der Gefühle und der Stimmung ein. Tageskurven über Antriebsentfaltung und Schlaftiefe zeigen die Unterschiede im Phasenverlauf zwischen den *Lerchen* als Antriebsentfaltungstyp I und den *Eulen* als Antriebsentfaltungstyp II am Tage und bezüglich der Schlaftiefe in der Nacht.

Geradeso, wie die „Lerche" als Typ I sich frühmorgens schnell und die „Eule" als Typ II sich langsam („Morgenmuffel") in den Tag hinein entfaltet, verhält es sich spiegelbildlich mit der Nacht und dem Schlaf, in die der Morgentyp rasch mit einer Tiefschlafphase eintaucht, während der Abendtyp den Tiefschlaf meist erst gegen Ende der Schlafperiode erreicht.

Leichtes Erwachen am frühen Morgen und alsbaldige Verfügbarkeit eines hohen Leistungspotentials mit entsprechender *Gestimmtheit*, anhaltend bis zum Mittag, kennzeichnet also den Morgentyp, die „Lerche", und ein schwieriges Erwachen mit verlangsamter Entwicklung des Leistungspotentials, dessen Optimum am Vormittag meist erst gegen 10 Uhr erreicht wird, ist für den Abendtyp, die „Eule", charakteristisch. Für beide Typen gilt dann ein „Mittagstief" etwa zwischen 12.30 Uhr und 15.00 Uhr und ein nochmaliger Anstieg der Antriebsentfaltung am Nachmittag, der abends bei den „Lerchen" linear rasch abfällt, bei den „Eulen" dagegen meist lange, bis vor Mitternacht, anhält.

Interessant ist im Zusammenhang mit diesen differenten Phasentypen, daß im höheren Alter bei den „Eulen" eine Verfrühung der Phasenlage i. S. einer Entwicklung zum Morgentyp eintritt, sofern der ältere Mensch seine Mobilität und Aktivität beibehält. Künstler sind überwiegend „Eulen". Musiker musizieren lieber abends als morgens. Und über die Bereitschaft zu Aussprache und Beichte berichten Theologen, daß vor 10.00 Uhr morgens nur selten jemand zur Beichte kommt und Beichten und Aussprachen fast ausschließlich am späten

Vormittag, nachmittags gegen 16.00 Uhr und am Abend gewünscht werden.

Da der Mensch also in einer arteigenen und zudem individuellen Zeitstruktur und Zeitordnung lebt, ist es zur Erhaltung der Gesundheit und zur Optimierung seiner Leistungs- und Erholungsphasen erforderlich, Zeitplanungen durchzuführen, bedarf doch jeder Tag der Berücksichtigung dieser Rhythmik und ihrer Phasenabläufe.

Der Jahresrhythmus
Außer dem so bedeutungsvollen Tagesrhythmus ist beim Menschen auch mit über 100 Funktionsgrößen ein Jahresrhythmus erwiesen, der sich vor allem auf jahreszeitliche Umstellungen bezieht und durch den Jahreszeitenwechsel synchronisiert wird. Als äußere Zeitgeber wurden vor allem die Änderung der Taglänge mit ihrer wechselnden Lichtfülle und die unterschiedliche Stärke der Ultraviolettstrahlung des Sonnenlichts erkannt.

Isolationsversuche haben gezeigt, daß der Mensch jedoch auch ohne diese äußeren Zeitgeber über eine Jahresrhythmik verfügt, die dann allerdings mit ungenauer Jahreslänge im Sinne einer circannualen Rhythmik verläuft.

Die Maxima und Minima der Jahresrhythmen liegen gehäuft im Februar und August, weshalb wir annehmen dürfen, daß in diesen Monaten ein Phasenwechsel des sehr komplexen Jahresrhythmus erfolgt. Der in den Frühjahrsmonaten stark anwachsende Strahlungsreiz der Sonne hat eine vermehrte neuromuskuläre Erregbarkeit, auch eine Steigerung der exsudativen Diathese (Neigung zu stärkerer Entzündungsreaktion), vor allem aber eine erhöhte Reaktions- und Leistungsbereitschaft zur Folge, die im Frühjahr einen ersten Gipfel und nach den Sommermonaten im September einen zweiten, wenn auch etwas geringeren Höhepunkt erreichen.

Bei der jahreszeitlichen Untersuchung körperlicher Leistungsfähigkeit ist ein doppelgipfliger Jahresgang aufgefallen: Das Maximum an Leistungs- und Kraftzuwachs liegt im späten Frühjahr und dann wieder im Spätsommer und Herbst. Das Minimum, gleichsam unser *biologisches Tief,* liegt im Januar bis Mitte Februar. Praktisch ergibt sich daraus, daß körperliches Training und Kuren am effektivsten im Frühjahr und im Herbst gelingen.

Eine von GUNTHER HILDEBRANDT erstellte Tabelle für jahresrhythmische Einflüsse auf den Kureffekt veranschaulicht diese Erkenntnisse. Weitere Untersuchungen lassen annehmen, daß die Kapazität für Anpassungsvorgänge, für langsame Wachstums- und Rückbildungsprozesse, die vor allem die innersekretorischen Drüsen betreffen, jahreszeitlichen Schwankungen unterliegen. Deutlich sichtbar werden solche Veränderungen bei Tieren in Form des Haarkleidwechsels und des Winterschlafs.

Außer dem Tages- und Jahresrhythmus gibt es bei Tieren und Pflanzen nachweisbar auch eine Synchronisation von Rhythmen mit dem *Mondzyklus*. Beim Menschen wurden ebenfalls Spuren mondrhythmischer Einflüsse beobachtet. Dennoch hat sich der Monatsrhythmus der Frau, dessen Periodendauer im statistischen Mittel bei 28 Tagen liegt, nicht als lunarer Rhythmus sichern lassen. Gleiches gilt auch für die etwa 28tägige Rhythmik hormonaler Steuerungsvorgänge beim Mann. Wahrscheinlich hat sich der Mensch bereits weitgehend von den lunaren Zyklen abgelöst.

Alle Tiere und grünen Pflanzen besitzen, wie in unzähligen Untersuchungen nachgewiesen wurde, eine derartige Tages- und Jahresrhythmik. Alles Lebendige befindet sich in Bewegung und in rhythmischem Einklang mit den kosmischen Zeitperioden. Der *Sinn* solcher biologischer Rhythmen liegt somit in erster Linie in einer der Lebenserhaltung dienlichen *zeitlichen Umwelteinordnung* im Hinblick auf die Umweltabhängigkeit aller Lebewesen und ihre optimale Lebensentfaltung zur gemäßen Zeit.

Nun hat der Mensch allerdings im Verlauf der kulturellen Entwicklung eine wachsende Unabhängigkeit mit hohen Freiheitsgraden erreicht. Durch die Technik macht er die Nacht zum Tage; durch chemische Mittel wandelt er Wachsein in Schlaf und wiederum Müdigkeit in Leistungsbereitschaft; durch Hormongaben kann der Menstruationszyklus nach Belieben unterbrochen werden.

Unsere „inneren Uhren", die den Lebensrhythmus im Sinne eines vorgegebenen Grundrhythmus bestimmen und die Perioden der Wachheit und Antriebsentfaltung ebenso wie jene der Inaktivität und des Schlafs im Phasenwechsel bewirken, sind somit beeinflußbar und können zur Anpassung an bestimmte Lebenssituationen manipuliert werden. Meistens aber, vor allem nach einer gewissen Dauer, weisen Befindensstörungen, die mit solchen Eingriffen verbunden sind, darauf hin, daß die willkürliche Durchbrechung unserer zeitlichen Umwelteinordnung vom Organismus nicht ohne Folgen hingenommen wird.

Die Rolle des vegetativen Nervensystems

Um die rhythmische Funktionsordnung des Menschen genauer zu verstehen, wollen wir einen Blick auf die Rolle des Nervensystems werfen, vor allem des autonomen, des vegetativen Nervensystems. Betrachten wir das Gehirn des Menschen, so sehen wir das Großhirn mit seinen vielen Windungen gleichsam wie ein rundovales Dach um das in der Tiefe befindliche Stammhirn liegen. Das in der Stammesgeschichte „neuere" Großhirn hat die Bedeutung des großen Nervenzentrums für unser Bewußtsein und für alle willkürlichen Aktionen. Das in der Tiefe liegende, entwicklungsgeschichtlich ältere Stammhirn ist das Nervenzentrum für die Regulierung der zwar über das Großhirn beeinflußbaren, im wesentlichen aber autonom gesteuerten Lebensfunktionen, wie z. B. der Atmung, des Kreislaufs und der Blutgefäße, des Magen-Darm-Traktes, der Haut und der Genitalorgane. Im Stammhirn liegen auch die Zentren des autonomen, vegetativen Nervensystems, das vorwiegend mit Hilfe von Reflexen arbeitet, die sich auf Impulse von Reizempfängern im Bereich der inneren Organe stützen, das *sympathische* und das *parasympathische* Nervensystem.

Das sympathische Nervensystem, der *Sympathikus,* dessen Nervenfasern aus dem Brust- und Lendenmark kommen, bewirkt allgemein eine Zusammenziehung der unwillkürlichen Muskeln, daher auch eine Engerstellung der Blutgefäße, ein Ansteigen des Blutdrucks und eine Beschleunigung der Herzaktion. Es läßt sich generell sagen, daß der Sympathikus die Körperfunktionen aktiviert und es uns ermöglicht, auf Gefahr oder Leistungsanforderung rasch und mit totaler Mobilisation aller körperlichen und seelischen Kraftentfaltung zu reagieren.

Wir fühlen das Regiment des Sympathikus in besonderen Streßsituationen, so, wenn wir „kalte Füße", ein Frösteln und einen „Krampf im Magen" bekommen, wenn sich die Pupillen weiten, eine zugeschnürte Kehle und Spannungen am Nacken und Rücken auftreten, wenn die Atmung abflacht und Herz und Puls sich beschleunigen. Diese Sympathikus-Reaktionen, zu denen auch ein Ansteigen des Nebennierenhormons Adrenalin gehört, bedeutet bei Mensch und Tier gleichermaßen Signal und Vorbereitung für Kampf oder Flucht, für höchste Alarmstufe.

Der *Parasympathikus,* dessen Nervenfasern aus dem Stammhirn und verlängerten Rückenmark und aus den Nervenzentren der Kreuzbeinregion, also von zwei weit voneinander entfernt liegenden Nervenregionen stammen, bewirkt demgegenüber eine Entspannung und Ruhepause der Körperfunktionen, ausgenommen eine motorische, aktivierende Funktion im Endabschnitt des Dickdarms, im Bereich des Afters, der Blase und der Genitalorgane. Subjektiv empfinden sich die Funktionen des Parasympathikus mit angenehmen Gefühlen: Die Blutgefäße erweitern sich und vermitteln ein wohliges Wärmegefühl, das Herz schlägt ruhig, der Blutdruck sinkt, die Muskulatur lockert sich.

3.3
Störungen im Rhythmus der Zeitordnung

Bei einem derart empfindlichen System, wie es mit dem in die großen kosmischen Abläufe eingelagerten Tagesrhythmus gegeben ist, muß ständig mit Schwankungen, Entgleisungen und Störungen gerechnet werden. Neben den physiologischen Konstanten wollen wir daher auch die pathologischen Erscheinungen einmal systematischer betrachten.

Unsere einseitig leistungsorientierte Gesellschaft verführt dazu, auch noch ,,die Nacht zum Tag machen'' zu wollen. Dabei geht es weniger darum, auch diesen Stunden etwas abzugewinnen, was durchaus verständlich ist und oft genußvoll sein kann. Es sollen vielmehr Aktivität, Dynamik und Anspannung auch noch zu *den* Zeiten unter Beweis gestellt werden, die von Natur aus für Erholung und Regeneration vorgesehen sind. Zwar gibt es Unterschiede zwischen den Menschen, was die Verteilung von Wachsein und Erschöpfung innerhalb von 24 Stunden betrifft, doch hat die zwangsläufige Verringerung und Einschränkung der Ruhezeiten durch Amüsement und Arbeit eher etwas mit einer gefährlichen Fehleinschätzung unserer natürlichen Bedürfnisse zu tun.

Schlafen und *Wachen* sind nun einmal zwei sich gegenseitig bedingende und ergänzende Bedürfnisse: Nur wer am Morgen richtig ausgeruht ist, hat die nötige Energiebasis für seine optimale Leistung, und wer durch die Aktivität des Tages in seiner Vitalität voll beansprucht wurde, fällt auch leichter in einen intensiven Schlaf. Erst die Kultivierung und bewußte Gestaltung dieser beiden Lebensbereiche schafft einen lebensfähigen Menschen, und das im wahrsten Sinne ,,rund um die Uhr'', in einem täglich neuen und gleichwohl gleichen Rhythmus.

Auch auf anderen Gebieten fehlt vielen Menschen das nötige Bewußtsein für den Umgang mit natürlichen Abläufen. So glaubt manch einer, elf Monate des Jahres Raubbau mit seinen Kräften treiben und dann in einem Urlaub von vier Wochen dieses Defizit wieder ausgleichen zu können. Oder man denke an den für die Lebenskraft auf Dauer schädlichen Irrtum, duch ein intensives Aktivitätsprogramm am Wochenende (mit Surfen, Tennis oder Ski) würden Belastung und Streß der zurückliegenden fünf Arbeitstage wirksam ausgeglichen. In beiden Fällen wird nur eine Zeitbombe gelegt: Der Verschleiß nimmt rapide zu, weil die physiologischen Abläufe und Bedürfnisse mißachtet wurden.

Schließlich sei an bestimmte Erfahrungen erinnert, die dem Hausarzt der Vergangenheit noch bewußt waren und die auch heute wieder zum Rüstzeug des therapeutischen Alltags gehören. Es geht um die Kenntnis der periodischen Prozesse, wie sie etwa einer Grippe zugrunde liegen, und die nicht unterdrückt werden dürfen, wenn die Beschwerden wirklich auskuriert werden sollen. Der massive Einsatz von Medikamenten und die Kupierung von Fieber, Husten und Schnupfen führen ja bekanntlich zu einer Verschleppung der Beschwerden.

Dies trifft auch für andere Krisen zu, wie etwa einen Partnerschaftsverlust, eine Störung der persönlichen Entwicklung oder den Zustand intensiver Erschöpfung nach starker beruflicher Beanspruchung. Die Unterdrückung (nicht Erleichterung) von Heilungsprozessen, vor allem unter Einsatz einer Dauermedikation von Schlaf- und Beruhigungsmitteln oder Psychopharmaka, verhindert nicht nur eine befriedigende Lösung, sondern führt in vielen Fällen auch zu unerwünschten Nebenwirkungen wie abnehmender Leistungsfähigkeit, mangelndem Selbstvertrauen oder auch Mißbrauch von Arzneimitteln.

Dem großen natürlichen Spielraum an Freiheit sind im Interesse der Gesundheit auch ganz klare Grenzen gesetzt, die – individuell zwar variant – die Problematik von Adaptionsmöglichkeiten unserer biologische Zeitstruktur ausmachen. Die moderne Medizin hat sich der Frage gestellt, inwieweit den Zivilisationskrankheiten auch Störungen der biologischen Zeitstruktur bzw. Rhythmusstörungen zugrunde liegen. Die gerade für die Entstehung chronischer Krankheiten besonders gültige Theorie des Adaptionssyndroms von SELYE, wonach Krankheiten mißlungene Anpassungsversuche des Organismus an Streßsituationen, an eine Belastung mit überschießenden oder ungenügenden Gegenreaktionen, sind, wird wichtig für die Erkenntnis, daß Krankheit die vorübergehende oder bleibende Störung der biologischen Ordnung, also auch ihrer Zeitordnung, ist.

Es kann kaum bezweifelt werden, daß eine nachhaltige Störung der Zeitordnung biologischer Rhythmen den Gesunden krank werden lassen kann, wenn die Anpassungsreaktionen des Organismus überzogen oder erschöpft sind. Ein großer Anteil an Schlafstörung, Nervosität, Aggression, Depression und Konzentrationsschwäche steht in ursächlichem Zusammenhang mit einer gestörten Zeitstruktur, mit einer Desynchronisation der *inneren Uhren,* einer mißlungenen Anpassung der biologischen Rhythmik an die mechanische Zeitmessung, die den Ablauf unseres Alltages bestimmt.

Untersuchungen von GUNTHER HILDEBRANDT bei Patienten mit Regulationsstörungen ergaben, daß im Laufe von Kurbehandlungen durch vorsichtig dosierte Belastungen das zeitliche Selbstordnungsvermögen des Organismus angeregt werden kann. Dagegen werden die Selbstordnungsprozesse im Laufe des Nachtschlafs verhindert, wenn man den Schlaf etwa alle zwei Stunden durch kurze Belastungen unterbricht.

Da sich der biologische Tagesrhythmus – bis auf wenige, vom Verhalten beeinflußbare Funktionen – bei einer Umkehr der Lebensweise *nicht* mit umstellt, ist insbesondere die *Nachtarbeit* zu einem gesundheitlichen Problem geworden. Das hängt damit zusammen, daß der am Tage nachgeholte Schlaf verkürzt und weniger tief und erholsam als in der Nacht abläuft und Körpertemperatur, Blutdruck, Atmung und Stoffwechsel ihr Maximum am Tage und ihr Minimum in der Nacht behalten. Wer nachts arbeitet, ist also gezwungen, gegen seine biologischen Voraussetzungen zu leben. Er muß nachts bei verminderter Leistungseinstellung arbeiten und am Tage bei mangelnder Erholungsbereitschaft schlafen, so daß ein anwachsendes Erholungsdefizit die Folge ist.

Wird man nur einen Tag durch Nachtdienst exponiert und findet danach Gelegenheit zu einer 24stündigen Ruhepause, so ist die Umstellungsfähigkeit des Organismus sichergestellt. Sogenannte Sprung- und Wechselschichten in wöchentlicher Abfolge sind dagegen gesundheitlich belastend, weil hier keine Umgewöhnung möglich ist. Eine Adaption der biologischen Rhythmik an Nachtarbeit gelingt am besten für Zeiträume von vier und mehr Wochen Dauer der Nachtschicht mit anschließender Erholungszeit von 7 bis 14 Tagen.

3.4
Möglichkeiten und Grenzen einer biorhythmischen Regulation

Damit sind wir auf eine für unsere Thematik entscheidende Frage gestoßen: wie man wohl aus der Erkenntnis der normalen Vorgänge und mit den Erfahrungen der pathologischen Entgleisung wieder zu einem gesunden Rhythmus, zu einer Adaptation an die Zeitordnung, finden kann.

Aus der Erkenntnis von der biologischen Bedeutung der Tagesrhythmen ergeben sich vor allem drei Konsequenzen, die positive oder negative Folgen für die individuelle Lebensführung haben können:
– Erstens das Verständnis des einzelnen in bezug auf seine allgemeine Leistungsfähigkeit: Wenn die meisten Lebensfunktionen einen rhythmischen und periodischen Charakter aufweisen, dann unterliegt der Umgang mit der eigenen Vitalität anderen Gesetzmäßigkeiten als bei der Vorstellung von gleichförmig ablaufenden Prozessen.

- Zweitens die Bedeutung subjektiven Erlebens und Handelns: Denn das Verhalten muß an jenen persönlichen physiologischen Grundbedingungen orientiert werden, die zwar objektiven und wissenschaftlich erkennbaren Prinzipien unterliegen, aber individuell strukturiert sind.
- Drittens die Beziehung zum Verlauf der Zeit, sowohl in ihrer täglichen Gestaltung als auch in der individuellen Entwicklung während der Lebensspanne: Gemessene und gesellschaftlich normierte Einheiten (wie etwa Stunden oder Monate) sind ökonomische oder ergonomische Zweckprodukte und entsprechen in ihrer Starrheit sehr selten den natürlich erlebten oder verlebten Abläufen.

Erinnert sei etwa daran, wie uns bei angenehmen Erlebnissen die Stunden ,,wie im Flug vergehen'', in bedrückenden Situationen dagegen die Minuten nur so ,,dahinschleichen''. Schlaflosigkeit vor Prüfungen oder in Lebenskrisen erscheint als Qual, während nächtliche Wachheit als Folge einer positiven zwischenmenschlichen Begegnung die erlebten Freuden noch vertieft. Herbst und Winter können für einen Menschen mit Depressionen Auslöser einer neuen Krise sein, bedeuten aber für einen Liebhaber von Theater, Konzerten oder häuslichen Feiern den Auftakt einer durchaus reizvollen Jahreszeit.

Diese Erfahrungen haben keineswegs nur anekdotischen Charakter, sondern spiegeln die Wirklichkeit des einzelnen wider. Was bei oberflächlicher Betrachtung nur als gelegentliche ,,Marotte'' oder Verhaltenseigenart erscheint, kann indessen verstärkte Aufmerksamkeit wecken. Es ist deshalb von ganz besonderem Interesse, wie jemand mit immer wiederkehrenden Ereignissen umgeht und sie in seinem Alltagsleben berücksichtigt, vielleicht sogar von ihnen profitiert.

Den natürlichen Rhythmen kann sich niemand entziehen; sie sind elementare Prozesse und verlangen eine Lebensführung, die sich darauf einstellt. Ist dies nicht der Fall, so folgt möglicherweise ein ganzes Register von Schäden, von Schlaf- und Konzentrationsstörungen bis zu vegetativen und psychosomatischen Erkrankungen. Umgekehrt kann eine angemessene Nachtruhe viel zu einer Krisenbewältigung und erhöhten Belastbarkeit auch in schwierigen Zeiten beitragen – jedenfalls mehr, als dies manches hochspezialisierte Medikament vermag.

Eine Regulierung der biologischen Rhythmik sollte deshalb klären, wo möglicherweise im zeitlichen Ablauf des Alltags Gewohnheiten auftauchen, die den natürlichen Bedürfnissen und Eigenheiten im Einzelfall zuwiderlaufen. Oft wissen wir zwar, wie unsere Zeit organisiert ist, sind uns aber nicht bewußt, ob dieser Stundenplan auch zu uns paßt. Daß nicht alles optimal abläuft, ist manchmal nur daran zu spüren, daß es zu schnell zu Erschöpfungsprozessen kommt, daß zu bestimmten Zeiten die Aggressivität ungewollt zunimmt oder daß regelmäßig nach einem freien Wochenende der Bedarf nach Ruhe ansteigt statt abzunehmen.

Für den einzelnen ist der Spielraum für bewußte Veränderungen in verschiedenen Bereichen zwar unterschiedlich groß. Die Umgestaltung von Zeitvorgaben etwa in Berufsleben oder Ausbildung ist nur bedingt (wie etwa bei Schichtarbeitern) oder gar nicht (so bei festen Betriebs- oder Schulzeiten) möglich. Andere Gewohnheiten (die Uhrzeit des Schlafengehens oder die Gestaltung der Ferien) unterliegen zwar häufig gesellschaftlichen Vorgaben (Sendezeiten von Fernsehprogrammen oder Freizeitverhalten der Bezugsgruppe), können aber trotzdem wesentlich leichter korrigiert werden.

Von größter praktischer Bedeutung für eine gesunde Lebensführung und damit die Bewahrung der Gesundheit ist der Tagesrhythmus: die periodisch ablaufende Folge der Stunden und Minuten. Der auf einer Erdumdrehung beruhende 24stündige Tagesrhythmus, der alle Körperfunktionen und auch die seelisch-geistigen Abläufe und Gestimmtheiten einbezieht, wurde zunächst ursächlich auf an die Erdumdrehung gekoppelte Umweltfaktoren – vor allem den Wechsel von Licht und Dunkel – bezogen. Experimente mit Menschen, die sich freiwillig für längere Zeit in Bunkern isoliert von allen Umwelteinflüssen aufhielten, ergaben, daß die Tagesrhythmik aller biologischen Funktionen in vollem Umfang weiterbestand.

Der Tagesrhythmus ist eine selbständige innere Eigenschaft des Organismus, gesteuert von ,,inneren Uhren". Generell liegen – wie wir sahen – die Maxima und Minima der Organfunktionen gehäuft in den Morgenstunden und am frühen Nachmittag, wobei die Phasen aller Funktionen derart aufeinander abgestimmt sind, daß mit dem aufsteigenden Tag eine Zunahme der Leistungseinstellungen und zur Nacht hin ein Überwiegen der Leistungsminderung eintritt. Am Tage mit seinen Leistungsanforderungen dominiert also der Sympathikus als ergotrope Einstellung, während in der Nacht der Parasympathikus als trophotrope Einstellung überwiegt. Diese Systeme können allerdings durch Umwelteinflüsse oder abnorme Lebensweise ihre Synchronisation verlieren bzw. desynchronisiert werden.

Die Überwindung der dabei auftretenden inneren Desynchronisation ist meist erst nach 8 bis 14 Tagen abgeschlossen, woraus ersichtlich wird, daß Akklimatisation in einem fernen Kontinent auch ein chronobiologisches Problem bedeutet. Wer berufsmäßig ständigem Wechsel der Zeitzonen ausgesetzt ist, wie das vor allem für das fliegende Personal von Fluggesellschaften zutrifft, soll den Rückflug zum Ausgangsort möglichst rasch anschließen, denn es hat sich gezeigt, daß dann infolge der Beharrungstendenz der circadianen Rhythmik keine Umsynchronisation in Gang kommt und die Phasenlage des Heimatortes beibehalten wird.

Da annähernd 20% der beschäftigten Menschen in der Industrie und in Dienstleistungsbetrieben im Wechseldienst von Schicht- und Nachtarbeit stehen, kommt der circadianen Rhythmik eine hohe arbeitsmedizinische und auch sozialhygienische Bedeutung zu.

3.5
Gesundheitsberatung als Anpassung an biologische Rhythmen

Die Veränderungen und Umstellungen aller biologischen und seelisch-geistigen Funktionen im Gang der Rhythmen bringen vor allem den modernen Menschen in einen biologischen Zeitkonflikt mit seinen Tagesabläufen, den es durch Erkenntnis, Selbsterfahrung und Anpassung des Verhaltens zu bewältigen gilt. Die Erkenntnisse der Rhythmusforschung ermöglichen es uns, trotz unvermeidlicher Störungen der biologischen Zeitstruktur und zeitweiliger Desynchronisation der inneren Uhren durch entsprechendes Lebensverhalten mit Hilfe des zeitlichen Ordnungsvermögens und dessen auf Konstanz zielende Regulation der Lebensvorgänge, die zeitliche Ordnung des Organismus immer wiederherzustellen und zu erhalten.

Phasengerechter Schlaf, vor allem Tiefschlaf ist dabei der wichtigste Regulator unserer inneren Uhren. Ein gesunder Organismus pendelt bei ausreichendem Schlaf jede Störung aus und gliedert vorübergehende Spontanrhythmen wieder in seine Zeitstruktur ein. Zeitweilige Belastungen, auch solche bei Kuren mit besonderen rhythmischen Reaktionen, regen als Reiz das Selbstordnungsvermögen und die Kräfte der Selbstheilung an.

Da alle diese Einflüsse kritisiert, aber keineswegs abgeschafft werden können (was im Sinne der Lebensqualität auch nicht in jedem Fall wünschenswert ist), sollte eine Gesundheitsberatung Hinweise zu folgenden Themen geben:
– Bewältigung von und Adaptation an *ökonomisch bedingte Rhythmen* wie Zweifach- oder Dreifachschichten, 24-Stunden-Dienste, Alarmbereitschaften oder den blockweisen Wechsel von mehreren Arbeits- und darauffolgenden freien Tagen. In manchen Fällen kann es nötig sein, sich versetzen zu lassen oder ein anderes Zeit-

raster zu wählen, um besser mit den Verhältnissen zurechtzukommen. Dieses Problem trifft auch ältere Mitarbeiter, die ihre bisherigen Arbeitsgewohnheiten nicht mehr beibehalten können.
- Bewältigung von und Anpassung an *plötzliche ökologische Rhythmusveränderungen,* etwa bei Flügen in andere Kontinente, zu Arbeitsplätzen auf außereuropäischen Baustellen und ähnlichen außergewöhnlichen Situationen.
- Bewältigung und Steuerung von *konsumorientierten Rhythmen,* insbesondere etwa der konkreten Vorgaben im Rahmen der neuen Medien, Animationsprogramme im Gemeinderahmen und am Urlaubsort.

Langanhaltende und tiefgreifende Störungen der zeitlichen Ordnung des menschlichen Organismus, die den Schlaf- und Wachrhythmus und deren Phasenabläufe nachhaltig verändern und zu einer Minderung und einem Verfall der körperlichen und seelischen Kräfte führen, sind Ausdruck eines erschöpften Anpassungsvermögens der biologischen Rhythmen und als ernst zu nehmender Risikofaktor, wenn nicht gar schon als Symptom einer chronischen Erkrankung zu bewerten und ärztlicher Therapie bedürftig.

Diese Ansicht stützt sich auf die Erfahrung, daß insbesondere jene Krankheiten rhythmisch verlaufen und damit einen Neuordnungsprozeß der biologischen Zeitstruktur darstellen, die – wie Infektionskrankheiten – eine erhebliche Selbstheilungstendenz aufweisen.

Die typischen Zivilisationskrankheiten hingegen zeigen einen chronischen Verlauf ohne markanten Beginn und ohne Selbstheilungstendenz, auch ohne erkennbare zeitliche Dynamik. So liegt zumindest der Gedanke nahe, daß der Mensch auch und vielleicht nicht zuletzt eine Überziehung seiner eben nur begrenzten Emanzipation von den kosmischen Zeitordnungen und dem Gang seiner inneren Uhren mit chronischen Erkrankungen bezahlt. Die Gesundheitsberatung muß daher gerade diesem diätetischen Regelkreis der Zeitordnung des Lebens eine besondere Beachtung schenken.

Es ist sicher eine lohnende Aufgabe, sich und andere wieder für den großen Einfluß und die Bedeutung rhythmischer Prozesse zu sensibilisieren. Wir müssen einfach wissen, wie das tägliche Auf und Ab des Lebens bestimmt ist von der Frage, wie wir uns naturgegebenen Prozessen gut anpassen und andererseits zivilisationsbedingte Abläufe möglichst sinnvoll korrigieren können. Es lohnt sich für jeden, das alles ,,unter einen Hut zu bringen"; denn ein angemessen in seiner Zeitverteilung programmierter 24-Stunden-Tag ist der Grundbaustein eines gut geregelten Lebens.

Unvorhergesehene Ereignisse, vorübergehende Belastungsspitzen oder außergewöhnliche Veränderungen werden dann unproblematischer abgefangen, wenn unsere zeitliche Basisstruktur stimmt. Die Grundfrage bei der Klärung des Einflusses von rhythmischen Prozessen auf den einzelnen liegt deshalb in der Klärung und Diskussion der Tagesstruktur. Hier sind es dann vor allem zwei Themenbereiche, auf denen individuelle Verhaltensweisen eine große Rolle spielen und für Befinden und Wohlergehen wichtig sind.

Es handelt sich einmal um *das persönliche Tagesprofil,* vor allem unter Berücksichtigung der beiden chronobiologischen Grundtypen. Bekanntlich kommt der *Morgentyp* (die ,,Lerche'') sehr schnell und früh zur Entfaltung seiner Leistungskraft, ist dagegen abends schneller müde und sollte bald zu Bett gehen. Der *Abendtyp* (die ,,Eule'') hingegen hat seine letzte Tiefschlafphase kurz vor dem Erwachen, entwickelt seine erste Leistungsspitze dann wesentlich später am Vormittag, kann dafür aber am Abend erheblich länger aktiv bleiben und geht dementsprechend spät schlafen.

In beiden Fällen liegt die Kernzeit der täglichen Aktivierung einmal morgens von ca. 10.00 bis 12.30 Uhr, und nach dem trophotropen Mittagstief findet sich eine zweite Gipfelzeit zwischen 15.00 und 16.30 Uhr. Hier kann man alle wichtigen Arbeiten erledigen, während je nach Typ (,,Lerche'' oder ,,Eule'') weitere, die Konzentration erfordernde Tätigkeiten eher an den Anfang oder das Ende des Tages verlegt werden sollten.

Ein zweiter Punkt der Gesundheitsberatung ist in diesem Zusammenhang *die richtige Schlafkultur;* denn die Pflege des Wachzustandes ist in der ,,Leistungsgesellschaft'' keineswegs so vernachlässigt wie der gute und auch lustvolle Umgang mit der Nachtruhe. Hier gelten einige Grundregeln, die lauten:
- Stehen Sie immer zur gleichen Zeit auf, und gehen Sie immer zur gleichen Zeit zu Bett – Sie werden besser schlafen und tagsüber leistungsfähiger sein.
- Regelmäßige Gewohnheiten, Wärme und Befriedigung der elementaren Bedürfnisse werden wesentlich dazu beitragen, daß Sie schneller einschlafen.
- Ein vernünftiges Ausmaß an körperlicher Bewegung wird sich auf Ihren Schlaf und Ihr allgemeines Wohlbefinden sicherlich günstig auswirken.
- Am späten Abend sollten Sie keinesfalls Kaffee, Tee oder Cola trinken. Trinken Sie niemals Alkohol, um leichter einschlafen zu können.

Das ganze Spektrum der Fragen, die für den gesunden und erholsamen Schlaf eine große Bedeutung haben, berührt also alle Lebensbereiche; nicht zuletzt spielen natürlich auch eine nicht zu sehr belastende Ernährung vor dem Zu-Bett-Gehen und die partnerschaftliche Harmonie eine Rolle für die Qualität der Nachtruhe und den Erholungszustand am anderen Morgen.

Insgesamt gesehen, geht es bei der gezielten Anpassung des einzelnen an biologische und physiologische Rhythmen immer darum, wie leistungsfähig und erholungsintensiv der Tagesablauf ist, wie wir mit den wechselnden Bedingungen des Jahresablaufs und anderer natürlicher Prozesse zurechtkommen, wie uns die Einstellung auf vorgegebene Zeitabläufe im Arbeitswesen und Privatleben gelingt und wie wir alle diese Rahmenbedingungen zu unserem Vorteil miteinander vereinen.

Der letzte Punkt scheint uns bei allen anderen Erkenntnissen der wichtigste. Es kommt überall darauf an – und das ist wohl auch das Geheimnis der Regelkreise –, daß wir die Regeln zur gesunden Lebensführung nicht isoliert beachten, sondern sie einzustimmen wissen in das große Orchester ganzheitlicher Daseinsgestaltung.

4
Der Kräftehaushalt und sein Ausgleich

4.1
Einleitung

Der im Leben des Alltags so eigentümliche Wechsel von Bewegung und Ruhe, von Leistung und Erholung, von Einsatz und Ausgleich, von Arbeit und Feierabend ist in der älteren Medizin immer als eine Einheit, als Gleichgewicht in einem ausgewogenen Wechselspiel, betrachtet worden. Die Einheitlichkeit der Begriffspaare wurde als gesund und normal, der Verlust dieses Gleichgewichtes aber als krankhaft angesehen; die Wiedergewinnung eines ausgewogenen Wechselspiels erschien folglich als therapeutisches Ziel. Das Gleichgewicht im Haushalt von Belastung und Erholung wird daher ein zentrales Thema unserer Gesundheitsberatung bilden müssen.

Es ist heute üblich geworden, *Hektik* und *Streß* für alle nur möglichen Widrigkeiten des Alltags verantwortlich zu machen. Dabei sind die vitalen Prozesse durchaus darauf angelegt, auf ihre Art Leistung zu erbringen und Belastungen zu verarbeiten. Andererseits sind aber auch immer wieder Erholungs- und Ruhepausen nötig, um die organische oder psychische Aktionsfähigkeit wiederherzustellen. Anspannung und Entspannung sichern nur gemeinsam die Arbeitsbereitschaft des „Systems Mensch", und in einer ausgewogenen Abstimmung dieser antagonistischen Prozesse liegt das Geheimnis der physiologischen Funktionsfähigkeit.

So eigentümlich es erscheinen mag: Wir leben nur so lange, wie wir nicht vollständig zur Ruhe kommen! Absoluter Stillstand bedeutet Tod. Doch diese in der Anlage lebenslange Betriebssicherheit ist von Natur aus so entwickelt, daß es nicht zum Kollaps wegen Überlastung kommt. Die natürliche Steuerung aus hormonellen und nervösen Programmen gewährleistet das möglichst reibungslose Neben- und Miteinander der vielfältigen Funktionen, vom Verdauungssystem angefangen über die Muskelarbeit bis zu Leistungen des übergeordneten Nervensystems.

So gefährlich es daher ist, sich gedankenlos in der Tretmühle unkritischer Leistungstreiberei zu verschleißen, so sinnlos erscheint auch die radikale Abkehr vom Leistungsdenken. Wenn der Mensch nämlich nicht mehr in seiner Ganzheitlichkeit gefordert wird, kommt es zur Depravation und Verkümmerung von Fähigkeiten. Die Alternativen zu gefährlicher Überlastung sind nicht etwa Entzug oder Verweigerung, sondern die richtige Abstimmung von Belastung und Erholung, jener tägliche Ausgleich von Spannung und Entspannung eben, der unser Thema ist.

Eine derartige Gratwanderung zwischen schädigender Überforderung und schwächender Unterbelastung wird freilich von uns jeden Tag verlangt, und dies, so lange wir leben. Erst die Art und Weise, wie der einzelne durch den angemessenen Einsatz und die notwendige Wiedergewinnung seiner Energie auf die Herausforderungen des Alltags reagiert, bestimmt, wie sehr er an Vitalität und ,,Lebensqualität'' gewinnt – und welche Chancen bestehen, sich im Strom des Daseins über Wasser zu halten.

So ideal der ,,homo sapiens'' auch konstruiert und durch die Evolution entwickelt sein mag, so weiß man doch aus leidvoller Erfahrung, wie häufig es zu pathologischen Entgleisungen kommen kann. Von Beschwerden des Gastrointestinaltrakts über vegetative Dystonie bis zum algogenen Psychosyndrom reicht der Bogen möglicher Schäden, die vor allem durch langanhaltende Störungen des Spannungshaushalts ausgelöst, zumindest aber begünstigt werden können. Und wenn alle Belastungen für einen Menschen ungünstig zusammentreffen, dann geht es an die Substanz: Der Herzinfarkt ist nur zu oft das tödliche Schlußlicht eines Lebens voller körperlicher und seelischer Überlastungen.

4.2
Zum physiologischen Gleichgewicht von Belastung und Erholung

Leistung und Erholung, Belastung und Ausgleich, Arbeit und Muße, Bewegung und Ruhe stehen offensichtlich in einem gewaltigen, physiologisch ausgewogenen Gleichgewichtssystem, das nicht nur eine der wichtigsten Quellen für eine gesunde Lebensführung ist, sondern uns auch so souverän einzubinden weiß in die uns umgebenden ökologischen Bezugssysteme.

In diesem Gleichgewichtssystem spielt das vegetative Nervensystem als ,,biologisches Schaltwerk" für körperliche und seelische Beanspruchungen und Streßeinwirkungen eine zentrale Rolle. Seine Disharmonie im Falle einer Dekompensation wirkt sich nicht nur organisch, sondern auch affektiv in Störungen der Gemütslage in Form von Gereiztheit, Aggression und Angst aus. Erinnert sei daher nochmals an die rhythmisch wirkenden Funktionsordnungen des vegetativen Nervensystems.

Wenn wir wach, gespannt und leistungsbereit sind – auch bei Ermüdung, Abschlaffung und Schlaf –, liegt eine Gesamtschaltung des vegetativen Nervensystems vor, die entweder Leistung und Energieverbrauch oder Ruhe und Wiederaufbau von Energie ermöglicht. Unser Organismus, über dessen hierarchisch geordnete Zeitstruktur wir bereits durch den ,,Regelkreis 3" unterrichtet wurden, kennt für die Bewältigung dieser beiden Anforderungen der Leistung und Erholung, der Anspannung und der Entspannung zwei generelle Einstellungen für die Gesamtschaltung der biologischen Lebensabläufe, die sich als Phasen abwechseln und prinzipiell unterscheiden.

Es sind dies zentral gesteuerte Ordnungszustände, die eine rhythmische, in Phasen ablaufende Anpassung an die Erfordernisse täglicher Leistung und Erholung im Wechsel ermöglichen. Diesem Ordnungssystem liegen die antagonistischen Wirkungsbereiche des Sympathikus und des Parasympathikus zugrunde. Wir unterscheiden dabei die vom Sympathikus bestimmte ergotrope Phase und die vom Parasympathikus (Vagus) dominierte trophotrope Phase.

Die sympathikotone ergotrope Phase, die am Tage überwiegt, ist heteronom, d. h. durch fremde, außerhalb des Individuums ausgelöste oder angeforderte Belastungen und Einwirkungen bedingt. So werden bei Erfordernis von Muskelarbeit die Herzfrequenz, das Schlagvolumen des Herzens, der Blutdruck, Frequenz und Tiefe der Atmung, die Durchblutung der Muskulatur und der Haut und auch der Stoffwechsel gesteigert und den jeweiligen Bedürfnissen angepaßt. Man erkennt dabei, daß sich der Organismus mit zunehmender Leistung komplexer vegetativer Regulationen des Sympathikus-Systems bedient, um kurzfristig eine ergotrope, Leistung erbringende Funktionsordnung herzustellen. Dabei kann es bei der Aktivierung des Sympathikus, die vor allem über eine rasch ansteigende, vermehrte Ausschüttung des Nebennierenhormons Adrenalin erfolgt, in besonderen Streßsituationen zu einem so starken und übergreifenden Erregungseffekt kommen, daß man dabei zu Recht von einer „Massenentladung" spricht, weil dabei auch Teile des Organismus ergriffen werden, deren Mitwirkung für eine angemessene Streßreaktion und Beantwortung einer Leistungsanforderung nicht unbedingt oder nicht in solchem Umfang erforderlich wäre.

Psychosozial bedingter Streß mit starken Emotionen, wie er bei Menschen mit besonders vielen Sorgen, in Lebenskrisen und bei Menschen mit einer Persönlichkeitsstruktur zu beobachten ist, die sie bei großem Ehrgeiz und ausgeprägtem Verantwortungsgefühl zu rastloser Tätigkeit antreibt, kann mit Sicherheit als Hauptfaktor einer anhaltenden Aktivierung des Sympathikus gelten. Der Sympathikus bewirkt aber bei übermäßiger Dominanz eine Erhöhung des Blutdrucks, der Blutfette und des Blutzuckers und eine Belastung des Herzstoffwechsels; er schafft daher, wenn seine rhythmische Ablösung durch Phasen des Parasympathikus ungenügend erfolgt, die Entstehung der Risikofaktoren des Bluthochdrucks, der Hyperlipidämie und Hypercholesterinämie.

Die Physiologie lehrt uns aber auch, daß der Herzstoffwechsel in jenem Ausmaß gesteigert wird, in dem die sympathischen Nervenfasern des Herzens aktiviert werden. Wird infolge eines chronischen psychosozialen Stresses bei einer Persönlichkeitsstruktur mit starkem Verantwortungsbewußtsein und ehrgeiziger Grundhaltung im Sinne des „A-Typs" der Sympathikus, die Erregtheit des Gehirns und der Sinnesorgane auf Dauer in abnormer Höhe des Erregungsspiegels gehalten, so hat dies nicht nur einen Erschöpfungsprozeß des Herzens, sondern auch des gesamten Organismus zur Folge.

Die vagotone, trophotrope Phase des Parasympathikus, die bei Nacht überwiegt, ist autonom, d. h. eigengesetzlich durch natürliche, chronobiologisch zu erklärende Umschaltungen im Nervensystem des Organismus bedingt. Sie dient dem inneren, unspezifischen Gleichgewicht aller Lebensfunktionen, nämlich der Aufrechterhaltung des biologischen Bestands und damit der Regeneration und Erholung der Lebenskräfte. Ermüdung und Ruhe- oder Schlafbedürfnis sind gleichsam Schutzreflexe vor dem Übermaß an Verausgabung von Lebenskraft und zugleich eine Zügelung des Tempos energetischer Lebensprozesse in rhythmischer Abfolge.

Wir empfinden das Regiment des Parasympathikus durchweg als gesund und angenehm; denn die Ablösung wachen Gespanntseins durch Abschlaffung und wohlige, mit Wärmegefühl verbundene Entspannung läßt uns in Distanz zu den Tagesereignissen und dem Zwang unserer Strebungen gelangen: „Langwellige" Gefühle wie Mitleid,

Stolz und Erregung zu Hingabe gewinnen Raum in unserem Gemüt. Physiologisch konstatieren wir eine Erweiterung der Blutgefäße, ein Absinken des Blutdrucks, einen langsameren Herzschlag, eine Verengung der Pupillen, eine gesteigerte Erregbarkeit der Geschlechtsorgane, um nur einige eklatante Merkmale zu nennen.

Aus alledem ergibt sich bereits eine physiologische Grundforderung: In Bewegung zu bleiben, Leistung zu schaffen und Herausforderungen zu bewältigen –, das alles ist ebenso wichtig wie die Fähigkeit, durch Entspannung, Muße und Gelassenheit immer wieder zur Ruhe zu kommen. Wer es vermag, die Balance zwischen diesen naturgegebenen und notwendigen Polen zu halten, der versteht sich auch auf die fortlaufende Wiedergewinnung verbrauchter Kräfte und die Bewahrung seiner Vitalität – selbst und gerade dann, wenn durch Krankheit oder andere Beeinträchtigungen die Leistungsfähigkeit objektiv eingeschränkt ist. Wenden wir uns daher, bevor wir abschließend noch einmal auf die regulierenden Kräfte zurückkommen, einmal eingehender den Faktoren der Kränkungen und Beeinträchtigungen zu!

4.3
Störungen im Haushalt von Leistung und Muße

Der Empfindlichkeit im Wechselspiel von Leistungseinstellung und Erholungsphasen entspricht das Ausmaß der Störungen und Entgleisungen in diesem so sensiblen Gleichgewichtssystem.

Heteronom bestimmte Leistungseinstellung und autonom eintretende Ruhe- und Erholungsphasen im Wechselspiel von Sympathikus und Parasympathikus können sich – wie wir sahen – nur im zeitlichen Nacheinander, d. h. im rhythmischen Phasenwechsel vollziehen. Der Sympathikus, der die Mehrzahl aller Körperreaktionen auf heterogene Leistungsanforderungen beherrscht und fast alle Zellen des Körpers innerviert, trägt seinen Namen, wie HANS SCHAEFER meint, zu Recht: „Er leidet mit uns und begleitet uns mit seiner Tonuserhöhung bei jeder Anstrengung. Er überträgt vor allem die Wirkung der Umweltreize auf die Organe des Körpers. Diese Umweltreize lösen im limbischen System emotionale Reaktionen aus, welche ihrer existentiellen Bedeutung für das Individuum entsprechen. Die Impulse, die dann an den Sympathikus weitergegeben werden, sind individuell gestaltet durch ihre relative Intensität, ihre räumliche Verteilung und ihr zeitliches Erregungsmuster. Dadurch wird der Sympathikus in der Tat der nervöse Mittler zwischen der Gesellschaft und dem Körper des Individuums" (SCHAEFER, 1983).

Da der Sympathikus aber ,,mit uns leidet", erscheint er uns auch als der zuverlässigste Indikator für Art und Ausmaß der pathologischen Entgleisungen. Wir sollten uns gerade an diesem Punkt daran erinnern lassen, daß niemand isoliert und unabhängig von äußeren Einflüssen lebt, vielmehr laufend bestimmt wird von der Art und Weise, wie die sich ständig verändernden Einwirkungen aus Natur und Umwelt (wie Wetter und Klima), menschlicher Gemeinschaft und Zivilisationsfolgen (etwa Akkordarbeit oder Smogbelastung) verkraftet werden. Doch bilden diese Faktoren keineswegs schon das vollständige Problemspektrum. Häufig kommen innerpsychische Belastungen hinzu, entweder in Form aktueller Krisen oder als grundlegende Störungen von Selbstbewußtsein und Verhalten.

Was gestern wie heute darüber entscheidet, ob jemand seinen Alltag meistert oder nicht, das ist die individuelle Fähigkeit, den verschiedenen Reizen, Aufgaben und Belastungen dieser Art gewachsen zu sein. Niemand bleibt von störenden Einflüssen verschont, wie eine kurze Übersicht zeigt, die die unterschiedlichsten *Stressoren* nach ihrer Herkunft ordnet:
- *physikalisch:* Lärm, Kälte, Hitze, Föhn, ultraviolette Strahlung...
- *chemisch:* Abgase, Smog, sauerstoffarme Atemluft, schadstoffhaltiges Wasser...
- *biochemisch:* Coffein, Nikotin, Vitaminmangel, hormonelle Engpässe...
- *physiologisch:* Hunger, Durst, Bewegungsarmut...
- *psychisch:* Angst, Wut, Verunsicherung, ,,nervöse Gereiztheit", Selbstzweifel...
- *sozial:* Konkurrenzdruck, Liebesentzug, mangelnde Zuwendung, Isolation, Überforderung, Verunglimpfung...

Aus medizinischer Sicht schließt sich dieser Regelkreis daher besonders eng an die rhythmischen Abläufe aller Lebensvorgänge an, wie sie aus der Tages- und Jahresrhythmik im biologischen und seelisch-geistigen Lebensablauf bekannt sind. Arbeit und Muße, Leistung und Erholung stehen in einem engen Bezug zueinander, der in seinem rhythmischen Wechsel und seinen Auslösungen auch die Sinnfragen des Lebens berührt. Die Formulierung dieses diätetischen Regelkreises in der Antike und in der Scholastik – ,,motus et quies" – bringt bereits zum Ausdruck, daß Aktion und Kontemplation, Anspannung und Entspannung ein in sich geschlossenes Wechselspiel darstellen, mit dessen Gleichgewicht und Ausgewogenheit wir unsere innere Spannkraft bewahren. Arbeit als körperlich und seelisch-geistige Belastung und Freizeit mit Entlastung und Entspannung gelten also nicht als

Gegensätze, sondern als eine ganzheitliche Lebenshaltung, weshalb sie auch nicht gegeneinander auszuspielen, sondern in Einklang zu bringen sind.

Leistungs- und Erfolgsstreben bringen Anstrengung und Belastung, fordern körperlich-muskulär, meist aber nervlich ein Quantum Lebenskraft. Und solche Belastung bedeutet seelisch-geistige und auch körperliche Spannung; denn Leib und Seele sind ein unteilbares, aufeinander abgestimmtes Funktionsgefüge. Der Akt körperlicher Arbeit und Anspannung stellt keinen isolierten muskulären Vorgang dar: er wird geleitet von einer gleichgerichteten nervlichen und seelischen Erregtheit. Wir erfahren es täglich, daß körperliche Spannungen auch seelische Spannungen auslösen und daß umgekehrt der Körper auf seelische Spannungen in äußerst vielfältiger Weise reagiert. Daraus ergibt sich eine wechselseitige Beeinflussung und Angleichung von Spannungszuständen, die im Tagesablauf einer sowohl selbsttätigen wie auch steuerbaren Rhythmik unterliegen.

Anstrengung und Anspannung machen müde. Ruhepausen mit Entspannung und Schlaf führen zur Erholung. Wird dieser natürliche Rhythmus eingehalten und können sich bei Ruhe und Schlaf die Kräfte in tiefer Entspannung regenerieren, so gibt es weder Übermüdung noch Überanstrengung oder Überlastung. Eine Überspannung tritt nicht ein.

Nun kommt es in unserer modernen Zivilisation, in der wir die muskuläre Beanspruchung bei der Arbeit mit einer vermehrten oder ausschließlichen Belastung des Nervensystems getauscht haben, vorwiegend zu Überlastungen des Nervensystems durch psychosozialen Streß und ein unangepaßtes Lebensverhalten gegenüber einer Vielzahl belastender Faktoren der zivilisatorischen und sozialen Umwelt. Das Lebens- und Arbeitstempo hat in der Industriegesellschaft zugenommen. Die Anforderung einer laufenden Produktivitätssteigerung in verkürzter Arbeitszeit führt zu Mehrverbrauch der biologischen Energie, die nicht immer und schon gar nicht auf Dauer von den Selbstregulationsprozessen reguliert werden kann.

Eine Zeitlang vermag zwar unser Organismus das Mißverhältnis zwischen Energieverbrauch und Wiederaufbau der energetischen Reserven zu kompensieren. Dann aber kommt es schließlich doch – nach einem Zwischenstadium von Müdigkeit und Erschöpfung – zum Zusammenbruch der regulierenden Funktionen, zu einer Dekompensation, die bereits alle Züge eines pathologischen Zustandsbildes zeigt, die darüber hinaus aber auch weitere pathogene Manifestationen nach sich ziehen kann.

Aus alledem wird deutlich, daß und warum Streß jeder Art und Herkunft immer den ganzen Menschen mobilisiert und im Endeffekt zu einer stets gleichen biologisch-psychischen Reaktion führt. Der bekannte Streß-Forscher SELYE fand bereits heraus, daß Patienten bei unterschiedlichen Krankheiten gleichartige Symptome zeigten: Starker Blutverlust, Infektionen oder gar Krebs im fortgeschrittenen Stadium beeinträchtigten stets Appetit, Muskelkraft und Leistungswillen, führten etwa zu Gewichtsverlust und Veränderungen im Gesichtsausdruck.

In einer *Alarmreaktion* wird der gesamte Organismus aktiviert, um den plötzlichen Anforderungen gewachsen zu sein. Vor allem das vegetative Nervensystem aktiviert stark den Sympathikus und löst mit seinen umfangreichen Steuerungsprozessen die ganze Skala psychosomatischer Reaktionen aus, etwa den Anstieg von Blutdruck und Herzminutenvolumen, den Abruf von Zucker- und Fettvorräten aus den Speicherzellen oder die Steigerung der Atemfrequenz.

Nun ist aber keineswegs ausgemacht, daß die vielfältigen Stressoren den einzelnen durch ihr Auftreten allein schon überfordern; wo der eine sich bereits beim kleinsten Wetterumschwung eine Grippe holt, geht der andere bei Wind und Regen spazieren und genießt dabei noch die Natur. Wer einen Fasttag einlegt, den stört es kaum, ,,wenn der Magen knurrt''; so mancher kommt leistungsmäßig erst in Fahrt, sobald Hektik und Termindruck ausbrechen, während ein anderer wieder vor der geringsten Aufregung am Arbeitsplatz zurückscheut, weil ihm der Ärger ,,sofort an die Nieren geht'': Ein und dieselbe Situation wird bei unterschiedlichen Personen die vielfältigsten Wirkungen auslösen.

Auch der einzelne selbst verhält sich nicht immer und jederzeit gleich. Können wir an einem Tag ,,Bäume ausreißen'' und ohne große Mühe den Streit mit Kollegen verkraften, so ärgert uns vielleicht genau eine Woche später die sprichwörtliche ,,Fliege an der Wand''. Im schlimmsten Fall entsteht dann der Eindruck, daß ,,eins zum anderen kommt''; wir fühlen uns von Mitmenschen, Aufgaben und Terminen ,,gestreßt'' und verstehen kaum, weshalb all das nicht gelingen will, was uns sonst leicht und mühelos von der Hand geht.

Offensichtlich werden Streßsituationen individuell und interindividuell unterschiedlich wahrgenommen und verarbeitet. Diese Erkenntnis hat zu einer hypothetischen Zweiteilung des Phänomens geführt; und zwar wird unterschieden zwischen
- einerseits dem als positiv erlebten *Eustreß,* der Aktionsvermögen und Antriebskraft mobilisiert und damit alle entscheidenden Lebensleistungen im Privatbereich und am Arbeitsplatz bewirkt;
- andererseits dem negativ wirkenden *Dysstreß,* der alle Reize und

Reaktionen betrifft, von denen wir uns überfordert, geschädigt oder dauerhaft überlastet fühlen.

Daß und warum uns hier Grenzen gesetzt sind, ist bereits entwicklungsgeschichtlich vorprogrammiert und damit ,,konstruktionsbedingt''. Der Mensch als ganzheitliches System aus Körper, Geist, Seele und sozialen Beziehungen ist den Anforderungen des Lebens nämlich nur dann gewachsen, wenn der Organismus seine alltäglichen Aufgaben unter ökonomischen Gesichtspunkten erledigen kann: mit möglichst wenig Aufwand den größtmöglichen Erfolg zu erzielen; Energie zu sparen, um Reserven für den Notfall zu besitzen und außerdem immer wieder neue Kräfte zu sammeln, um für kommende Belastungen gerüstet zu sein.

Es ist sicherlich kein Zufall, daß sich dieses Prinzip in der Nacht besonders radikal auswirkt. Wir sehen, riechen und fühlen in ganz bestimmten Schlafphasen absolut nichts; die Verbindung zu unserer nächsten Umgebung ist völlig unterbrochen, damit durch eine von außen ungestörte Ruhe die nötige Erholung gesichert ist. Jeder, der an einer Störung dieser täglichen Ruhepause leidet, weiß und spürt deutlich, was er entbehren muß; jeder von uns wird darauf aus sein, diese Störungen möglichst rasch und gründlich zu beseitigen.

4.4
Therapeutische Regulierung der Leistungsrhythmik

Mit der Erkenntnis der physiologischen Rhythmik im Leistungsgeschehen und nach den Erfahrungen pathogener Mißverhältnisse im Arbeit-Muße-Gleichgewicht können wir nun auch näher auf die therapeutischen Regulierungsmaßnahmen in diesem so sensiblen Gleichgewichtssystem eingehen. Hierbei ist es zunächst wieder der Sympathikus, der uns hilfreich zur Hand geht.

Liegt es doch nahe, gerade in der Tätigkeit des Sympathikus einen Faktor für die Individualisierung von Gesundheit und Lebensverhalten – wie übrigens auch für die Individualisierung von Krankheit – zu erkennen; denn der Sympathikus ist, wie es HANS SCHAEFER formuliert, ,,eine der wichtigsten Einbruchstellen individueller seelischer Vorgänge in die somatische Sphäre''. Die Haut vor allem als bevorzugtes Organ persönlichkeitsbezogener Reaktionen zeigt Musterbeispiele genug für individuelle Reaktionen auf umweltbezogene Reize, vor allem bei den Allergien.

In der Medizin verfügen wir heute zunächst einmal über ein ganzes Arsenal an Sympathikomimetika, an Mitteln also, mit denen wir eine sympathikotone Einstellung, eine positive Sympathikusphase herbeizuführen vermögen. Allgemein gebräuchlich ist die Stimulierung des sympathischen Systems mit Bohnenkaffee, während wir mit Alkohol die Einstellung des Parasympathikus fördern und auch alle voluminöseren Mahlzeiten zur Verdauung als typischer Vagusfunktion das Regiment des Parasympathikus herbeiführen.

Während Licht und Wärme den Sympathikus stimulieren, regen Dunkelheit und Kälte das parasympathische System an. Diese Tatsache mag erklären, weshalb Menschen, die im Winter in der Dunkelheit und Kälte nördlicher Länder leben, vom Licht und der Wärme südlicher Länder angezogen werden und umgekehrt gehetzte Großstadtmenschen mit überzogener sympathikotoner Einstellung Erholung im kühlen Norden suchen oder durch eine Kneipp-Kur mit Stimulierung des Parasympathikus ihre nervöse und psychische Ausgeglichenheit wiederzufinden erhoffen.

Mag auch dieser Phasenwechsel im Tages- und Jahresrhythmus unseres vegetativen Systems in unserer Zivilisation gegenüber dem bäuerlich orientierten Lebensrhythmus früherer Zeiten weniger ausgeprägt und in seinem Niveau abgeflacht sein, so bleibt doch der rhythmische Wechsel zwischen der energieverbrauchenden Aktivität des Sympathikus am Tage und der Energieaufladung des Parasympathikus während der Nacht und kleiner Pausen am Tage eine Grundregel für unsere Lebensführung.

Das Gleichgewicht zwischen Energieverbrauch und Energieaufbau setzt voraus, daß wir in der ergotropen sympathikotonen Tages- und Leistungsphase nicht mehr Energie verbrauchen, als wir in der trophotropen parasympathikotonen Nacht- und Erholungsphase wieder aufzubauen vermögen. Dieses duale ökonomische Grundprinzip zur Erhaltung unserer Lebenskraft ist auch in östlichen Lebenskulturen, so beispielsweise in der chinesischen Medizin im Yang-Yin-Prinzip seit alters bekannt.

Dieser für die Erhaltung der Gesundheit so wichtige Haushalt von Belastung und Erholung, von leistungsgerechter Anspannung und wieder aufbauender Erholung, stellt der Gesundheitsbildung die Aufgabe, Verhaltensregeln und -techniken zu erlernen, die es ermöglichen, besondere Leistungsanforderungen und Streß besser zu verkraften und in Phasen psychonervaler Entspannung wieder Ruhe und Schlaf zu finden. Hierbei werden es denn auch weniger die medikamentösen Maßnahmen als verhaltenspsychologische und gesundheitserzieherische Richtlinien sein, die auf Dauer Erfolg versprechen.

Nun beklagen sich viele Menschen zunehmend darüber, nicht mehr „richtig abschalten zu können", völlig verspannt zu sein oder „keine fünf Minuten zur Ruhe zu kommen". Wie so oft beschreibt auch hier die Umgangssprache sehr deutlich ein grundlegendes Problem des Alltagslebens – nämlich die Krise, die auftritt, sobald jemand nicht mehr in der Lage ist, in seinem Spannungshaushalt spontan für Ausgleich zu sorgen. Die Tatsache, daß derartige Schwierigkeiten immer häufiger genannt werden und tatsächlich nicht selten zu ernsten Erkrankungen (vom Magengeschwür bis zum Herzinfarkt) führen, beruht auf einseitigen, falschen und damit gefährlichen Vorstellungen über unsere Lebens- und Leistungsgrundlagen.

Überall begegnen uns Parolen und Erziehungsgrundsätze, die dem einzelnen nahelegen, für seine Karriere, die Familie oder den gesellschaftlichen Fortschritt sein Bestes zu geben. Für bewußte Ruhepausen oder gar Mußestunden hat die öffentliche Meinung dagegen weniger übrig: Wer „auf der faulen Haut liegt", der „stiehlt dem lieben Herrgott die Zeit" und läßt ja nur „die anderen für sich schaffen". – Die freundliche Aufforderung, sich „doch ruhig mal fünf Minuten hinzusetzen", kommt meistens erst, wenn jemand körperlich oder seelisch völlig erschöpft erscheint und sich damit „eine Pause verdient hat"!

Die so sehr verschiedenen Möglichkeiten im Umgang mit Streßsituationen – Umgang also mit „Eustreß" oder „Dysstreß" – geben uns aber nun auch die Chance, jedes Ereignis positiv oder negativ zu verarbeiten. Es hängt sicherlich vom einzelnen und seiner Lebensführung ab, wie er seine Belastungen erlebt. Eine umfassende Gesundheitsberatung sollte deshalb ganz bewußt die Chancen und Wege herausarbeiten, die für bessere Fähigkeiten im Umgang mit Streß jeder Art sorgen. Ganz konkret könnte etwa angestrebt werden,
– zwischenmenschliche Krisensituationen besser zu meistern (nämlich durch Auseinandersetzung mit aufkommenden Konflikten und nicht durch Ausweichen);
– Anfälligkeit gegen physische und psychische Krankheiten zu reduzieren (durch körperliche Fitness und Widerstand gegen Konsumzwänge an Stelle zunehmender Unbeweglichkeit und materieller „Überfütterung");
– Lebensfreude und Selbstbewußtsein zu entdecken (durch die Entfaltung unserer Fähigkeiten, den Umgang mit den eigenen Gefühlen und die Besinnung auf persönliche Ziele statt passiven „Mitschwimmens" in der Massengesellschaft).

4.5
Möglichkeiten und Grenzen der Gesundheitsberatung

Während in der älteren Heilkunde die Regulierung von Bewegung und Ruhe, von Arbeitstag und Feierabend noch eine zentrale Rolle spielte, ist uns das Bewußtsein davon weitgehend abhanden gekommen. Um der täglichen Flut von inneren und äußeren Stressoren gewachsen zu sein, muß jeder einzelne für sich seinen Haushalt bei Belastung wie Erholung in Ordnung halten. Geschieht das nicht zufriedenstellend, ist unsere Anpassungsfähigkeit geschwächt. Damit wird aber auch jenes Programm empfindlich gestört, das Körper, Geist und Seele zur optimalen Bewältigung des Daseins brauchen.

Da aber der falsche Umgang mit Streß und Erholung das Ergebnis eines persönlichen Lernprozesses ist, kann man genauso lernen, durch die Veränderung seiner Lebensführung das Gleichgewicht zwischen Belastung und Regeneration wiederherzustellen. Die positiven Folgen eines solchen Anpassungsprozesses sind dann in allen Lebensbereichen zu spüren. Dies betrifft vor allem die Fähigkeit,
– auch extreme Anforderungen besser zu verkraften, so etwa kritische Situationen am Arbeitsplatz, Unfallrisiken, Streit mit anderen Menschen, Selbstzweifel oder körperliches Unwohlsein;
– auf Herausforderungen jeder Art überlegener zu reagieren, die Übersicht besser zu behalten, auch an schwierigere Situationen besonnener heranzugehen, mit mehr Gelassenheit ,,die Dinge auf sich zukommen zu lassen'';
– trotz der vielfältigen Probleme immer wieder zur Ruhe kommen zu können, müheloser auch nach einem harten Tag abzuschalten und selbst dann innerlich sein Gleichgewicht zu finden, ,,wenn links und rechts die Fetzen fliegen'' . . .

Eine Gesundheitsberatung wird daher immer auf mehreren Ebenen gleichzeitig ansetzen müssen, um dem einzelnen zu helfen, die tägliche Balance seines Kräftehaushalts zu sichern, die verbrauchten Kräfte fortlaufend wiederzugewinnen und die Vitalität zu bewahren, wenn durch Krankheit oder andere Beeinträchtigungen die Leistungskraft eingeschränkt ist. Drei grundlegende Empfehlungen können dabei dem Ratsuchenden seine Orientierung wesentlich erleichtern und ihm praktische Wege erschließen:

a) *Konflikte, Risiken und Aufgaben zügig in Angriff nehmen!* Die wenigsten Probleme lösen sich dadurch, daß man ihnen aus dem Weg geht. Wer zu häufig den notwendigen Entscheidungen aus dem Weg geht, ist auf Mißerfolg programmiert – Belastbarkeit und

Durchstehvermögen bleiben auf der Strecke. Hier helfen Methoden des Selbstbehauptungstrainings, effektivere Arbeitsplanung und Techniken der Erfolgskontrolle.

b) *Dysstreß möglichst vermeiden und Eustreß suchen!* Erst durch das Erreichen von gesetzten Zielen erleben wir den Sinn von Anstrengungen und den Beweis für die Existenz unserer Lebenskraft. Es kann aber sein, daß jemand auf den falschen Schauplätzen um Anerkennung und Selbstbestätigung kämpft. Deshalb ist es empfehlenswert, in der Organisation des eigenen Handelns alles einzuschränken, dessen Aufwand in einem schlechten Verhältnis zu dem beabsichtigten Ergebnis steht; außerdem nützt eine umfassende Aktivierung der eigenen Person auf körperlichem, geistigem, psychischem und sozialem Gebiet.

c) *Regelmäßig für Entspannung sorgen und Inseln der Ruhe schaffen!* Was jemand zum Leben braucht, ist neben sinnvoller Beschäftigung auch das planmäßige ,,Nichtstun", dem wir die Wiedergewinnung verbrauchter Energie und den Zufluß neuer Kräfte verdanken. Hier geht es um die veränderte Nutzung von Leerlaufzeiten im Alltag, die oft mit sinnlosen Gewohnheiten totgeschlagen werden. Zu empfehlen wäre hier die praktische Ausschöpfung der zahlreichen Entspannungs- und Selbstbeeinflussungstechniken, wie sie mittlerweile überall leicht zu erlernen sind.

Damit stehen auch in diesem Bereich der Lebensführung viele Wege offen, um Krisen zu meistern und das Wohlbefinden zu stärken. Die Gesundheitsberatung wird darauf achten, folgende Überlegungen – möglichst zusammen mit dem Ratsuchenden – anzustellen:
– Wie ist das Verhältnis zwischen Belastung und Erholung im Verlauf meines Alltags?
– Welche Leistungsanforderungen machen mir Freude, welche belasten mich und warum?
– Wodurch entspanne ich mich und komme zur Ruhe, was hilft mir immer wieder, den ,,Streß" zu vergessen?
– Schöpfe ich meine Möglichkeiten genügend aus, um den Kräftehaushalt in meinem Rahmen optimal zu gestalten?

Mit diesen Fragen und bei solcher Wegweisung stehen uns konkrete Modelle zur Verfügung, auf die wir abschließend noch einmal hinweisen wollen. An erster Stelle hat auch hier der alte Grundsatz zu treten, daß jedermann für die Gestaltung seines Arbeitstages und den Aufbau der Freizeiten selbst verantwortlich ist und sein eigenes, unverwechselbares Muster zu suchen hat. Wer nicht auf sein Leistungskonto achtet und rechtzeitig für Nachschub sorgt, überzieht zwangsläufig sein Vermögen. Dieses Prinzip gilt ohne Einschränkung und für alle Lebenslagen: ob bei körperlichen Beanspruchungen oder geistigen Tätigkeiten, für mäßig trainierte Normalbürger wie für qualifizierte Spitzenkönner: Jeder hat hier seine persönlichen Grenzen und muß lernen, damit richtig umzugehen!

Ungestraft treibt also niemand Raubbau mit seinen Kräften, und das bedeutet für die alltägliche Lebensführung, daß jeder
- die Energie auch wieder beschaffen muß, die verbraucht wurde,
- durch gezieltes ,,Abschalten'' einen Kurzschluß wegen Überlastung verhindern und
- durch geschicktes Haushalten mit den jeweils zur Verfügung stehenden Leistungsreserven dem unkontrollierten Verschleiß vorbeugen sollte.

Folgende Aspekte sind dabei von großer Bedeutung für jede Form von Gesundheitsberatung:

a) *Ausgleich.* Wer etwa den ganzen Tag am Schreibtisch sitzt, braucht körperliche Bewegung, um den Organismus wieder zu lockern. Bei gleichmäßiger Auslastung von Körper, Geist und Seele wird vermieden, daß Schäden aufgrund einseitiger und eingefahrener Lebensgewohnheiten entstehen. Doch so gut eine vielseitige Beanspruchung auch ist, sie verbraucht trotz ihrer wohltuenden Wirkung ebenfalls Kraft und ist deshalb als einziger Weg der Freizeitgestaltung nicht zu empfehlen.

b) *Entspannung.* Nach langem Lesen werden unsere Augen ,,müde'' und brauchen Ruhe; zu intensives Zusammensein mit anderen Menschen weckt das Bedürfnis, erst einmal wieder für ein paar Minuten allein sein zu wollen. Erst das bewußte ,,Abschalten'' gewährleistet, daß so unterschiedliche Lebensfunktionen wie die Koordination von Bewegungsabläufen, das Verdauungssystem, das Denkvermögen oder die Sexualität ihre Dienstbereitschaft aufrechterhalten können.

c) *Erholung.* Es gibt immer wieder Ereignisse, nach denen der Mensch zu sehr erschöpft und ,,ausgebrannt'' ist, und deshalb erst von Grund auf wieder zu Kräften kommen muß, bevor er sich erneut den Belastungen des Alltags aussetzen kann. Dies ist nach einer schweren Krankheit oder anstrengenden Arbeitswochen der Fall, auch berufliche Krisen (bis zur Arbeitslosigkeit) oder die Einstellung auf einen neuen Lebensabschnitt (Stichworte: ,,midlife crisis'', ,,Pensionierungsschock'') zwingen zu solch grundsätzlichen Stabilisierungsmaßnahmen.

d) *Muße und Gelassenheit.* Wer aus der Tretmühle von Gewohnheiten, Leistungsvorgaben und Verpflichtungen nicht immer wieder aussteigt, der schafft nur äußerst schwer den heilsamen Abstand von schädigenden Streßquellen. Deshalb braucht jeder Mensch in seinem wöchentlichen Zeitplan auch Freiraum ohne Termindruck und Sachzwänge – Inseln im Strom der beruflichen und privaten Hektik. Voraussetzung dafür sind eine entsprechende Denkweise und vor allem jene innere Einstellung, die uns immer wieder Abstand und ,,kühlen Kopf bewahren" läßt und die uns letzten Endes allein auch gesund erhält.

,,Gesund" in diesem Sinne ist sicherlich nicht nach rein ökonomischen Leistungskriterien zu definieren, als Arbeitsfähigkeit und Genußfreudigkeit, sondern eher nach ökologischen Maßstäben, als jene Harmonisierung von Mitwelt und Umwelt, wie sie uns vor Augen steht mit einer ,,Gesundheit als Lebensweise". Und so sollten wir denn auch die Gesundheit als Lebenskunst betrachten, als jene ,,Kunst zu leben", die wir ganz gewiß nie ein für allemal zu lernen vermögen. Denn Gesundheit ist – wie die Weisheit der Alten dies wußte – ein Weg, der sich erst bildet, wenn man ihn geht.

5
Der Körper und seine Pflege

5.1
Einleitung

Der gebildete Umgang mit dem eigenen Körper stand zu allen Zeiten im Mittelpunkt der großen Kulturkreise: der Griechen, der Araber, im Abendlande. Zu einer solchen Kultur des Leibes gehörte die Ernährung wie die Gymnastik, die Körperpflege wie auch eine möglichst ausgewogene Gemütsverfassung, kurzum: unsere gesamte leibhaftige Verfassung.

,,Die Wiederkehr des Körpers'' – so lautet der Titel eines unlängst erschienenen Buches von D. KAMPER und CH. WULF. Hier wird die Bedeutung jener Entwicklung herausgestellt, die sich in den vergangenen Jahrzehnten auf mehreren sozialen Ebenen abgespielt hat. Zwar galten ideologisch weit verbreitete Begriffe wie *Körperkultur* lange Zeit als gesellschaftlich nicht salonfähig; trotzdem ist zu verzeichnen, daß die Tendenz zu einem intensiveren Körperbewußtsein allgemein zugenommen hat.

Die Gründe dafür sind äußerst vielschichtig und können im wesentlichen folgenden Motivationen zugeordnet werden:
- dem Versuch, durch eine sportliche und trainierte Erscheinung einen bereits äußerlich erkennbaren Indikator für ungebrochene Vitalität zu liefern und damit in einer leistungsorientierten Gesellschaft anerkannt zu bleiben. Zu diesem Thema gehört allerdings auch die ökonomische Ausbeutung des Körpers, etwa als Instrument im Spitzensport oder als hochgedrillte ,,Kampf- und Leistungsmaschine'';
- dem Bemühen, Krankheit und Verfall zu verdrängen, was durch agile Jugendlichkeit in Aktionismus und optisch-kosmetischen Ma-

nipulationen dokumentiert werden soll. Hierzu gehören das Bestreben nach oberflächlicher Makellosigkeit ebenso wie die Ghettoisierung schwer leidender Patienten in Fürsorge- und Pflegeeinrichtungen abseits von Siedlungs- und Arbeitsbereichen;
- einer Aversion gegen gelegentlich zu intensive Körperlichkeit (etwa bei Gerüchen), was zu einer Betonung körperorientierter Aktivitäten in ganz anderer Richtung führen kann. Wir finden dies häufig in einem übertriebenen, sich bis zur Sterilität auswachsenden Hygienekult (zur möglichst vollständigen Beseitigung und Übertünchung von Ausdünstungen) mit einem eher schädlichen Aufwand an Wasch-, Putz- und Reinigungsmitteln.
- einer starken Fixierung auf die zunehmend enttabuisierte Sexualität mit deutlicher Orientierung auf den eigenen wie fremden Körper, dessen Enthüllung und einer geschlechtlich betonten Aktivierung. Diese Entwicklung hat unterschiedliche Bedeutung: Sie kann ebenso auf ungezügelten Sexismus wie auch auf ein offeneres Verhältnis des einzelnen zu seiner leiblichen Natur zurückzuführen sein;
- schließlich dem Bestreben, die individuelle Einheit von Körper, Geist und Seele besonders durch den Organismus selbst zu spüren, sich auf diesem Weg einzuleben und zu verwirklichen. Dies betrifft auch jenes ganzheitliche Verständnis von Krankheit, Gesundheit und Heilungsprozessen, das alle Bereiche der Person umfaßt und zunehmend als notwendige Alternative zur einseitig kurierenden Heiltechnik verstanden wird.

Derartige Erfahrungen und Erkenntnisse sind keineswegs neu. Doch erst in jüngerer Zeit wurden mit den Körpertherapien praktische Wege entwickelt, um die Entfremdungsprozesse von der ursprünglichen Sinnlichkeit aufzuheben. Falsch verstärkte Verhaltensweisen auf dem Hintergrund soziokultureller Prägung können in einem Lernprozeß verändert werden – angefangen bei der Wiederbelebung verschütteter Wahrnehmungskanäle bis zu einer intensiv empfindenden Sexualität.

Wir werden wieder hingewiesen auf die große abendländische Tradition einer *Philosophie des Leibes,* die den ganzen Menschen umfaßt und im zutiefst anthropologischen Sinne eine Kultur der Gesundheit begründet. Erst durch den richtigen Umgang mit dem Körper, den Sinnen und der Sinnlichkeit erschließt sich die wahre menschliche Existenz – ein ,,Kosmos Anthropos", der die Welt und Wirklichkeit erleben läßt, weil gerade in diesem so leibhaftigen Umgang die subjektiven Empfindungen zugänglich und erlebbar werden.

Durch Sehen, Hören, Tasten und alle anderen Sinneswahrnehmungen entdecken wir täglich neu die Welt, erfahren uns und unsere Umgebung. Fällt eine dieser Informationsquellen aus, wird dieses Bild gefährdet und muß mühevoll enträtselt oder mit Hilfsmitteln notdürftig ergänzt werden. Doch Defizite und Mißverständnisse kommen auch aus anderen Gründen zustande: Wer nicht mehr richtig hinhört und häufig wegschaut, nichts mehr fühlt oder niemand mehr ,,riechen kann'', der lebt nur noch von einem dünnen Rinnsal an Erfahrungen. Dementsprechend dürftig und glanzlos ist dann das Lebensgefühl, das sich ja nur auf den gewonnenen Eindrücken gründen kann.

Eine gezielte Gesundheitsberatung, auf die wir abschließend zu sprechen kommen, sollte dem einzelnen helfen, mit seinen Sinnen wieder offen zu sein, sich selber und seine Mitwelt umfassender wahrzunehmen und dadurch auch zu empfinden. Dann ergibt sich auch die Möglichkeit, durch bewußte Kultivierung die eigene körperliche Sinnlichkeit zu aktivieren. Damit ist wiederum die Basis für ein ausgewogenes körperlich-seelisches Gleichgewicht gegeben, das eine der entscheidensten Grundlagen für aktiv gelebte Gesundheit ist.

5.2
Die gesunde Körperkultur

Beginnen wir mit dem gesunden, uns allen von Natur aus zukommenden und nur noch zu pflegenden, d. h. zu kultivierenden Körper. Hierbei stoßen wir allerdings sogleich auf eine der großen Schwierigkeiten im abendländischen Denken, auf die Grundfrage nämlich, ob wir ,,Körper haben'' oder ,,Körper sind''.

Bin ich ein Körper, oder habe ich einen Körper? Diese Frage ist nach dem heutigen Erkenntnisstand als rhetorisch zu erachten. Sie erklärt sich allerdings aus der Entwicklungs- und Geistesgeschichte des Menschen, aus dem evolutionären Erkenntnisprozeß und dem Dualismus von Körper und Seele in Philosophie und Religion. Nach dem Zuwachs an geisteswissenschaftlichen und naturwissenschaftlichen Erkenntnissen zweifelt man heute nicht mehr ernsthaft daran, daß der Mensch mit seinem Körper existentiell identisch ist und es ihm gleichzeitig reflektierend zukommt, sich seiner Körperlichkeit in hohem Maße bewußt zu werden.

Nach KARL JASPERS ist der Körper ,,der einzige Teil der Welt, der zugleich von innen empfunden und von außen wahrgenommen wird. Er ist ein Gegenstand für mich, und ich bin dieser Körper selber.'' Und an anderer Stelle: ,,Wir haben ein spezifisches Gefühl unserer Körperlichkeit in Haltung und Bewegung, über Grazie oder Schwere und Ungelenkigkeit unserer Beweglichkeit, in dem von uns erwarteten

Eindruck unserer Körperlichkeit auf die anderen, in den Alternativen unseres Befindens. Alles das sind Momente unserer lebendigen Person."

In der englischen Sprache finden wir für diese Identität klare Begriffe: ,,Somebody" *ist jemand,* und ,,nobody" *ist niemand.* Das *Körpersein* und das *Körperhaben* sind in der Vorstellung des Menschen nicht zu trennen. Der Körper ist des Menschen erstes und letztes Erlebnis in seiner befristeten Existenz. Er ist unser Schicksal und das Fundament unserer Wirklichkeit: Alles Wachsen und Verkümmern, alle Krisen und Schwächen, Kranksein und Wiedergenesen, Bedrohungen und Erwartungen sind mit unserem Körper verbunden. Aber auch Lust und Leben ist im Laufe des Lebensvollzuges durch den Körper im Biologischen verankert.

Zum ,,Körpersein" gehören die ständigen Anpassungen an die Witterung, gehören Hunger und Durst ebenso wie Sättigung durch Speisen und Trank, das Wachsein und Schlafen, der Rhythmus aller Lebensabläufe, das sexuelle Verlangen, ebenso die seelischen Auf- und Abschwünge in Gefühl und Stimmung. Auch das Blicken, das Greifen, Gehen und Stehen sind Weisungen des willkürlich beweglichen Körpers, mit dem sich die Seele als ,,Anker der Welt" vereinigt. Unser Körper ist das spezifische Zuhause unserer Geist-Seele und unseres endlichen Lebensschicksals.

Der Körper ist in der Sicht des Physiologen ein offenes biologisches System – offen für ständige Anpassung an Raum und Zeit. Obwohl eine Gebundenheit des Körpers zur Erhaltung seiner Existenz an bestimmte Umweltverhältnisse und Bedürfnisse besteht, ist der Mensch noch fähig, die Natur weitgehend zu beherrschen; denn sein Körper ist nicht so wie der des Tieres an einen engeren Lebensraum gebunden.

Mehr oder minder bewußte Vorgänge regeln und steuern unser Körperverhalten. Das Gehirn speichert die Erfahrungen und setzt die Ziele unseres Verhaltens. Der Körper funktioniert gleichsam als Instrument unseres Willens und unserer Strebungen, wenngleich unser Körper auch ohne bewußte Einwirkung mit einem geschlossenen Regelungssystem ,,unwillkürlich" auf Reize seiner Binnenwelt und der Umwelt reagiert. Alle unsere Erlebnis-, Glücks- und Leidensfähigkeit ist dadurch mit dem Körper und der Körperlichkeit verbunden.

Was in diesem Regelkreis demnach als Aufgabe ansteht, ist die Kultur und Kultivierung des Körpers und der körperlichen Verhaltensweisen, ist die harmonische und dynamische Anpassung des Leibes an seine Lebensbedürfnisse. Ein altes Diktum ermahnt uns angesichts der Dualität von Körper und Seele menschlicher Erfahrung: ,,Wer nicht an seinen Körper denkt, der fällt ihm leicht zum Opfer." Rumort nämlich der Darm oder treten Schmerzen in einem Bereich des Körpers auf, so werden wir rasch an die Körperlichkeit und Biologie unserer Existenz erinnert. Und bei Verletzungen des Körpers droht die Organisation unserer Wirklichkeit zusammenzubrechen.

Umgekehrt vermögen wir aber durch Kultivierung und durch Techniken des Körpers auch auf unser mentales Wohlbefinden einzuwirken. Diese uralte Erkenntnis erklärt auch, weshalb die Hygiene des Leibes in ihren Ursprüngen kultisch an alle Religionen gebunden war – und es noch ist – und sportliches Spiel und Tanz als Ausdruck von Lust und Freude, aber auch als Übung für Geschicklichkeit und zur Meisterung von Gefahren zu allen Zeiten einen eminent sozialen Stellenwert eingenommen haben.

Die Pflege und umfassende Übung des Körpers in Form der Gymnastik galt bei den Griechen als sittliche Pflicht zur Ausbildung des Körpers zu Schönheit, Kraft und Geschicklichkeit. Dabei wurde die Gymnastik vor allem als geistige Leistung erachtet, denn ,,die Bewegung des Körpers ist am meisten der Bewegung des Denkens verwandt", wie PLATON im ,,Timaios" sagt. Der Gymnastik waren und sind auch heute noch körperliche, geistige, sittliche und soziale Ziele gestellt. Denn nur ein körperlich möglichst vollkommen ausgebildeter Mensch besitzt jenes Maß an Spannkraft und Fähigkeit, die vitalen Notwendigkeiten des Lebens zu beherrschen. Daher trieben die Griechen Leibesübungen, einmal aus Lebensfreude, aber auch mit dem Ziel einer ganzheitlichen Erziehung des Menschen. In der Körperkultur der Frau überwogen die rhythmische Gymnastik und der Tanz in ,,schicklicher Kleidung", während die Athleten ihre Übungen und Wettkämpfe mit nacktem Körper austrugen.

Hygiene, Gymnastik und Sport waren und sind bis heute als Bereiche einer Körperkultur eingebettet in die jeweilige Gesamtkultur. Der moderne Mensch in der Zivilisation wendet sich wieder vermehrt seinem Körper zu. So ist der Körper dem modernen Menschen als Glücksbringer wichtig geworden. Mit einem gepflegten, trainierten Körper, mit körperlicher Kondition hoffen die Menschen, ihr individuelles Glück formen zu können.

Die Menschen entdecken gerade jetzt die Ressourcen der Körperlichkeit, da eine ebenso komplexe wie komplizierte Gesellschaft ein Mehr an Natürlichkeit braucht und eine intensivere Beschäftigung mit dem Körper bei zunehmender Freizeit neue Formen der Selbstbestätigung und neue Identifikationsmöglichkeiten eröffnet. Daß dabei der allgemeine Hang zur Individualisierung in einem massenhaften Körper- und Freizeitglück zu Auswüchsen einer Monokultur der Kraft, zu einer fortschreitenden Instrumentalisierung des Sports mit Trimm- und Übungsgeräten, und schließlich Sportkleidung und Sportgeräte in die Rolle von Individualisierungsrequisiten geführt hat, läßt es um so dringlicher erscheinen, die Aufgaben der Gesundheitsbildung in diesem diätetischen Regelkreis zu definieren.

Mit dem Körper leben und über den Körper zur Lebensordnung finden, führt uns auch heute wie zu allen Zeiten zuvor in generelle Aufgabenbereiche, die es zu kultivieren und zu stilisieren gilt. Es sind dies
- die Reinigung und Pflege des Körpers;
- die systematische Übung des Körpers und seiner Organe durch Gymnastik und Sport;
- die Sexualität als partnerschaftlicher Weg zur Harmonie, ein Thema, auf das wir im folgenden besonders eingehen wollen.

Sexualität in der gegenwärtigen Gesellschaft
Unsere Zeit scheint unter dem Bann des Sexus zu stehen. Der Körper der Frau und der Sexus beherrschen in Presse, Reklame, Literatur, Theater und Film das öffentliche Leben. Die Medien, Stars und Schönheitsköniginnen sind zu Brennpunkten eines internationalen Erotismus geworden, der alle Gesellschaftsschichten zu erfassen droht und eine diffuse, chronische Erregtheit zur Folge hat.

Enttabuisierung und nahezu vollständige Liberalisierung der Sexualität in der Nachkriegszeit waren Teil einer wohlgemeinten Befreiungsideologie, mit dem Ziel, Ängste vor der Sexualität und Vorurteile und Verklemmungen zu beseitigen. Profunde Kritiker sehen unterdessen in der Vermarktung von Darstellungen frei ausgelebter körperlicher Liebe und in dem damit einhergehenden Schönheitskult des menschlichen, insbesondere weiblichen Körpers, als negative Folge weniger eine sich ausbreitende Zügellosigkeit und ein schrankenloses Sexualleben von umwandelnder Bedeutung als vielmehr, wie JULIUS EVOLA meint, ,,eine ständige nachdrückliche Verschiebung des Schwerpunktes auf die Frau und die sexuell bestimmte Liebe hin''.

Dieser kulturelle Hintergrund weltweiter Phänomene der Sexualität und deren Deutung durch kritische Instanzen tangiert die Sexualerziehung in Schulen und die Einstellung des einzelnen zur Sexualität in mehr oder weniger erheblichem Ausmaß. In unserer pluralistischen Gesellschaft ist die Bedeutung der Sexualität vom Bild des Menschen, von der Anthropologie abhängig, zu der sich der einzelne bekennt.

Wenn daher von Sexualität die Rede ist, so denken viele in erster Linie an das Biologische des intimen Umgangs von Mann und Frau, und die landläufige Aufklärung in Schulbüchern hat sich leider ebenfalls auf diesen Bereich eingeschränkt. Da sich Sexualität aber nicht in biologischen, somatischen Funktionen erschöpft, sondern vor allem auch eine soziale Funktion erfüllt, findet man zu ihrem Sinngehalt nur durch die personale Dimension.

Personale Bedeutung der Sexualität
Sexualwissenschaftliche Untersuchungen lassen erkennen, daß das Sexualverhalten trotz aller kulturellen Einflüsse das Ergebnis eines höchst individuellen, soziobiographisch bestimmten, recht komplizierten und äußerst störanfälligen Entwicklungsprozesses ist. Durch die sexuelle Lust und ihre Befriedigung erfährt der Mensch, daß er nicht nur eine Idee, sondern auch eine an seine Körperlichkeit gebundene Wirklichkeit ist, macht er die Erfahrung einer Glückseligkeit, die ihn befreit und zugleich bindet. Es mag sich mit der Sexualität die Erfahrung verbinden, daß dem körperlichen Erlebnis, dem Mysterium der intimen Vereinigung, nur dann höchste Erfüllung und Anstoß zu Selbstentfaltung und Freisetzung zuvor verschlossener Lebenskräfte zuteil wird, wenn Eros – in der griechischen Mythologie der Sohn von Aphrodite – den Liebenden neben dem Amor, der Geschlechtsliebe, auch die Caritas, die opfer- und lernbereite, sorgende Liebe bringt und wenn mit den Liebenden eine schöpferische Verwandlung geschieht.

Der Psychologe ERICH FROMM sieht in der Liebe, in die auch die Sexualität eingeschlossen ist, eine Kunst, die es zu lernen gilt, auch als eine Antwort auf das Problem der menschlichen Existenz. Sexualität bedarf daher der Einbettung in eine umfassende Liebesbegegnung, die eine Frage der ganzen Persönlichkeit, ihrer Bindungs- und Opferfähigkeit, ihrer Verantwortung und Aufgeschlossenheit für den Partner bedeutet. Sie führt nur dann in den persönlichen und partnerschaftlichen Sinn des Lebens, wenn sie nicht isoliert als nach Befriedigung drängender Trieb und rein körperlicher Vorgang erlebt und verstanden wird.

Sexualität stellt daher die persönliche Aufgabe, ihre Funktion, Lust zu bereiten, mit der sozialen Funktion einer ausgeglichenen partnerschaftlichen Beziehung von Mann und Frau mit allen ihren Möglichkeiten körperlicher, seelisch-geistiger und kultureller Selbsterfahrung zu verbinden. Ihre sich daraus ableitende institutionelle Dimension in der Ehe mit der Aufgabe der Fortpflanzung und der gegenseitigen materiellen Sicherstellung begründet zudem die Erfüllung des Wunsches nach Geborgenheit und dauerhafter sozialer Einbettung in die Gesellschaft.

Sexualität als Weg zu Harmonie und Gesundheit
Wir wissen heute, daß Sexualität für Mann und Frau bis ins hohe Alter möglich ist und für das leibliche und seelische Wohlbefinden, für die Gesundheit also, von großer Bedeutung ist. Sexualität bringt jungen und älteren Menschen nicht nur Lebensfreude und Selbstbestätigung, Gemeinsamkeit und Kontakt in der Partnerschaft.

Der Orgasmus als Höhepunkt der Vereinigung mit seinem ekstatischen Raptus wird sich als Mysterium einer körperlichen wie seelischen Wandlung von keiner wissenschaftlichen Untersuchung je ganz erfassen lassen. Das „Außersichsein", die Unio mystica, das vorübergehende Schwinden des Bewußtseins könnten für eine Erfahrung sprechen, daß der Geist Körper wird, während gleichzeitig der Körper subtiler wird und die Grenze zwischen Körper und Seele eine Aufhebung erfährt. NOVALIS spricht in diesem Zusammenhang von einer schwindelerregenden Erleuchtung bei der Vereinigung, in welcher sich Seele und Körper berühren.

Physiologisch wissen wir um die nach dem Sexualakt eintretende tiefe Entspannung des Vegetativums, und in Verbindung mit der voraus erfolgten Sympathikotonie darf man die sexuelle Vereinigung als einen gesundheitsfördernden, körperlich wie seelisch entspannenden Vorgang par excellence erachten. Die Fähigkeit zum Orgasmus ist bei Mann und Frau insbesondere dann bis ins hohe Alter möglich, wenn regelmäßige sexuelle Kontakte aufrechterhalten werden.

Die Ausgeglichenheit und Zufriedenheit des Menschen, seine Lebensfreude und Kraft zur Bewältigung von Aufgaben hängt gewiß von der richtig verstandenen, sinnvoll ins Leben eingeordneten und bis ins Alter gepflegten Sexualität ab. Sinnlichkeit und Leidenschaft, eingebettet in mitteilende Liebe, können daher Schutzfaktoren gegenüber Risikofaktoren körperlicher und seelischer Art sein und den Menschen vor Isolierung und autistischer Befriedigung bewahren.

5.3
Auswirkungen einer verfehlten Körperkultur

Wie alle Lebensbedingungen unserer Regelkreise Risiko und Chance zugleich sein können, so nun auch in besonderer Weise der Umgang mit dem eigenen Körper. Hier werden wir es mit sehr empfindlichen Risikofaktoren zu tun haben, mit ganz spezifischen – wie die Alten dies nannten – Lastern oder Lüsten.

Zwar ist in der hirnorganischen Repräsentanz und physiologisch-biochemischen Steuerung des Organismus stets der ganze Mensch gegenwärtig. Trotzdem weiß jeder von uns aus eigener Erfahrung, daß wir „bewußt" nur Teile von uns selbst wahrnehmen. Denn je nach Lebenssituation, Befinden oder Befindlichkeit werden andere Ausschnitte gespürt und erlebt. Im extremen Fall, etwa bei chronischen Migränepatienten, reduzieren sich die intellektuell verarbeiteten Informationen über die eigene Person auf den nozizeptiven Reiz und dessen psychosomatische, unangenehme Folge: Was dann nur noch zählen, sind Kopfweh, Übelkeit oder Lärmempfindlichkeit, und nicht mehr die überwältigende Mehrheit der anderen, reibungslos arbeitenden Vitalfunktionen.

Nun entspricht auch und gerade die selektive Wahrnehmung einem biologisch wichtigen Prinzip. Es geht darum, aus der Fülle der Reize diejenigen auszuwählen und weiterzuverarbeiten, die für die Lebenserhaltung erstrangig erscheinen. Was aber in lebensbedrohlichen Situationen unerläßlich für die blitzschnelle Risikobewältigung ist, kann gelegentlich eine große Risiko-Schwachstelle der eigenen Lebensführung darstellen. Immer dann, wenn sich jemand auf Dauer einseitig erlebt und dieses Bild immer mehr verstärkt, kommt es leicht und allmählich zur Entfremdung des Individuums von sich selber – mit allen zumeist nachteiligen Folgen, die unseren Alltag so empfindlich stören, die uns kränken und krank machen.

Die Folgen einer solchen selektiven und einseitigen Wahrnehmung werden mit der Zeit immer gravierender. Man denke nur an das Problem der „Schonhaltungen", die als Ergebnis von Schmerzvermeidungstendenzen entstehen können. Sie rufen immer mehr verhärtende Verspannungen hervor und erzeugen schließlich genuine Beschwerden unangenehmster Art.

Dieser Teufelskreis ist prototypisch für alle derartigen Vorgänge, die folgende Problementwicklung bewirken:
- eine fortlaufende stärkere Einengung der sinnlich wahrgenommenen Informationen (Beweise für die eigene Hilflosigkeit), dadurch
- Verstärkung negativer Verhaltensweisen mit immer manifesterem Charakter (Unsicherheit der Bewegungskoordination, ängstliche Erwartung, zu scheitern), und schließlich
- die psychosomatisch-ganzheitliche Blockade der Person („da ist nichts mehr drin", „das kann ich sowieso nicht") im Bereich der Schwachstelle.

Ist dieser Prozeß weit genug fortgeschritten und hat sich dementsprechend pathologisch etabliert, dann wird die Therapie äußerst schwierig. Gelegentlich ruft die Behandlung sogar Abwehrmechanismen hervor, die die Symptomatik erheblich verstärken. Der Patient sieht für sich keine Chance mehr, und der pathologische Mechanismus als eingefahrene und dominante Reaktionsmöglichkeit setzt sich gegen jede gravierende Veränderung zur Wehr.

In zweifacher Hinsicht kann hier versucht werden, Abhilfe zu schaffen und Veränderungen einzuleiten. Zum einen gilt es, *Verkrampfungen zu lockern,* die als Konsequenz starker psychischer und organischer Dauerspannung entstanden sind. Andererseits sollte die *Sensibilität verbessert und verbreitert werden,* und zwar auf jene positiven und vitalen Lebensbereiche, die der negativ ausgerichtete Mensch aus seinem Bewußtsein und damit seiner Lebenswirklichkeit gestrichen hat.

Ein umfassendes Training wie es unter anderem die ,,Gestalttherapie'' anbietet, umfaßt vor allem drei Themen:
– die Wahrnehmung der äußeren Welt, wie es unsere Sinne mit Hören, Sehen, Riechen, Schmecken oder Berühren ermöglichen;
– die Wahrnehmung der eigenen physiologischen Realität, Empfindungen der Muskelspannung und Körperbewegung, die Körpertemperatur, organisch spürbare Gefühle wie Haß, Wohlbefinden;
– die Wahrnehmung geistiger Aktivitäten, etwa der Phantasie, des Gedächtnisses, der Vorurteile, des Planens und der Zielvorstellungen.

Eine Gesundheitsberatung, die auf diesen Feldern die Sinne schärft, hilft damit den Ratsuchenden, sich umfassender und vollständiger zu erleben. Konkrete Übungen (mit Entspannungstechniken oder durch gezielte Beobachtungsaufgaben) durchbrechen fest eingefahrene Schemata im Umgang mit sich selbst und in der Einschätzung eigener Chancen und Fähigkeiten. Dadurch verfügt dann der einzelne in seiner Lebensführung (durch die Vielfalt der Wahrnehmungen) über ein ,,Welt-Bild'', das auch einen vergrößerten Spielraum für die Gestaltung jener Gesundheit bietet, die zunächst einmal Aufgabe von jedermann sein sollte, ehe er Hilfe von außen sucht.

5.4
Therapeutische Maßnahmen

Die Körperkultur – als unsere eigene, eigentlichste Aufgabe – ist selbstverständlich zunächst einmal jedem einzelnen anheimgegeben. So ist es unser aller Erfahrung; so wurde es an uns als das Erbe der großen Kulturen weitergegeben. Es gibt allerdings auch ganz spezifische Maßnahmen zur Körperpflege, als deren oberste wir die Gymnastik nennen, das Training, die Leibesübung.

Was wir in diesem diätetischen Regelkreis aus medizinischer und anthropologischer Sicht von der Gymnastik als vielfältigem Programm täglicher Körperübungen erwarten und als Ziel erachten, läßt sich unter folgende Gesichtspunkte fassen:

Förderung des Stoffwechsels und der Ausscheidungen
Die Harmonisierung der Körpersäfte, des Säure-Basen-Gleichgewichts, und die Verhinderung von schädlichen Ablagerungen im Körpergewebe durch Förderung der Ausscheidung belastender Endprodukte des Stoffwechsels gilt von der antiken bis zur modernen Medizin als ein Ziel vorbeugender wie nachsorgender Gesundheitspflege. Bewegung durch tägliche Gymnastik und Spaziergänge zur Beschleunigung des Blutumlaufs, zur vermehrten Perspiratio insensibilis, zum Schwitzen mit Abgabe überflüssiger und schädlicher Feuchtigkeit des Körpers und zur Förderung des Stoffwechsels ist unverzichtbarer Teil aktiver Körperhygiene.

Rhythmische Kontraktionen der Körpermuskulatur, wie sie bei der Gymnastik mit Bewegungsübungen aller Muskelgruppen erfolgen, haben neben der verbesserten Sauerstoffversorgung des Gewebes auch eine Steigerung des venösen Abtransports und eine Beschleunigung der Lymphzirkulation zur Folge und damit die Wirkung, Flüssigkeitsansammlungen im Körpergewebe zu verhindern. Gerade letzteres ist aber nach alter Erfahrung die milieubezogene Voraussetzung und Begünstigung für Infekte und Erkältungskrankheiten, ebenso – über längere Latenzen – für die Ab- und Einlagerung überschüssiger Stoffwechselprodukte bei der Pathogenese chronischer Krankheiten.

Das Lernen und Üben von Körpertechniken
für alltägliche Aktivitäten
Traditionelle, wirksame Handlungen mit unserem Körper, wie sie uns der Lebensvollzug im Alltag abverlangt, werden anthropologisch unter dem Begriff der „Körpertechniken" verstanden und als solche ethnischen, biographischen, geschlechts- und leistungsbezogenen Untersuchungen unterstellt. Auf die Bewegung des ganzen Körpers bezogen, bedeutet dies für die Gymnastik, den Habitus unserer Bewegungshaltungen und den Wechsel der Körperhaltungen durch Training zu optimieren, um uns für alle Anforderungen „geschickt" (habilis) zu machen. Das gilt für verschiedene Formen des Stehens und Sitzens, für das Gehen und Laufen, für den Sprung, für das Bücken und das Sich-Aufrichten, für Halten, Schleudern, Stoßen, Ziehen, die Haltungen und Bewegungen des Kopfes, der Augen, den Biß mit den Zähnen,

die Mimik und die Balance des Körpers bei unterschiedlichen Anforderungen, für den Tanz und mehr. Alle diese körperlichen Bewegungsabläufe, die wir als ,,Körpertechniken'' bezeichnen, die mit Verzögerungen zur Koordination als musterhafte, individuell geradezu typische Bewegungs- und Haltungsnormen erscheinen, bedürfen täglicher gymnastischer Schulung. Anders ausgedrückt: Die tägliche Gymnastik muß ihr Übungsprogramm danach ausrichten, was einem einzelnen, einer bestimmten Gruppe spezifisch und allgemein jedem an täglichen Körperbeanspruchungen und Körpertechniken abverlangt wird, ebenso auch, welche Grundgeschicklichkeiten und Funktionsbereiche wegen Mangel an Anforderung von Verkümmerung bedroht sind.

Gymnastik als Körperübung mit geistiger, sittlicher und sozialer Sinngebung
So wie seelisches Verhalten mit Leiblichem verbunden sein soll, so mag auch der Körper nicht ohne die Seele geübt werden, wenn es um Gesundheit im ganzen in der Einheit von Leib und Seele geht. Körperkultur ist im Ursprung und in ihren höchsten Stufen stets auch geistige Kultur.

Für die tägliche Gymnastik bedeutet dies, rhythmische Bewegungsabläufe und verschiedene Körperhaltungen mit symbolhaften Vorstellungen und wie beim autogenen Training mit formelhaften, autosuggestiven Vorsätzen zu verbinden. Das chinesische Tai-chi und die hier geläufigere anthroposophische Eurhythmie liefern uns dazu Erfahrungen einer langen Praxis. Die ,,eins-zwei'' Übungen militärischen Drills mit ihrer Ausrichtung auf Quantität und Kraftzuwachs sind der negative Kontrast zum erstrebenswerten Ziel, gymnastischen Übungen eine geistige Zielsetzung zu verleihen, die Körper und Seele in ihren natürlichen, alltagsbezogenen und sozialen Bedürfnissen vereinen.

Dabei sind die praktischen Verfahrensweisen darauf abgestellt, Haltungen und schwingende Bewegungen, als Symbole der Abwehr von Schädlichem, der Öffnung und des Einlassens positiver Kräfte, des Überwindens von Schwierigkeiten, und autosuggestive Formeln zur Problembewältigung als Verbund in die Übungen einzubringen.

Wir nennen das in unserem Bad Mergentheimer Modell ,,Symbolgymnastik'' und wenden diese Technik symbolisch unterlegter Körperbewegungen insbesondere bei der rhythmischen Gymnastik an. Sie fördert die Freude an der Bewegung, nimmt der Anstrengung den ausschließlichen Leistungs- und Streßcharakter einer rein sportlichen Übung und verbindet die körperliche mit geistiger Erfrischung und Stabilisierung. Der Tanz, wesentliches Element der rhythmischen

Gymnastik, wird für die Gymnastik weniger in seinen künstlerischen Ausformungen und als Kunst von Bedeutung, weit mehr als Möglichkeit und Aufgabe, Empfindung und Gefühl in rhythmische Bewegung umzusetzen. Dem somatopsychischen Duktus der Gymnastik, wie er zuvor angesprochen ist, liegt als ergänzend besonders beim Tanz eine psychosomatische Induzierung zugrunde, eine Transformierung von Affekten in Körperbewegung mit lustvoller affektiver Entladung.

Ähnlich verhält es sich mit der Gestaltung des täglichen Spaziergangs als einer ganzheitlich gymnastischen Gesundheitsübung. Hier gehen wir zwar auch davon aus, daß der Spazier*gang* eine sanfte Körperübung mit Möglichkeiten eines für den Kreislauf günstigen Intervalltrainings mit einschiebbaren Phasen des Schnellgehens ist; doch empfehlen und lehren wir am Kurort auch die Kombination mit Entspannungs- und Konzentrationsübungen als Weg zur Kontemplation und zum Erlebnis der Natur, wobei eingeschaltete Atemübungen und Eutonie von Bedeutung sind.

So liegt beim Spaziergang als täglicher Gesundheitsübung auch ein deutlicher Bezug zur sportlichen Variante, zum ,,exzentrischen Bruder'' des Spaziergangs, dem Langlauf und Joggen. Wie beim Laufen führt auch das Gehen Schritt für Schritt in den Sinn, in einen intimen Dialog mit dem Körper und den Körpersymptomen, kehren sich Unlustgefühle in solche der Lust, verringern sich die Distanzen traditioneller Art zum Körper.

Auch bei der vor allem für ältere Menschen empfehlenswerten sanfteren Form der Bewegung, beim Gehen mit abgestufter Intervallbelastung bis zum Schwitzen und bis in die Bereiche der Leistungsökonomie entdeckt der Spaziergänger sich selbst und wird ihm über den Körper eine Entlastung im ganzen zuteil. Die Rhythmik des Schreitens und des dabei wechselnden Pendelns der Arme bewirkt auch eine ordnende Rhythmisierung seelischer Funktionen, eine Gleichschaltung physischer und psychischer Aktionen. So sind Gehen und Laufen die natürlichsten, ungefährlichsten und zudem unabhängigsten Exerzitien ganzheitlicher Gymnastik.

Neben der Übung wird die *Reinigung* – als durchgehende Körperpflege – eine der therapeutischen Möglichkeiten bleiben, gestörte Regelkreise der Lebensführung wieder in ein harmonisches Gleichgewicht zu bringen.

Nun hat dieser Regelkreis der Körperhygiene im weitesten Sinne keineswegs nur die äußere Reinigung des Körpers, das Sich-Waschen und das Bad als Reinigungsmaßnahme zum Inhalt, sondern vor allem auch die Beachtung der Exkretion und Sekretion, all der Absonderungen und Ausscheidungen also, durch die sich der Körper auf natürliche Weise entlastet, um sich in seinem inneren Milieu im Gleichgewicht zu halten. Die Befreiung des Körpers von Stuhl, Urin, Schleim, Blut und Schweiß bedeutet eine Entlastung für die Organsysteme.

Ihre Funktion zu regulieren, meist zu fördern, ist ein uraltes Grundanliegen jeder medizinischen Basistherapie und so auch der persönlichen Körperhygiene. Dazu ist es notwendig – wie diskret auch immer – das Tabu der Ausscheidungsorgane und der Ausscheidungsstoffe zu bewältigen.

Die ständige Beobachtung und makroskopische Kontrolle von Stuhl und Urin gilt nicht nur den quantitativen Aspekten in Relation zur Einnahme von Speisen und Getränken, dem Bilanzproblem also, sondern auch der Beschaffenheit und Farbe der Ausscheidungsstoffe und dem unter physiologischen Voraussetzungen lustbetonten Vorgang der Entleerung.

Das Gefühl der Erleichterung nach der Entleerung gilt ebenso physisch wie psychisch. Verhaltungen von Stuhl und Urin disponieren umgekehrt zu Unpäßlichkeit und Unwohlsein. Die Information in der Gesundheitsbildung muß sich dabei vor allem auch mit den Möglichkeiten und Gefahren der Intensivierung der Ausscheidung durch Laxanzien und Diuretika befassen, nachdem Obstipation und Übergewicht heute epidemiologische Bedeutung besitzen.

Ein weiteres Feld ärztlicher Beratung liegt bei der Regulierung und Beurteilung der Periodenblutung der Frau vor. Wissen wir doch hier wie auch bei den Ausscheidungen um die engen Zusammenhänge zwischen den Reinigungen des Körpers und den Gemütsstimmungen und aller Labilität des Leibes und der Seele.

Von großem Einfluß auf den Körperhaushalt ist weiterhin die Absonderung von Schweiß mit der Ausscheidung von meist übermäßig zugeführtem Kochsalz und Schlackenstoffen. Schwitzen als ,,Ausscheidung über die Haut'' entlastet die Nieren. Hier liegt der Gewinn für den regelmäßigen Besuch der Sauna, vor allem bei Mangel an körperlicher Anstrengung durch Arbeit und Sport.

Es gilt also, die ,,innere'' Reinigung des Körpers durch seine Ausscheidungen in Schwung zu halten und die Dissimulation mit der Assimilation in Ausgewogenheit zu bringen. Was bereits für die Ernährung und Verdauung bedeutsam war, erfährt hier seinen ergänzenden Topos zur ,,inneren'' Leibeskultur unter dem Aspekt, das Regulativ der Ausscheidungen und Absonderungen des Körpers zu beachten und die damit verbundene Entlastung des Körpers in Umfang und Rhythmik den jeweiligen Bedürfnissen des Körpers anzupassen.

Dabei gilt die Regel, die Verdauungsorgane und den Kreislauf durch gründliche Darmentleerung und Nahrungskarenz vor allem dann zu entlasten, wenn vom Körper Höchstleistungen verlangt werden, wie das vor großen Anstrengungen sportlicher Art oder vor Operationen der Fall sein mag. Die nachhaltige Reinigung des Körpers durch Purgieren und Fasten galt zudem schon immer als Mittel der Befreiung von körperlicher Belastung und einer Freisetzung geistiger Energie bei religiösen Exerzitien, einstmals auch als Initiation vor der Teilnahme an Mysterienkulten. Sie ist auch heute noch gegenüber dem Überkonsum an Lebens- und Genußmitteln in Verbindung mit Fastenkuren als Regulativ körperlicher Überlastung eine vorzügliche Gesundheitsübung.

Die ,,äußere" Reinigung des Körpers und die Pflege der Haut, der Haare, der Nägel und der Zähne ist uns als hygienisches und ästhetisches Grundbedürfnis näherliegend vertraut und zudem in einer verbreiteten Badekultur, in Schönheitssalons und kosmetischen Angeboten institutionalisiert.

Das Duschen und Baden mit abenteuerlichen Reinigungs- und Erfrischungszusätzen durch Industrieprodukte gehört zur heutigen Alltagshygiene, wobei ärztlicherseits die Warnung vor manchen chemischen Reinigungsmitteln und Badewasserzusätzen wegen allergischer Wirkungen auf die Haut wohl eine Empfehlung überwiegt. Dagegen will der Umgang mit der Temperierung des Wannenbades am Morgen und am Abend, ebenso das kalte Duschen sehr überlegt und abgewogen sein, da extremer Kälte- und Wärmereiz des Wassers eine mitunter schockartige Reizung des Sympathikus bewirken. Ein vorzügliches Kreislauftraining bedeuten Wechselduschen und die Anwendungen von Kneippschen Wassergüssen, sofern keine gravierenden Schädigungen des Herz-Kreislauf-Systems vorliegen.

Die tägliche Reinigung und Erfrischung der Haut durch Duschen und Baden, die damit verbundene Desodorierung von Schweiß und Hautabsonderungen und die Pflege der Haut durch Bürstenmassage und die Verwendung von geeigneten Hautpflegemitteln sind insgesamt eine Via regia zu körperlichem Wohlbefinden. Zusammen mit zusätzlicher Kosmetik als gezielter individueller Haut-, Haar- und Nagelpflege erfüllt die äußere Körperpflege auch das Verlangen des Menschen nach ästhetischer Wirkung seiner äußeren Erscheinung und stärkt das Selbstvertrauen und Selbstwertgefühl.

5.5
Die Aufgabenfelder einer umfassenden Leibeskultur

Der gebildete Umgang mit dem eigenen Körper und mit dem anderen Geschlecht muß letzten Endes – wie wir alle erfahren – eine umfassende Leibeskultur zum Ziele haben. Wir wollen daher den einzelnen Aufgabenfeldern einer solchen Kultur noch einmal im einzelnen nachgehen.

Was zu einer Kultur des Leibes in erster Linie gehört, ist der bewußte Umgang mit der eigenen Körperlichkeit. Unser Körper ist ein Stellwerk mit tausend Signalen; er spricht seine eigene Sprache, auf die wir nur zu hören brauchen, um vernünftig zu leben. Was alles geht nicht vom Leibe selbst aus, im Tanz, in der Pantomime, mit aller Gestik und Mimik! Was alles sagt uns nicht das Erröten, Erbleichen, das Zähneklappern! Wir brauchen keine besondere Sprache, um zu verstehen, was das meint: das Kopfneigen, ein Kniefall, das Falten der Hände zum Gebet, die flehende Gebärde, alles Greifen und alles Begreifen!

Was durch die Sinne leibhaftig Eingang in den Menschen findet, das beeinflußt sein Lebensgefühl. Zahlreich sind die Beispiele, die die schlechte Verfassung eines Menschen an seiner äußeren Erscheinung ablesen. Wer unsicher ist, geht unbeholfener über die Straße als ein anderer, der sich wohl fühlt. Gestreßte Personen laufen oft mit hochgezogenen Schultern und gesenktem Kopf herum; ängstliche Stimmungen sorgen für gebückten Gang, weil das Rückgrat seine „aufrechte" Haltung verliert, während der Mut und mit ihm die Mundwinkel auf den Tiefpunkt sinken. Im Zustand des Wohlgefühls geht dagegen „ein Ruck durch den Menschen", die Schritte werden leichter und federnder, Kopf und Schultern lockern sich und sind beweglicher.

Der Gesamteindruck hängt jedoch noch von etwas anderem ab. „Die Haut ist ein Spiegelbild der Seele", sagt der Volksmund und verweist damit auf die Tatsache, daß unser Befinden seine guten oder schlechten Spuren im Erscheinungsbild hinterläßt. Die Körperpflege hat damit für die Lebensführung eine doppelte Bedeutung. Einmal ist sie der Ausdruck des persönlichen Bedürfnisses, die Grenz- und Übergangsflächen zur Umwelt rein und widerstandsfähig zu halten – und damit ein Thema des ersten Regelkreises.

Andererseits findet das Verhältnis zum „Ich" seinen Ausdruck im natürlichen Umgang mit Haut und Haaren. Wer etwas auf sich hält und eine gute Beziehung zu sich hat, der pflegt auch sein Äußeres; weniger durch dekoratives Färben und Beduften zur Vortäuschung von

Vitalität, sondern vor allem und zuerst als Zeichen des fürsorglichen Umgangs mit dem körperlichen Anteil der eigenen Persönlichkeit (was ebenfalls jede „Farblosigkeit" ausschließt).

In unserer „kopflastigen" Kulturlandschaft gilt gleichwohl die bewußte Aufmerksamkeit meistens der gesprochenen Sprache oder den „vernünftigen" Verhaltensmerkmalen. Dabei haben wir freilich etwas sehr Wichtiges vergessen oder zu beobachten verlernt: Der weit umfangreichere Katalog an persönlichen Selbstdarstellungen („Das bin ich!") und sozialen Signalen („Das will ich von Euch!" – So lasse ich mich nicht behandeln!") besteht nämlich auch aus rein körperlichen Aktivitäten. Bewegungen, Haltungen und andere Ausdrucksformen nonverbaler Art bilden ein umfangreiches Programm von Botschaften, die ständig ausgesendet, empfangen und beantwortet werden.

Man denke nur an die Drohgebärden, mit denen jemand die Angriffe eines anderen abzuwehren versucht, oder an das „Imponiergehabe", das mehr oder weniger diskret auf den beanspruchten gesellschaftlichen Rang hinweisen soll. Gefühle (bei Angst, Freude und Gefahr) oder die unmißverständlichen Signale der sexuellen Bereitschaft werden mit dem ganzen Körper ausgedrückt und lassen sich dort mühelos „ablesen" – Mimik, Haltung und Gestik spiegeln in jeder Lebenslage die Situation eines Menschen wieder.

Das geschieht nicht immer bewußt und bleibt selten frei von Verständigungsproblemen. Recht eindeutig sieht es noch bei „Schreien" und „Lachen" aus, – zwei international unmißverständliche Botschaften. Diese Mitteilungsformen sind wichtige Schlüsselprogramme, und nicht nur Botschaften eines Neugeborenen an seine Umwelt.

Zu einer körperlichen Lebenskultur zählt seit den ältesten Zeiten weiterhin die Reinigung des Leibes, die in den großen Religionen nicht von ungefähr auch der Reinigung der Seele diente. Daß eine geistige Läuterung mit einer körperlichen Reinigung in engster Verbindung stand, wird von den großen Geistern aller Völker und Zeiten immer wieder bezeugt.

Eine Gesundheitsberatung, die den einzelnen zu einem positiven Erleben und Gestalten seiner Körperlichkeit motivieren möchte, sollte dies auf folgenden Gebieten tun:

a) Anregung zu *pflegender Behandlung des eigenen Körpers,* und zwar über das Bedürfnis nach Reinlichkeit hinaus, als Ausdruck des physiologisch begründeten Lebensgefühls, etwa durch
- die Verwendung geeigneter und aufbauender Pflegemittel, Cremes, Essenzen und Öle;
- Anpassung der Lebensführung (vor allem in den Bereichen Ernäh-

rung, Schlafrhythmik und Streßbewältigung) an die Belastbarkeit der Haut;
- eine umfassende Badekultur unter Einschluß von Dampfbädern, Schwitzpackungen, Güssen und Sauna.

b) Anregung zum offenen *Umgang mit Haltung und Bewegung,* wobei es viele Wege gibt, eine Sensibilisierung für Übung und Erfahrung zu bekommen; das Spektrum reicht
- von Pantomime- und Ballettkursen,
- über alle Formen der Gymnastik und konzentrativen Aktivierung,
- bis hin zu Bioenergetik und psychomotorischem Training.

c) Anregung zum *bewußten Umgang mit der Sexualität* in ihrer umfassenden Bedeutung für den ganzen Menschen als einer Einheit von Körper, Geist, Gefühlen und sozialen Beziehungen. Ansatzpunkte dazu sind
- die Sensibilisierung für die eigene Empfindsamkeit durch Wahrnehmungs- und Berührungsübungen,
- Erkundung und Erfahrung von Erregungsverhalten und Lustempfinden bei sich und dem menschlichen Gegenüber,
- Verbesserung der Feinfühligkeit für den Umgang mit den unterschiedlichen Abstufungen sexuellen Empfindens (von dem Gefühl für Nähe und Berührung bis zum Orgasmus),
- die ungezwungene, offene und natürliche Verwirklichung der eigenen sexuellen Bedürfnisse im Alltag,
- Toleranz und Achtsamkeit für Verhaltensweisen und Erlebnisfähigkeit des Partners.

Eine dergestalt umfassende Gesundheitsberatung sollte dem einzelnen helfen, den angemessenen Ausdruck für die eigene Körperlichkeit zu finden, und zwar auf sprachlichem und nonverbalem Wege. Wie sich jemand spürt und in der Aktivierung seines Körpers entfaltet, darin liegt nicht zuletzt der Schlüssel für die vitale Harmonisierung des ganzen Menschen. Darüber hinaus erfahren auch die anderen besser und direkter, was uns bewegt und ,,unter die Haut geht''. Mißverständnisse führen nur zu häufig zu Mißbehagen und Mißempfindungen – und umgekehrt.

Positive Veränderungen sind auf folgende Weise gut in die Wege zu leiten:
- durch *sprachliche Sensibilisierung für körperliche Prozesse.* Erziehungsprinzipien wie etwa der Grundsatz ,,Darüber spricht man nicht'' haben bei uns zu einer Verarmung und Vergröberung der verbalen Ausdrucksformen besonders auf dem Gebiet körperlicher Empfindungen geführt, damit aber gleichzeitig zu einer traditionel-

len Begriffs- und Bedeutungsleere des Denkens und der Kommunikation. Die Überwindung der Sprachlosigkeit in Selbsterfahrungsgruppen, auch beispielsweise durch Ermunterung zum offenen Umgang mit solchen Themen, ist von entscheidender hygienischer Bedeutung.
- durch *lebendigeren Ausdruck der eigenen Person in Haltung, Gestik und Mimik*. Wer sich ,,offener'' und ,,lockerer'' gibt, ist und wirkt nicht ,,verklemmt''. Verkrampfungen in Körperhaltung und introvertierte, linkische Bewegungen bis hin zum ängstlichen Verbergen seiner Erscheinung in eher unansehnlicher Garderobe sind andauernde Quellen des Unwohlseins und Barrikaden auf dem Weg zu einem positiven Lebensgefühl. Auch hierzu gibt es bewährte Übungsprogramme, die gezielte Verhaltens- und Erfahrungsschritte vorsehen.
- durch *freieren und bewußten Umgang mit menschlicher Nähe*. Zu viel und zu häufiger Abstand zu anderen Personen baut nicht nur Spannungen im gegenseitigen Umgang auf, sondern belastet das ursprüngliche Bedürfnis nach Zärtlichkeit, Geborgenheit und Intimität. Auch hier haben kulturelle Normen Schranken gesetzt und nicht zuletzt dadurch für Mißtrauen und Aggressivität gesorgt – Entzugserscheinungen durch körperlich-zwischenmenschliche Isolationsprozesse. Hier gilt es zu lernen, differenziert und feinfühlig mit Nähe umzugehen, nicht zuletzt im Sinne einer Lebenskultur, die vom liebe- und achtungsvollen Umgang mit der Sexualität geprägt ist.

Diese Orientierungslinien für den eigenen Alltag sind – wie wir sahen – gleichzeitig Gradmesser, um in der täglichen Lebensführung physische Störquellen aufzufinden oder Entwicklungschancen zu entdecken.

Einige bleibende Fragen können die weitere Beschäftigung mit diesem so wichtigen Thema erleichtern:
- Wie kann ich von der Welt um mich herum und von mir selbst möglichst viel mitbekommen? Das ist sicherlich eine Existenzfrage!
- Was unternehme ich zur Pflege meines Körpers, und wie gehe ich dabei mit ihm um? Wie fühlt man sich wohl bei sich selber?
- Habe ich genügend Bewegung, und macht sie mir Spaß? Denn Gesundheit soll immer auch Spaß machen!
- Haben Erotik und Sexualität ihren natürlichen Platz in meinem Alltag, und bin ich mit meinem Liebesleben zufrieden? Denn keiner lebt für sich selbst; wir leben mit anderen und für andere.
- Welchen Ausdruck findet mein Körpergefühl in meiner Erschei-

nung, und wie kann ich mich dabei weiterentwickeln? Und auch das ist eine Frage des Lebensstils!

Hat man sich diese Fragen zum Gegenstand eines tagtäglichen Nachdenkens gemacht, so ist man bereits auf dem Wege, auch den sechsten und letzten Regelkreis zu beherrschen, das alle anderen Lebensregeln beflügelnde Thema nämlich, wie man mit sich und anderen auf eine vernünftige Weise umgeht.

6
Das Gefühlsleben und seine Dynamik

6.1
Einleitung

Auch wer sich einsam fühlt, lebt nicht ganz allein und isoliert. Die meisten Menschen gehören den unterschiedlichsten Gruppen an, ohne sich dessen bewußt zu sein. Jeder ist etwa Angehöriger eines bestimmten Volksstamms und Bewohner seines Heimatortes; er verfügt über einen gewissen Bildungsabschluß, ein zumeist genau umrissenes Berufsbild, ist Mitglied eines oder mehrerer Vereine. Dies ist nur eine willkürliche Auswahl von Beispielen, deren Aufzählung sich damit keineswegs erschöpft und beliebig fortsetzen ließe.

Diese vielfältigen sozialen Einbindungen bleiben natürlich nicht ohne Folgen, sondern haben verpflichtende Konsequenzen für das Individuum. Wer einem Verein beitritt, in einem Team mit anderen zusammenarbeitet oder Partner in einer Lebensgemeinschaft ist, der unterliegt damit auch Verpflichtungen. Je persönlicher die Bindung ist, um so tiefgreifender bestimmt die Gruppe die Spielregeln ihrer Mitglieder. Von der Kassenärztlichen Vereinigung bis zur Ehe, von der Kirchengemeinde bis zum Wehrbereichskommando greift das tatsächliche soziale Netz, das jeden von uns in sich verflochten hat. Das *soziale Netz* ist zwar ein bedeutender, aber keineswegs der einzige Faktor der gesellschaftlichen ,,Verstrickungen'', in die wir alle hineingeboren werden.

Doch bei näherem Hinsehen, gewissermaßen unter dem sozialen Mikroskop, zerfällt auch der uniformste Einheitsblock in höchst lebendige und unterschiedliche Einzelwesen. Bei einem Fußballspiel etwa erscheinen die Zuschauer aus der Perspektive des Fernsehobjektivs als homogene Masse; bei näherer Betrachtung allerdings reagieren sie äußerst verschieden mit Freude oder Trauer, Begeisterung oder Enttäuschung. Und auch bei Teilnehmern mancher Parteitage, die den Eindruck von Geschlossenheit erwecken sollen, sind doch sehr persönliche Differenzen zu beobachten – ganz gegen den Willen der politischen Strategen, die nur dann Kontroversen zu Tage treten lassen wollen, wenn es ins demagogische Bild paßt.

Nun gibt es sicherlich viele Versuche, die Tatsache hypothetisch zu begründen, daß der Mensch auch ein soziales Wesen ist. Dabei ist doch ein jeder von uns ein Mensch für sich, eine physiologisch-psychische Einheit, die auf die intensive und größtmögliche Erhaltung ihres vitalen Zustands angelegt ist – und das von Natur aus, ein ganzes Leben lang. Hier ist nicht das biologische ,,Funktionieren", die mechanische Kontrolle von physiologischen Parametern wie Kalorienzufuhr oder Belastungspuls allein gemeint. Wer sein ,,Schicksal" meistern will, der muß auch als Steuermann den persönlichen Kurs bestimmen und halten können, um so im Verlauf seiner Biographie nicht zu schnell an den Klippen des Alltags zu scheitern. Zur Bewältigung von Risiken wie zur bewußten Erfahrung von möglicher Lebensqualität gleichermaßen erscheint es deshalb notwendig,
– die Entfremdung vom ,,Ich" zu verhindern, um damit vor allem fehlender Selbstwahrnehmung, einem unausgeglichenen Gefühlsleben und mangelndem Bewußtsein für die eigene Person vorzubeugen,
– die Selbstentfaltung zu fördern, das Vermögen, sich in einer Welt von Vorgaben und Anpassungszwängen als Individuum zu finden, zu gestalten und auszudrücken.

In der Tradition der Diätetik kommt aus all diesen und weiteren Gründen dem sechsten Regelkreis die Steuerung der *inneren Gestimmtheit*, des Gemüts und des Gefühlslebens, als geistige Lebensaufgabe zu. Der tägliche und lebenslange Umgang mit unseren Leidenschaften und Gefühlserlebnissen, mit unseren ,,Einstellungen" uns selbst und den anderen gegenüber, ist der Schlüssel zum Gelingen oder Mißlingen unseres Lebens in Einzelsituationen wie im Ganzen und damit für das Gesunden oder Kränkeln wie auch Krankwerden von größter Bedeutung.

Wir haben es hier mit dem Bereich der *Psychohygiene* zu tun, mit den Aufgaben seelisch-geistiger Entwicklung in ihrer individuellen wie zugleich sozialen Dimension, mit dem ständig erforderlichen Zurechtkommen mit sich und unserer Einpassung in die soziale Umwelt. Psychoanalyse und Psychosomatik lehren uns, wie vielfältig krankmachend es sein kann, wenn die Steuerung in den seelischen Kraftfeldern aus dem Ruder gerät und wir – hin und her gerissen – unser seelisch-geistiges Fließgleichgewicht verlieren.

Der Gesundheitsbildung kommen daher gerade in diesem Regelkreis wichtige Aufgaben der Information, einer pädagogischen Anleitung für die Erziehung der Klein- und Schulkinder wie auch zur Selbsterziehung und Anregung zu kreativer Betätigung zu. Bezüglich der sich in diesem Regelkreis gleichfalls stellenden Sinnfragen des Lebens und der Ethik des Verhaltens ergeben sich unerläßliche Berührungspunkte mit Religion und Philosophie, wie wir es aus den praktischen Erfahrungen mit Programmen der Gesundheitsbildung wissen. Der nachhaltige Verlust seelisch-geistiger Gleichgewichte, die affektive Neigung zur seelischen Risikosituation und der Mangel an Kultivierung seelischer Schutz- und Restitutionsfaktoren führen zu Störungen in den anderen diätetischen Regelkreisen oder gar in den Abgrund der Sucht.

So steht auch und gerade für die ärztliche Gesundheits- und Lebensberatung in diesem Regelkreis der Psychohygiene die eingehende soziobiographische Anamnese mit ihrem Einblick in die Biographie und die Sozialisation, mit der Abrasterung familiärer und genetischer Phänomene im Vordergrund –, als unverzichtbare Voraussetzung für die Gestaltung eines individuellen Anleitungs- und Übungsprogramms der Gesundheitsbildung. Der Umgang mit Schrecken, Schock, mit Frust, Depression und Trauer, aber auch mit Freude, Liebe, Hoffnung, will nicht nur erfahren, sondern auch ,,gelernt'' sein. Niederdrückend die einen, aufrichtend die anderen Affekte, die wir je nach Alter, Geschlecht oder auch Temperament durchkosten!

Alle diese Emotionen und Affekte, die heute vielfach als *psychische Grundsituationen* analysiert werden, sind selbstverständlich an leibliche Sensationen und auch konkrete körperliche Strukturen gebunden. Wir werden daher nicht daran vorbeikommen, die physiologische Verankerung auch und gerade dieses unseres Gemütslebens zu beachten.

6.2
Zur physiologischen Verankerung des Gefühlslebens

Emotionen und Leidenschaften als Phänomene seelischer und zugleich leiblicher Energiezustände mobilisieren und tonisieren den gesamten Ablauf unseres Lebens. Sie drängen uns hinaus aus der Grauzone des Alltages, hinaus aus der Kühle der Vernunft und des Kalküls. Der Vergleich von reiner Vernunft mit ,,Windstille'' und Bewegungslosigkeit des Menschen im Vollbesitz aller Besonnenheit läßt Emotionen und Leidenschaften gleichsam als Winde und Stürme erkennen, die notwendig sind, um das Leben und seinen Gang in Bewegung zu setzen. Sie beseitigen meist Hindernisse für neue Unternehmungslust und den Aufbau einer neuen Realität und sind daher ein unverzichtbares Element für die Anpassung des Lebens an sich wandelnde Realitäten der Welt.

Die philosophische Diskriminierung der Leidenschaften, der Passionen, mit ihrer Folge einer Unterdrückung und Verdrängung des Gefühlslebens, ist uns aus der Geistes- und Kulturgeschichte bekannt und hat seltsamerweise erst spät und im Gefolge der Psychoanalyse durch die psychosomatische Medizin eine Widerlegung seitens der Medizin erfahren. Dabei ist doch der Leib das ,,Schlachtfeld'' aller Leidenschaften wie auch der ,,Freudenschaften''. Hier sind unsere großen, aus Trieb und Instinkt sich ableitenden Gefühle und Stimmungen eingebettet in zerebrale und vegetative Reaktions- und Funktionsmuster, die wir aus den Beispielen der Streßforschung und dem Rhythmuswechsel von Sympathikus und Parasympathikus kennen.

Erregung und Ruhe, Spannung und Entspannung kennzeichnen die biologischen Dimensionen unseres affektiven Lebens zwischen den Polen von Lust und Unlust, von triebhafter Aggression und Versagung (Frustration), wobei es Aufgabe der Erziehung ist, die Frustrationstoleranz an die jeweiligen Grenzen der individuellen Belastbarkeit heranzuführen. Psychosomatische Energie bedarf einer sinnvollen Bewältigung auf affektiven Begegnungsfeldern. Ein Zuviel an Vorschriften und Versagungen ist für die Balance affektiver Energien ebenso nachteilig wie ein Fehlen oder Unterlassen von Frustrationsreizen.

Konstitution und genetische Disposition, mit denen auch Temperament und Eros verbunden sind, bestimmen Ausmaß und Rhythmik von Stimmung, Laune, Impulsivität und Aktivität im Wechsel mit Verstimmung, Mißlaunigkeit, Hemmung, Passivität und Depression. Dabei sind biologische Transmittersubstanzen von Bedeutung, die auf das Nervensystem wirken und sekundär im einen oder anderen Sinn das seelische Befinden beeinflussen. Solche chemischen Überträgerstoffe, die aus Aminosäuren durch Aktivität bestimmter Enzyme aufgebaut und in Nervenendigungen gelagert werden und durch physiologische Reize zur Wirksamkeit gelangen, regulieren die vegetativen Funktionen, den Antrieb, die gesamte Dynamik der Persönlichkeit und die automatisierten Instinktbewegungen.

Von einer ganzen Anzahl solcher ,,Neuropharmaka'' sind für die Beeinflussung vor allem drei Substanzen von besonderem Interesse:
– das *Dopamin* als Überträgerstoff für die automatisierten, unwillkürlichen Bewegungen und die Körperhaltung;

- das *Noradrenalin* für den Antrieb bzw. die Aktivierung des Sympathikus, der körperlichen und seelischen Leistung;
- das *Serotonin* für die Entspannung und den Schlaf, die Rekreation, zugleich für den Darm aber mit der Wirkung einer vermehrten Peristaltik und Sekretion im Sinne der Verdauungsförderung.

Betrachten wir die Aktivitätsrhythmik dieser drei Substanzen in Zusammenhang mit der vegetativen Tagesrhythmik, so wirken tagsüber vorwiegend Noradrenalin und Dopamin, während nachts und in der Entspannung Serotonin dominiert. Die Möglichkeiten einer medikamentösen Beeinflussung des Auf- und Abbaus dieser Transmittersubstanzen und damit der Einflußnahme auf die vegetativen Gestimmtheiten liegen in der Verwendung sog. ,,Tranquilizer'' mit blockierender Wirkung auf die Rezeptoren und von ,,Energizern'', die eine Freisetzung der Transmittersubstanzen bewirken. Die Gefahren bei der Verwendung solcher Substanzen liegen bei den Tranquilizern darin, daß zwar die Überträgerstoffe von Angst, Unruhe, Spannung und Erregung keinen Rezeptor finden, jedoch keine Korrektur von Fehlsteuerung erfolgt, da sämtliche Rezeptoren blockiert werden, auch diejenigen, die den Blutdruck und den Muskeltonus regulieren. Blutdrucksenkung und Muskelerschlaffung treten als ,,Nebenwirkung'' auf.

Leistungssteigerung und seelische Hochstimmung lösen die Energizer durch Freisetzung der Überträgersubstanzen aus. Das hat jedoch eine Reduzierung und Verarmung der Transmittersubstanzen sowie eine Erschöpfung danach zur Folge, die ernste Gefahren für die Gesundheit bringt. Das ,,Doping'' mit Energizern (z. B. Pervitin) mit der Wirkung einer vorübergehenden Leistungssteigerung (Aktivierung des Bewußtseins, der seelisch-geistigen Antriebsentfaltung, des Kreislaufs und des Muskeltonus und beschleunigter Reaktivität der Reflexe) ist vor allem beim Leistungssport wegen der nachfolgenden Erschöpfung gefährlich, bei ständigem Gebrauch selbstverständlich auch wegen der Gewöhnung und Suchtgefahr.

Im übrigen bestimmt das Ausmaß, in dem Wahrnehmungen, Bedürfnisse, Empfindungen und Handlungsweisen als Lebensäußerungen des *Ichs* ins Bewußtsein des Menschen rücken, auch und besonders den Grad an *Selbst*bewußtsein. Dieser Zusammenhang entscheidet darüber, ob jemand ,,zu sich selber findet'' und ,,mit sich klar kommt''. Die Fähigkeit, lautstark seine Person in den Vordergrund zu rücken oder andere an die Wand zu spielen, weist dagegen eher auf tiefverwurzelte Unsicherheiten hin, die der Betreffende durch zwischenmenschliche Erfolgserlebnisse ausgleichen will.

Der unvoreingenommene und moralisch nicht zensierte Blick auf die Entwicklung einer Persönlichkeit offenbart aber auch, daß der einzelne nicht „böse" auf die Erde kommt. Abgesehen von den wenigen Fällen einer eindeutig pathophysiologisch bedingten Genese, sind die negativen Seiten in Wesen und Charakter eines Individuums oft der zutiefst bedauerliche Erfolg einer zerstörerisch wirkenden Dressur durch die Mitmenschen. Dieses Verständnis der Zusammenhänge nimmt indes eine Gesellschaft in die Pflicht, die sich scheinheilig über das empört, was sie letztendlich selbst zu verantworten hat.

Gerade auf dem Gebiet der Lebensführung begegnet uns dieses Problem tagtäglich und keineswegs nur in Fragen egozentrischer Gewaltausübung. Kettenrauchende Ärzte oder maßlos schlemmende Spitzenfunktionäre sind ebenso wie unbeherrschte und aggressive Bundespolitiker jene negativen Multiplikatoren, die der „Masse" und damit dem einzelnen zeigen, „wo es lang geht". Diese Standards, die Idole und Leitfiguren setzen, gehören zum Repertoire der normalen Verhaltensverformung. Erinnert sei in diesem Zusammenhang auch an die unselige Verkoppelung von körperlicher Leistungsfähigkeit mit materieller Raffgier, wie sie von einigen Exponenten des Spitzensports und deren Managern vorexerziert wird – ein denkbar ungünstiges Vorbild, das vor allem auch etwas darüber aussagt, wie der Betreffende menschlich mit sich selbst umgeht.

6.3
Entgleisungen im Affekthaushalt und Gemütsleiden

Affekte und Emotionen sind, so haben wir gesehen, stets leibgebunden und sozial wirksam, sie zeigen eine *somatogene* und *somatotrope* Entsprechung, die eine Reihe von Möglichkeiten psychosomatischer Stabilisierung bietet, uns aber auch mit mehr oder weniger drastischen Entgleisungen im psycho-somatischen Gleichgewichtssystem konfrontiert.

Einsamkeit und zwischenmenschliche Isolation machen besonders heutzutage viele Menschen krank. Wenn sich jemand „abgeschnitten von der Welt" fühlt, dann leidet er unter sozialen Entzugserscheinungen; auch und gerade da, wo (wie in den meisten größeren Städten) eine Zusammenballung vieler Individuen den Kontakt eigentlich erleichtern sollte. Aber das „Sich-näher-Kommen" und das „Miteinander-vertraut-Sein" bedeuten mehr als bloße räumliche Berührungsmöglichkeit: In den Hochhaussiedlungen mit ihren betonierten „Schlafburgen" ist für Tausende die Gefahr des Alleinseins oder des Allein-gelassen-Werdens manchmal sogar besonders groß.

Andererseits kann es aber auch belastend sein, wenn sich „die Leute zu gut kennen", einer „alles vom anderen weiß" und damit die soziale Kontrolle zunimmt. Nachbarschaftshilfe ist sicher eine gute Sache, schafft ein spürbar positives Gefühl von Einbezogenheit und Sicherheit. Die gegenseitige Vertrautheit wird aber zum Alptraum, sobald die menschliche Umgebung an der persönlichen Lebensführung aus moralischen, politischen oder materiellen Gründen starken Anstoß nimmt. Dann drohen Repressalien, zuerst vielleicht mit wohlwollenddeutlichen „Ratschlägen", dies oder jenes vielleicht besser abzustellen. Hilft dies nichts, verbreiten sich böse Gerüchte, und „gute Freunde" suchen das Weite. Im allerschlimmsten Fall kommt es zur Isolation, und nur der Wegzug der „Außenseiter" stellt den sozialen Frieden für alle Beteiligten wieder her.

Wer schlechte Erfahrungen mit anderen gemacht hat, erlebt sicher schneller seine Berührungsängste, wenn es um neue Bekanntschaften geht. „Gebranntes Kind scheut das Feuer" lautet dabei häufig die Devise – und eine solche negative Erwartung führt sehr schnell und immer deutlicher zu Mißtrauen oder unbewußten Abwehrhaltungen im Umgang mit anderen. Beziehungen zwischen Menschen sind also ebenso unvermeidlich wie problematisch; ein äußerst zweischneidiges Thema, das viel Wehmut, Bitterkeit und Zorn wachrufen kann, aber ebenso oft auch mit Freude, Begeisterung und Hoffnung verbunden ist.

Für den Umgang mit Emotionen, die uns aus dem seelischen Gleichgewicht bringen und in einen hohen Verschleiß seelischer Energie führen, liegt der objektivierte Aspekt im *Zuviel* und somit zunächst in einer Störung der Ökonomie der seelischen Kräfte. Dies gilt vor allem für Emotionen von längerer Dauer, beispielsweise mit der Folge einer depressiven Verstimmung oder Umstimmung, wobei solche Bezeichnungen schon semantisch das „Unstimmige" und den Verlust an innerem Ausgleich und Fähigkeit zu Gelassenheit bezeichnen. Ängste, Flucht in Ausschweifungen, in Ablenkung, in den Versuch, mit Drogen aller Art und sexuellen Exzessen eine Frustration, einen Verlust, eine Niederlage im Leben wettzumachen, werden zu seelischen Risikofaktoren, denen die Psychohygiene vorzubeugen und für deren Bewältigung sie Regulative anzubieten hat.

Vor allem Intellektuelle finden sich gehäuft in der Klientel derer, denen es oft nicht gelingt, Verstand und Gefühlsleben im Gleichgewicht zu halten, die dabei Ängsten vor Gefühlsbindungen verfallen, ihr Gefühlsleben verdrängen und in Vereinsamung geraten. Das Richtige zu wissen, prägt uns aber weniger, als das Richtige zu fühlen. Erkranken wir doch weniger durch Mangel an Wissen und Denken als aus Mangel an Fühlen-Können und Gefühlserlebnissen. Der Rückzug aus der Emotion und dem so schwierigen Bereich emotionaler Beziehungen und die Bemühungen um eine dominant rationale Steuerung zwischenmenschlicher Beziehungen, um ein Leben also, das ausschließlich mit dem Intellekt und mit vordergründiger Vernunft geführt wird, erweist sich in zahllosen Einzelfällen als Irrweg und als tiefere Ursache persönlichen und sozialen Fehlverhaltens.

Nun sind natürlich gerade der modernen Medizin eine Reihe von Möglichkeiten geläufig, in diese Unstimmigkeiten mit medikamentösen Mitteln regulierend einzugreifen. Aber auch auf die Gefahren solcher ,,Drogen'' sollte wenigstens hingewiesen werden. Wir kennen recht gut die in allen Kulturen seit alten Zeiten übliche Verwendung von Drogen zur Stimulierung oder Dämpfung von Affekten und Emotionen. Der Einsatz von Drogen zur Provokation oder Dämpfung erwünschter oder unerwünschter affektiver Situationen und Gestimmtheiten jedoch kommt allein ärztlicher Entscheidung und gezielter kurzfristiger Verwendung zu. Er ist sowohl in der Form des chronischen Drogenkonsums bei dekompensierten Affektlagen als auch in sanfteren Formen beim Gebrauch von Kaffee zur Anregung und von Alkohol zur Dämpfung von Erregtheit bei der affektiven Bewältigung von Lebensproblemen und Lebenskonflikten von enormer praktischer, aber auch von problematischer Bedeutung.

Eine Gesundheitsberatung darf deshalb die ganzheitliche Perspektive der Lebensführung nicht vernachlässigen. Sie benötigt auch und gerade auf diesem Gebiet die Ausrichtung an positiven Leitzielen und den zwischenmenschlichen Entfaltungsmöglichkeiten. Unsere Gesellschaft gibt dem einzelnen kein Wertsystem mehr an die Hand, das für alle Mitglieder verbindlich ist und aus dem sich klare Regeln des Zusammenlebens ableiten.

Auch eine weitgehend intakte Gemeinschaft hat indes ihre zwei Seiten. Derjenige, der sich zu einer Gruppe von Menschen hingezogen fühlt, ist sicher sehr angetan davon, wenn er möglichst viele Gemeinsamkeiten entdeckt; das fängt bei der Vorliebe für den gleichen Autotyp, dieselben Urlaubsorte, Kleidungsstücke oder Redensarten an und endet bei politischen oder moralischen Standpunkten, die von allen geteilt werden. Diese ,,Wellenlänge'', auf der ,,man miteinander schwimmt'', festigt die Verbindung von Gleichgesinnten untereinander und macht für diese Gemeinschaft gleichzeitig die Abgrenzung gegen andere Personen oder Gruppierungen leichter.

Gleichzeitig kann die Verbindlichkeit, mit der vom einzelnen das Bekenntnis zu diesen Prinzipien verlangt wird, für ihn äußerst belastend sein. Vor allem dann, wenn Führungspersonen (vornehmlich mit Berufung auf die gemeinsame Sache) Zwang ausüben, um letztendlich ihre eigene Position der Stärke zu sichern, Kritik zu unterbinden oder die ,,Opposition" zu schwächen. Die Argumentation steht nur zu häufig unter dem Motto: ,,Wenn Du noch zu uns gehören willst, dann mußt Du aber . . .!" Dann wird die Beschwörung der ,,Solidarität" zur Belastung, zum unangenehmen Konformitätsdruck, dem sich der einzelne nur noch durch schweigende Anpassung oder Verlassen der Gemeinschaft entziehen kann.

Wie schwierig es ist, gerade hier die richtige Mitte zu halten, die wir als ,,Idee" natürlich alle kennen und bewundern, zeigt das alte Muster vom ,,einfachen Leben". Die Erfahrungen im Umgang mit sich selbst und mit der Gemeinschaft begegnen uns in einer reichhaltigen Literatur und vielen Einzelmodellen in allen Kulturepochen. ,,Ein einfaches, naturverbundenes, Gott und den Menschen gefälliges Leben" wird dabei in alten Berichten jenen Mitmenschen bescheinigt, deren Leben als ,,gelungen" und tief im Dasein wurzelnd zu beurteilen ist. Zwei Modelle, zwei ,,Bilder", die lange Vorbildfunktion für ein ,,einfaches", und das heißt für ein bescheidenes Leben, besaßen, seien aus der großen Fülle herausgegriffen. Es sind ,,der Landmann", der die Vorstellungen vom einfachen Leben auf dem Lande verkörpert, und die klösterliche Lebensgemeinschaft als Hochkultur einer asketischen, bewußt auf Verzicht gegründeten Lebensführung. Beiden Modellen einer stilisierten und typisierten Lebensweise haften bei allen Unterschieden zwischen dem weltlich-praktischen hier und dem geistlich-theoretischen Handlungskonzept dort doch vier gemeinsame Elemente jahrtausendealter Lebenserfahrung an, die wir heute so formulieren könnten:

a) Der intensive Umgang mit der Natur läßt die Natur als ausgleichendes, besänftigendes Element für unser Gemütsleben zur Gestaltung kommen.

b) Eine einfache – ,,spartanische" – Ernährung wirkt aller Unruhe des Körpers entgegen, aller Leidenschaft, die vom Körper auszugehen vermag.

c) Die strenge, regelmäßige körperliche Arbeit, in die ,,alle Wut" ein- und abgeleitet werden kann, entlastet von Affekten und führt zu normaler Ermüdung und in erholsamen Schlaf.

d) Die Ordnung und Regelmäßigkeit der Lebensabläufe des Alltags, die der ,,Landmann" aus seinen täglichen Pflichten, der Ordensangehörige aus den Regeln seiner ,,Horae canonicae" ableitet und zum Lebensstil werden läßt, verleihen dem Leben einen bekömmlichen Rhythmus, in den sich auch die Fest- und Feiertage sinnvoll einordnen und dem Leben als ganzem einen natürlichen Gang und Ablauf sichern.

In Zeiten eines intensiven, vor allem in den Tagesabläufen praktizierten religiösen Lebens, zu dem die Kirche alle erdenklichen Anleitungen und Unterstützungen gewährte, standen auch der Landbevölkerung die Möglichkeiten einer hoch einzuschätzenden geistig-geistlichen Hilfe im Umgang mit den Lebensproblemen des einzelnen und der Familie zur Verfügung, bestand ein sozialer Konsens in den ethischen Verhaltensfragen, war man darin geübt, im Vordergründigen des Lebens die Transzendenz einer von religiösen Bildern des Glaubens geprägten geistlichen Existenz des Menschen zu erblicken.

Wie hoch eine solche, im Alltag verankerte Religiosität als Regulans des Affektlebens und als Schutzfaktor gegenüber den seelischen Belastungen des Lebens zu veranschlagen ist, wurde epidemiologisch bisher nur rudimentär an Vergleichen zwischen geschlossen lebenden religiösen Gruppen und der allgemeinen Bevölkerung in den USA zu ermitteln versucht. Dabei zeigte sich, daß ein streng religiöses Leben durchaus die üblichen Risiken vermindert und Schutzfaktoren entwickelt, die in Ausmaß und Wirkungsweise schwer zu bestimmen sind.

6.4
Therapeutische Empfehlungen zu einer umfassenden Psychohygiene

Die natürlichen Veranlagungen zu einem gesunden Gemütsleben wie auch die zahlreichen Möglichkeiten einer Verfehlung geben genug Hinweise auf therapeutische Maßnahmen, wobei über das Individuum hinaus immer auch die geordneten Verhältnisse in kleineren oder größeren Gruppen zur Debatte stehen. Kein Bereich der Lebensführung ist ja so direkt und offensichtlich an Bildungs- und Sozialisationsprozesse gekoppelt wie der Umgang des einzelnen mit seinem Affekthaushalt. Dabei geht es insbesondere um die gesellschaftliche Verantwortung für die Schaffung der notwendigen Entwicklungs- und Förderungsbedingungen, die den Verlauf gerade der ersten Jahre im Leben eines Menschen bestimmen. Man findet nur das richtige Verhältnis zum *Ich* und zum *Wir*, wenn von vornherein neben Verboten und Reglementierungen auch Chancen und Perspektiven den Alltag bestimmen.

Die volle Aufmerksamkeit einer Gesundheitsberatung gehört daher zunächst einmal den Familien, und zwar durch Information, Schulung und Unterstützung der Eltern, und dies möglichst schon, bevor ihr

Nachwuchs auf die Welt kommt. Erst so ist nämlich mit dem Blick nach vorn jene vernünftige Prävention möglich, die nicht nur das Gröbste verhindern hilft, sondern auch den Lebenslauf von Anfang an günstig beeinflußt. Gerade das zwischenmenschliche Klima bestimmt, wenn auch nicht ausschließlich, so doch maßgeblich, die Grundsätze von Einstellung und Verhalten – besonders im Hinblick auf die Wertschätzung der eigenen Person und die Achtung der Mitwelt.

Viele von den Älteren haben in Kindheit und Jugend, nicht zuletzt durch die Entwurzelungen und Umwälzungen der Kriegsjahre, nicht die geeigneten Entwicklungsbedingungen vorgefunden. Andere wiederum wurden durch schlechte Erfahrungen in irgendeinem der späteren Lebensabschnitte geprägt. Besonders dann, so zeigt die Erfahrung, lohnt sich die Nutzung der unterschiedlichsten Orientierungskurse und Trainingsangebote: Vom ,,Single-Treff'' bis zum ,,Sonnigen Herbst'' stehen geeignete Programme zur Verfügung.

Es kommt nicht unbedingt darauf an, daß jemand ausdrücklich nach ,,individueller, kommunikativer oder gruppendynamischer Selbsterfahrung'' sucht. Denn jede intensive Beschäftigung mit einem Ziel und im Rahmen einer Gruppe aktiviert neben unserer Persönlichkeit auch gleichzeitig unser Sozialverhalten. Aus diesem Grund spielt die Gruppenarbeit und -therapie im Rahmen der primären, sekundären und tertiären Prävention eine wichtige Rolle. Hier kann nämlich neben der sachbezogenen Information auch die Weichenstellung für eine veränderte oder besser angepaßte Lebensführung aktiv eingeleitet werden.

Die Bereitschaft zur gegenseitigen Hilfeleistung ist ein weiteres wichtiges Prinzip des Zusammenlebens, das nicht verordnet, sondern nur gelebt werden kann. Immer wieder läßt sich beobachten, daß die Unterstützung von anderen nur noch auf der Basis von materiellen Gegenleistungen oder als professionalisierte Dienstleistung gepflegt wird. Nimmt diese Tendenz überhand, dann erkalten die zwischenmenschlichen Beziehungen selbst dann, wenn noch die Regeln und Gesetze im wesentlichen eingehalten werden und damit die Gesellschaft formell oder juristisch intakt erscheint.

Die tätige Einstellung, ohne Spekulation auf Rendite für jemand in vertretbarem Rahmen dazusein, ist nicht nur (obwohl im wesentlichen) das Resultat einer entsprechenden Bildung und der Glaubwürdigkeit von Vorbildern. Auch die Frage, welchen praktischen Stellenwert eine Gemeinschaft diesem Verhalten gibt, wie die Lebensbedingungen im Alltag davon bestimmt sind, wirkt sich entscheidend aus. Karriereorientierte Teams mit Ellbogenmentalität geben ein denkbar schlechtes

Beispiel. Leider ziehen nur wenige Menschen die richtigen Schlüsse daraus, und zwar deshalb, weil die psychosozialen und pathophysiologischen Folgen des Fehlverhaltens häufig erst nach Jahren auftreten.

Erst die Fähigkeit zur Konfliktbewältigung im Zusammenleben sichert auf Dauer die menschlichen Beziehungen. Keine Partnerschaft, keine Gemeinschaft sind ohne Reibungsflächen, und auch die größte Toleranzbereitschaft ist gelegentlich erschöpft. Dann nützt es wenig, wenn jemand ,,mit dem Kopf durch die Wand'' will und nur dann zufrieden ist, wenn alle anderen seinen Weg gehen. In solchen Fällen bringt allein die Fähigkeit der Beteiligten zum konstruktiven Streiten die gemeinsame Sache weiter; das Ergebnis einer solchen Auseinandersetzung sollte ein Kompromiß sein, bei dem niemand nur nachgeben muß und keiner sein Gesicht verliert.

Nicht die so oft geübte Praxis, wegen des oberflächlichen Friedens alle Konflikte ,,unter den Teppich zu kehren'', hilft auf Dauer wirklich weiter. Wirkungsvoller und dem Zusammenleben dienlich ist das Training von Familienmitgliedern, Vorstandsmitgliedern oder Arbeitskollegen in der Kunst der sachlichen Auseinandersetzung; sie begrenzt die Schäden und führt immer wieder zum gemeinsamen Nenner zurück. Wird diese Grundfertigkeit rechtzeitig erworben, lassen sich Probleme des Zusammenlebens im Entstehungsstadium (und damit ohne großes Aufheben) klären – das spart unter anderem Energie und verhütet zahlreiche, teilweise Jahre dauernde Auseinandersetzungen, die nicht zuletzt die Gesundheit in Mitleidenschaft ziehen.

Selbstverständlich gibt es zahlreiche, wohlerprobte Maßnahmen, mit denen durch körperliche Übungen und physiotherapeutische Einwirkungen der seelischen Erregung und starken Emotionen vorgebeugt werden oder mittels derer sich quantitative Potentiale der Emotion abbauen lassen. Die diätetischen Empfehlungen, die auf Bewegung und körperliche Belastung zielen, reichen vom täglichen Spaziergang (bei älteren und leistungsverminderten Menschen) bis zum Sport mit Langzeitbelastung und zu regelmäßiger, von leicht bis schwer belastender körperlicher Arbeit. Ziel ist dabei die Anregung und Beschleunigung des Säfteumlaufes, eine natürliche Ermüdung des Körpers nach physiologischer Verausgabung körperlicher Energie und in Parallele dazu auch eine damit verbundene Abführung gestauter seelischer Energie. Die in ,,Regelkreis 5'' dargelegten Erkenntnisse finden daher als diätetisches Regulativ zur Bewältigung von Emotionen eine spezielle Bedeutung.

Gleichermaßen gilt dies für Wasseranwendungen mit kühlen Güssen und Bädern, deren individuelle Temperierung, Modifikation und zeitliche Einplanung. Die Kneippschen Anwendungen bieten hier zur vegetativen und emotionalen Ausgeglichenheit ein reichhaltiges Repertoire. Für Menschen, die zarteren, nervösen Konstitutionstypen angehören und daher mehr als die robusteren Konstitutionstypen zu affektiven, emotionalen Entgleisungen neigen, spielt die dosierte körperliche Belastung als *Abhärtungstraining* eine besondere Rolle in der Diätetik. Mit guten Gründen empfiehlt sich auch das Tanzen als vorbeugende therapeutische Maßnahme zur Affektbewältigung. Die Elemente des Tanzes, rhythmische Bewegungen, Geschmeidigkeit und Entfaltung von Grazie in der Bewegung sowie die körperliche und seelische Anpassung an den Tanzpartner als sozialer Akt, vereinen zusammen mit der Lust an Bewegung und körperlicher Belastung alle wesentlichen Ziele einer emotionalen Harmonisierung.

Einen Übergang zu seelisch-geistigen Methoden der Affektbewältigung und Harmonisierung des Gefühlslebens stellen das meditative Tanzen und die rhythmisierende Gymnastik dar. Meditierendes Bewegen und Tanzen stützt sich nicht nur auf alte Bewegungs- und Tanzformen aus verschiedenen Kulturen, sondern auch auf die Entwicklung neuer Bewegungsthemen. Dabei werden Aussagen der rhythmischen Bewegungen durch Vertiefung und symbolhaften Ausdruck in besonderer Weise über den Körper bewußt gemacht und können Stimmung und Gefühle verstärkt oder abgeschwächt und in eine positive Richtung entwickelt werden. Auf diesem Felde liegen zahlreiche Möglichkeiten zu Übungen der Konzentration, zu leiblich-seelischer Selbsterfahrung und Harmonisierung von Gegensätzen.

Es sind vor allem drei Ziele anzustreben, damit aus der Wechselbeziehung zwischen individueller Entfaltung und sozialer Eingebundenheit kein krasser Gegensatz, sondern eine Bereicherung des eigenen Alltags wird:

a) *Auf sich selbst und andere bauen können!* Es geht um die Überprüfung und Absicherung der Vertrauensbasis, und zwar sowohl im innerpsychischen wie im zwischenmenschlichen Bereich. Mit der systematischen Abklärung von Unsicherheiten und der Erfassung kritischer Situationen (z. B. durch Protokollierung von Tagesabläufen) ist eine entsprechende Bilanzierung möglich. Sie kann dann zur Grundlage eines verhaltenstherapeutisch orientierten Trainingsprogramms werden, etwa um streßbedingte Trink- und Rauchgewohnheiten (als Ergebnis von Verunsicherungen) zu verändern.

b) *Für sich selbst und andere da sein!* Wer sein Bewußtsein für die eigenen und fremden Bedürfnisse schärft, sollte auch praktische Konsequenzen aus der Erkenntnis ziehen, daß niemand gern und auf Dauer „zu kurz kommt". Hier ist ebenfalls eine Analyse der aktuellen Lebensumstände nützlich; vor allem, um Defizite zu entdecken und ihren Ausgleich vor dem Entstehen manifester Störungen in Angriff zu nehmen. Zu denken wäre etwa an die pathologischen Aspekte des Ernährungsverhaltens als Ergebnis einer auch emotional tiefgreifenden Entwicklungskrise. Das Gleiche gilt aber ebenso für das „Helfer-Syndrom" bei Angehörigen von Gesundheits- oder Sozialberufen, die mit den zwischenmenschlichen Anforderungen ihrer Tätigkeit nicht mehr zurechtkommen.

c) *Mit sich selbst und anderen in Frieden leben wollen!* In Zeiten immer stärker eskalierender Aggressivität brauchen wir eine menschwürdigere (sprich: gewaltfreiere) Art des Umgangs miteinander. Deshalb sollte es immer besser gelingen, persönliche Probleme zu lösen und angemessene Kompromisse in Konfliktfällen zu finden. Zu diesem Zweck können spezielle Strategien und Techniken eingesetzt werden; auch Verfahren des „Probehandelns", der „systematischen Desensibilisierung" oder autosuggestive Wirkungsmechanismen („Imaginationen", „Vorsatzbildungen") stehen zur Verfügung und haben sich in entsprechenden Fällen bewährt.

Eine therapeutische Beratung, die auf der Basis dieser Zielvorstellungen vorgeht, unterstützt den Ratsuchenden bei seiner (auch gesundheitsbewußten, weil ganzheitlich harmonisierenden) Lebensführung. Wer für den angemessenen Umgang mit sich und anderen sensibilisiert ist, wird an die Bedeutung dieses Themas durch folgende Fragen regelmäßig erinnert:

– Welchen Raum gebe ich meinen Gefühlen, und wie pflege ich sie, statt sie zu unterdrücken?
– Habe ich meinen schöpferischen Kräften genügend Entfaltungsmöglichkeiten gegeben, um mich dadurch zu verwirklichen?
– Wieviel Vertrauen setze ich in meine Fähigkeit zum Lösen von Problemen, und wie planmäßig gehe ich dabei vor?
– Wie kann ich mein Wohlbefinden in Gesellschaft anderer Menschen steigern, ohne sie auszunutzen?
– Fällt es mir schwer, für andere dazusein, und wann macht es mir Spaß?
– Vor welchen Konflikten laufe ich davon, statt weiter nach einem guten Kompromiß zu suchen?

6.5
Möglichkeiten und Grenzen der Gesundheitsberatung

Beim Rückblick auf die physiologische wie auch pathologische Brisanz der Gemütsbewegungen zeigt sich noch einmal die therapeutische Dynamik des Gefühlslebens. Das gilt nicht nur für den Affekthaushalt im engeren Sinne, sondern auch – wie wir sahen – für unsere Gestaltung der Umwelt, für eine Ernährungskultur, für eine Humanisierung von Arbeit und Freizeit, für die gesamte Rhythmisierung des Alltags. Die Regelkreise der Lebensführung sind unter diesem Gesamtaspekt durchaus in der Lage, im Umgang mit sich und anderen ganz konkrete Leitziele zu empfehlen:

Die aktive Pflege und Harmonisierung des Gefühlslebens
In Liebe und Haß, Zorn oder Freude spiegelt sich die ganze subjektive Wirklichkeit der Person wieder, weit direkter und typischer als nach dem Prozeß der intellektuellen Filterung und sprachlichen Mitteilung. Denn die Emotionen und Affekte lassen uns wissen, welches Lust- oder Unlustempfinden einen Menschen bewegt; jenseits aller erworbenen Schutz- und Abwehrmechanismen kommt zum Ausdruck, wie sehr jemand im Eigentlichen vom Wechselspiel zwischen Begehren und Abscheu bewegt wird.

Eine ganze Landschaft tut sich hier auf und beinhaltet von der Ethik bis zur Ästhetik alle wichtigen Perspektiven einer Alltagskultur. Dabei sind auch im Gefühlsleben charakteristische physiologische Gesetzmäßigkeiten (Herzschlag, Atmung, Muskelspannung) und hormonelle Steuerungen zu beobachten. Die im Sinne einer falsch verstandenen „Selbstdisziplin" andressierte Unterdrückung von Emotionen führt im einfachsten Fall zur Suche nach Ersatzbefriedigungen, provoziert Verhaltensstörungen und hat häufig auf Dauer depressive oder neurotische Krankheitsbilder zur Folge.

Die bewußte Regulierung des Affekthaushalts indes dient der Krankheitsverhütung und fördert die Lebensqualität. Wer nämlich lernt, mit seinen Gefühlen zu leben, wird sie nicht nur besser meistern, sondern auch in der Lage sein, offener, bewußter und selbstkritischer mit sich umzugehen.

Eine bewußtere und befreiendere Entfaltung der schöpferischen Kräfte
Es ist nur selten im Alltag möglich, sich angstfrei so darzustellen, wie man ist, und ohne Rücksicht auf andere seine persönliche Welt zu ge-

stalten. Beruf, soziale Stellung oder materielle Lebensbedingungen zwingen immer wieder zu Kompromissen oder unterbinden erfolgreich jedes Bemühen in Richtung *Selbstentfaltung*. Und doch hat jeder das verständliche Bedürfnis danach; denn das eigene Ich braucht seinen Ausdruck, und es verkümmert, wenn es zu häufig der Überlebenstaktik wegen schweigen muß.

Solche Entwicklungen haben natürlich ihre eigene Geschichte, und sie beginnen nicht selten in der Kindheit. Nur zu oft erfahren wir, daß schon in frühesten Jahren jedes eigenwillige Verhalten, jede ,,Tagträumerei" oder auch musische Interessen als wenig brauchbar für das praktische Leben unterbunden werden. Dabei gehören sinnliche Empfindsamkeit und künstlerische Fertigkeiten zu den wenigen gesellschaftlich noch tolerierten Bereichen, die dem einzelnen als Ausdruck seiner ungeschmälerten Individualität dienen können. In Elternhaus, Kindergarten und Schule ist deshalb die Freude an der spielerischen und kreativen Gestaltung vorbehaltlos zu unterstützen.

Seit vielen Jahrzehnten gibt es Konzepte, die in der Pädagogik wie in der Therapeutik den künstlerischen Aspekt betonen und an wichtiger Stelle eingesetzt haben. Gerade heute werden zunehmend alle schöpferischen Möglichkeiten in ihren kurativen, besonders aber auch den persönlichkeitsfördernden Dimensionen wiederentdeckt. Zu denken ist an Musik-, Gestaltungs-, Tanztherapie oder auch an die Bibliotherapie, die mit Tagebuch- und Briefeschreiben (,,Graphotherapie") beginnt und über das bewußte, rhythmische Sprechen bis zum heilsamen und aufbauend wirkenden Lesen geht.

Die Förderung der Fähigkeit zur angemessenen Problemlösung
Kein Tag vergeht, ohne daß die unterschiedlichsten Aufgaben beruflich oder privat zu lösen sind. Das Leben ist eine nicht abreißende Kette von Herausforderungen mit wechselndem Schwierigkeitsgrad; und ,,sein Schicksal zu meistern" bedeutet nicht nur, gut ,,über die Runden zu kommen", sondern auch, die dabei immer wieder auftauchenden Hürden erfolgreich zu meistern. Auch wenn die meisten Dinge nicht ,,problematisch" sind, so haben wir doch die Fähigkeit zu ihrer Bewältigung von Kind auf erst erworben. Vieles, was heute spielend von der Hand geht, war ursprünglich keineswegs selbstverständlich und schon gar nicht einfach: das Laufen, die Raumkoordination, die Technik des Essens und Trinkens, um nur einiges zu nennen.

Nimmt die Fähigkeit ab, anstehende Probleme zu lösen, und häufen sich derartige Erfahrungen, dann beeinträchtigen diese Mißerfolgserlebnisse das Selbstbewußtsein. Das wiederum hat eine Zunahme von Nervosität und Selbstzweifel zur Folge. Der so verunsicherte Mensch geht unruhiger, vor allem aber zaghafter an seine nächste Aufgabe heran; er macht deshalb schneller einen Fehler und scheut daher eher vor erneuten Anstrengungen zurück. Mit der Zeit entsteht ein Teufelskreis in Denken, Fühlen und Verhalten, der die individuelle Leistungsfähigkeit lähmt. Neben den psychischen Beeinträchtigungen werden dadurch zumindest vegetative Dysregulationen ausgelöst, wenn nicht sogar starke psychosomatische Beschwerden hervorgerufen.

Es gibt psychologische Wege und Techniken, um die eigene Fähigkeit im Umgang mit den Problemen des Alltags zu schulen, statt vor immer den gleichen Fragen zu kapitulieren. Hier geht es darum, möglichst systematisch zu erkennen, vor welcher Aufgabe man eigentlich steht, dann seine Kenntnisse und Informationen zur Sache zu überprüfen und notfalls zu ergänzen; schließlich gilt es, in einem versachlichten Entscheidungsprozeß die günstigste Lösungsalternative zu finden und zu erproben. Dieser ganze Ablauf kann mit seinen verschiedenen Stationen geübt und damit zur Behebung eigener Schwächen genutzt werden.

Eine umfassende persönliche Gesundheitsberatung wird ohne Schwierigkeiten feststellen, welche Defizite beim einzelnen im Umgang mit sich selbst vorliegen. Meistens geht es um Unsicherheiten in der Beziehung zu den eigenen Gefühlen, mangelnde Fähigkeiten, zu sich selbst zu finden und seinem ,,Ich'' Ausdruck zu geben. In diesen Fällen sind Ratschläge, manchmal aber auch Übungsprogramme zur Kultivierung und Aktivierung der emotionellen und kreativen Aspekte der Lebensführung äußerst hilfreich. Häufig liegt dem ratsuchenden Menschen aber auch ein Problem ,,im Magen'', dessen Lösung äußerst schwierig, wenn nicht sogar unmöglich erscheint. Dann empfiehlt sich ein systematisches Aufschlüsseln des betreffenden Vorgangs, oft auch der Hinweis auf das vor Ort angebotene Training, etwa zur Schulung von Konzentrations- und Gedächtnisleistungen.

Dieses ganze Ensemble von diätetischen Einwirkungen zur emotionalen Ausgeglichenheit und Regulierung des psychovegetativen Systems mit seinen Möglichkeiten kurz- und langfristiger Einwirkungen gehört zum Standard ärztlicher Gesundheitsberatung und zum Unterricht und den praktischen Übungen der Gesundheitsbildung.

Ein weites Aufgabenfeld liegt somit in der Förderung und Anleitung zu schöpferischer Betätigung und Entwicklung kreativer Fähigkeiten. Hier werden neuerdings die Bestrebungen auf den verschiedenen Sektoren der Kunst und Literatur unter dem Begriff der „Kunsttherapie" zusammengefaßt. Entgegen allen Einwänden, Kunst und Literatur dürften keinesfalls „funktionalisiert" werden, haben sich in vielen Versuchen Musik- und Maltherapie, Theaterspiel, Therapiewirkungen des Lesens, des Vortragens und des Schreibens als Bibliotherapie und Graphotherapie als hervorragende diätetische Mittel zur Selbstfindung und zu seelisch-geistiger Ausgeglichenheit erwiesen.

In Zusammenarbeit mit den Volkshochschulen und durch Gründung örtlicher Seminare, wie dies im Bad Mergentheimer Modell erprobt wurde, lassen sich wertvolle Hilfen zur Entfaltung persönlicher Kreativität und zur Psychokatharsis vermitteln. Das Besondere an der Hinführung zu kreativer Betätigung in allen Kunstbereichen und der Literatur liegt aus der Sicht der Diätetik in diesem Regelkreis in der schrittweise möglichen Erfahrung von Erfolgserlebnissen und Freude im Umgang mit sich selbst, vor allem auch in der Bemühung um eigenständige Freizeitgestaltung und Überwindung von Passivität und Langeweile. Zudem erhöhen erworbene Kunstfertigkeiten auch die soziale Geltung des einzelnen und eröffnen und erleichtern damit soziale Kontakte und Einbindungen.

Aus der Bibliotherapie ist bekannt, daß die Schulung des Sprechens und Vortragens Hemmungen löst und die Kontaktgewandtheit im Umgang mit anderen fördert. Gleiches gilt für die Anregung und Anleitung zum Briefeschreiben und für die Führung eines Tagebuches, bei der die Schärfung für Beobachtungen seiner selbst und anderer einen wertvollen Zugewinn auf dem Wege zu einer bewußten Lebensführung bedeutet. Hier liegt auch für viele ein gangbarer Weg aus der Manipulation ihres Lebens, ein Weg zum Wendepunkt aus Passivität und Gelebtwerden hin zu jener schöpferischen Aktivität und dem Mut, sich zu seinen Gefühlen zu bekennen und einer vom Gefühl geleiteten Offenheit im Umgang mit anderen die notwendige Instinktsicherheit zu verleihen.

Im Grunde bedeuten die Aufgaben gerade dieses Regelkreises eine Zusammenfassung aller diätetischen Forderungen zu einem in sich geschlossenen Lebensstil; sie führen uns auf einen Weg der Bildung, der nicht zuletzt auch der Gesundheitsbildung dient.

Dritter Teil

Die gesellschaftliche Begründung der Gesundheitsbildung

Einleitung

Unser gesundheitliches Versorgungssystem ist das schlechteste nicht; was ja wohl heißt, daß es nicht gut ist, aber verbesserungsfähig.

Die Problematik unseres Gesundheitswesens ist die rein quantitative und dazu noch einseitige Expansion, die Ausweitung in der falschen Richtung. Die steigende Zahl kostspieliger Geräte macht das ebenso deutlich wie die steigende Zahl der Studienanfänger und die Menge der sich vor den Türen der Kassen drängenden Außenseiter. Es wäre ein Verhängnis, sie alle als kurative Heilsbringer tätig sehen zu wollen. Selbst dann, wenn man nach dem Motto ,,je präziser die Norm, desto seltener das Normale" den letzten Gesunden symptomatisierte, um ihn behandeln zu können.

Die Einsicht, daß die Entscheidung über die Zukunft des Gesundheitswesens im Vorfeld der Krankheit fallen muß, beginnt sich zwar durchzusetzen, aber die Einsicht bleibt noch ohne wirkliche Konsequenz. Zwar wurden noch nie so viele Deklamationen und Resolutionen zur Prävention verfaßt wie jetzt, aber die sichtbaren Folgerungen daraus deuten entweder auf ein Mißverständnis dessen, was Prävention ist, oder auf die Hoffnung, auch aus der neuen Tendenz einen Marktnutzen ziehen zu können.

Die Gesellschaft für Gesundheitsbildung hat in einer großen Enquête zur Situation der Gesundheitserziehung 3000 Aktivitäten erfaßt. Die inzwischen publizierten Ergebnisse waren enttäuschend, denn nur etwa 20% aller Aktivitäten haben mit wirklicher Vorbeugung zu tun.

Wie aber können die Vorausschauenden unter denen, die für unser Gesundheitswesen Verantwortung empfinden, daran mitwirken, daß dieses System, das wir erhalten wollen, indem wir es verbessern, sich in zukunftsfähiger Weise wandelt? Indem, so lautet die nur vordergründig simple Antwort, alle am System Beteiligten umdenken. Das

Umdenken muß der Neuorientierung und der dann folgenden Kursänderung vorausgehen. Eine Chance, diesen Prozeß zu bewirken, ist die gesellschaftliche Begründung einer Gesundheitsbildung.
Deshalb soll in der Einführung zunächst diese Chance exemplarisch beschrieben und dann der Weg zu ihrer Verwirklichung skizziert werden. Wenn wir hier von Gesundheitsbildung sprechen, meinen wir ganz einfach Vorgang und Ergebnis einer erfolgreichen Erziehung zu gesundheitsbewußter Lebensführung. Gesundheitsbildung ist also Teil einer umfassend gedachten, allgemeinen Menschenbildung, und viele Einwände, die sich gegen eine mehr fachlich orientierte Spezialbildung vorbringen lassen, wird man auch zum Begriff Gesundheitsbildung machen können. Mit einem Einwand wollen wir uns kurz auseinandersetzen: Es heißt, der Begriff sei ein Widerspruch in sich, da Bildung immer auf das Allgemeine ziele und jede Spezialisierung den Sinn der Bildung ins Gegenteil verkehre. ,,Wer nichts als Chemie versteht, versteht auch die nicht recht", hatte Lichtenberg vor 200 Jahren gemeint und damit jene Einäugigkeit gegeißelt, die später als Fachidiotie verspottet wurde oder heute etwas feiner als Reduktionismus beargwöhnt wird.

Ganz gewiß wächst die Bildung mit dem Maß der Grenzüberschreitungen, zu denen die Neugier als wichtiger Motor des Erkenntnisgewinns das lernende Individuum antreibt. Aber so wenig wie eine bestimmte Summe angehäufter Einzelerkenntnisse Bildung bewirkt, so wenig kann sie bei selbst optimaler Verknüpfung dieser Einzeleinsichten entstehen, wenn eine Voraussetzung fehlt: eben jene, von der Schopenhauer behauptete, ohne sie sei alles nichts – die Gesundheit. Dem nun naheliegenden Einwand, dies sei ein Zirkelschluß, weil man als Bildungsergebnis nicht etwas erwerben könne, was für den Erwerb zugleich die Voraussetzung bilde, muß die simple Tatsache entgegengestellt werden, daß 96% aller Menschen gesund zur Welt kommen, daß Gesundheit in aller Regel vorgegeben ist, daß es die Krankheiten sind, die erworben werden, und daß der Sinn der Gesundheitsbildung darin besteht, den mit ihrer Hilfe für das Leben Ausgebildeten in die Lage zu setzen, seine Gesundheit zu bewahren, Krankheiten zu vermeiden und mit den dennoch unvermeidbaren Krankheiten gleichwohl zu leben.

Wir wollen dies an einem Beispiel etwas verdeutlichen; denn ,,Exempla docent". Aber nicht nur Beispiele lehren, sondern auch Menschen, die selbst ein Beispiel geben, also entweder Vorbilder oder, wenn sie Beispiele erklären, Lehrer sind. Unser Beispiel heißt:

Einleitung

Der Infarkt oder von der Managerkrankheit zur Volksseuche
Natürlich war der Herzinfarkt weder nur Managerkrankheit noch ist er heute eine Volksseuche. Gleichwohl kennzeichnen beide volkstümlichen Benennungen einen wohlbekannten und realen Trend. Zwischen 1918 und 1921 und zwischen 1945 und 1948 gab es praktisch keinen Infarkt. Der Begriff der Managerkrankheit tauchte nach dem Zweiten Weltkrieg auf, und er wurde mit der unübersehbaren Tatsache begründet, daß der Infarkt bei den betuchten Herren in den Führungsetagen der großen Konzerne gehäuft auftrat. Der Begriff verschwand aber im gleichen Tempo, wie der Infarkt sich sozusagen aus den oberen Etagen bis in die Werkshallen ausbreitete. Hatte man als Hauptursache zunächst die Last von Arbeit und Verantwortung angeprangert, so stellte sich bei detaillierter Untersuchung heraus, daß es schlechthin der Luxuskonsum, vor allem beim Essen, Trinken und Rauchen war, den zunächst wenige Vermögende, nun aber viele Begüterte trieben, ohne die darin liegenden Gefahren für Leben und Gesundheit zu kennen beziehungsweise zu beachten.

Auch hierbei sind uns „unsere lieben amerikanischen Freunde" um einige Zeit voraus gewesen. 1980 wurden in den USA von der Nationalen Akademie der Wissenschaften offizielle Empfehlungen für ernährungsbewußtes Verhalten herausgegeben mit dem Ziel, die gesamte Bevölkerung für dieses Programm zu motivieren. Die Folge war unter anderem ein beachtlicher Rückgang der arteriosklerosebedingten Todesfälle. Wir werten dies als einen deutlichen Beweis für mögliche Erfolge einer Gesundheitsbildung, die vorwiegend durch erzieherische Maßnahmen erreicht wird. Dabei stehen Bildungsgrad und Gesundheitserfolg in einem direkten Zusammenhang. So zeigten sich als besonders gesundheitsbewußt bei diesen Untersuchungen die Ärzte und die Angehörigen der Heilberufe.

Ebenso wächst unter den Akademikern in den USA und in England die Zahl der Nichtraucher überproportional. Insgesamt ging in den USA die Zahl der männlichen Raucher seit 1965 um 25% zurück. Bei den Frauen waren es 11% weniger. Dagegen hat bei unseren Frauen die Zahl der Raucherinnen um 20% zugenommen. Da unsere Frauen allgemein nicht als ungebildeter gelten können, liegt der Verdacht nahe, daß gesundheitliche Aufklärung und Bildung bei uns noch nicht publik genug beziehungsweise zu wenig wirksam sind; denn auch bei unseren Männern ist die Zahl der Raucher insgesamt nicht rückläufig. Gleichwohl lassen sich auch bei uns Tendenzen dahin gehend beobachten, daß unter den Gebildeten die Zahl der Raucher abnimmt; denn Bildung hebt ganz offensichtlich auch das Gesundheitsbewußtsein.

Nun ist aber Bildung kein Standesprivileg, sondern ein Gewinn des darum Bemühten. Und wenn sich Bildung als eine der Garantien für Gesundheit erweist, ist die alte Formel „Weil du arm bist, mußt du sterben" sinnlos, denn es ist das Geld, das zum gesundheitsgefährdenden Luxuskonsum verführt, während auf Bildung begründete Einsicht gerade davor bewahren kann. Das meiste zum Erhalt der naturgegebenen Gesundheit kann also der einzelne selbst tun. Und je mehr einzelne sich erfolgreich um die Bewahrung ihrer Gesundheit bemühen, desto sicherer kann den wenigen, die durch schwere Krankheit in Not geraten, mit allen Mitteln der modernen Medizin geholfen werden. Denn diese Mittel sind aufwendig und teuer. Und unser System der gesetzlichen Krankenversicherung ist ein Solidarsystem, das nur funktionieren kann, wenn die, denen geholfen werden muß, eine Minderheit sind.

Wenn alle nur nehmen wollen, wer gibt dann? Der menschlich große Gedanke des Solidarismus, daß die Gemeinschaft den einzelnen stützt, diese humane Grundvorstellung steckt in dem permanenten Bemühen, zwischen dem Eigeninteresse des Individuums und den Bedürfnissen der Gesellschaft auszugleichen. Jeder Mensch ist ein unverwechselbarer einzelner, der gleichwohl auf die Gemeinschaft, aus der er lebt, angewiesen bleibt. Nur wenn wir diesen Ausgleich den sich ständig wandelnden Verhältnissen anpassen, können wir das System unserer sozialen Sicherung vor dem Zusammenbruch bewahren. Und die wandelnden Verhältnisse betreffen ja nicht nur ein gestärktes Selbstbewußtsein des Individuums gegenüber dem Staat und seinen Bemühungen der Reglementierung, sondern auch – etwa im Bereich der Krankenversorgung – die ständig steigenden Aufwendungen im Bereich der naturwissenschaftlichen Medizin. So kostet – um nur ein Beispiel zu nennen – ein Lithotripter, ein Gerät, bei dem mit gerichteten Stoßwellen Nierensteine unblutig zertrümmert werden, viele Millionen Mark. Der unübersehbare therapeutische Fortschritt kommt einer verschwindenden Minderheit von Kranken, den Nierensteinträgern, zugute. Gleichwohl wird ihn jedermann begrüßen, weil hier ein echter Heilerfolg erzielt werden kann.

Fragwürdiger sind da schon die in ihrem Aufwand etwa gleich teuren diagnostischen Maschinen, deren einziger Erfolg oft nur in einer vorverlegten Diagnose besteht; im übrigen kann man bezweifeln, ob es unbedingt als Fortschritt zu werten ist, wenn ein Patient um ein oder zwei Jahre früher erfährt, daß er an Krebs erkrankt ist, und wenn der therapeutische Erfolg in einer gesteigerten Überlebensrate einzig durch eine vorverlegte Diagnose begründet werden kann.

Einleitung

Es ist ärgerlich, daß man bei der Erörterung der Probleme unseres Gesundheitswesens nach schon kurzer Zeit unweigerlich bei den **Kosten der Krankenversorgung** ankommt. Denn die Krankheiten sind es, die uns samt ihren mittelbaren Folgen mehr als 250 Milliarden Mark pro Jahr abverlangen. Gesundheit gibt es zunächst kostenlos, und ihr Erhalt durch adäquates Bildungsbemühen wäre preiswerter als jede andere soziale Investition. Wenn da nicht die Verführung wäre, die vom Mißbrauch des komplizierten Systems der Krankenversorgung und von der Krankheit selbst ausgeht. Denn allzuoft erscheint die Flucht in die Krankheit in einem System, das durch seine Undurchschaubarkeit sonst kaum noch ein Gefühl der Geborgenheit aufkommen läßt, als Löser persönlicher Schwierigkeiten und Konflikte.

In diesem Sinne hat schon SIGMUND FREUD 1909 in seiner Schrift „Allgemeines über den hysterischen Anfall" die drastische Formulierung von der *„Flucht in die Krankheit"* gebraucht. FREUDS Vorstellung war, daß die von den kulturellen Zwängen überforderten Menschen in die Krankheit flüchteten. Sie flüchteten vor den Konflikten, die aus der Kluft zwischen ihren unbefriedigten und kaum eingestandenen Begierden und ihrem unabweisbaren Gefühl zur sittlichen Pflicht erwüchsen. Denn „nichts schützt ihre Tugend so sicher wie die Krankheit". Was bliebe auch sonst anderes als das Eingeständnis des Versagens. Und so wurde bei FREUD die Flucht in die Krankheit jene „letzte Lebenstechnik", die wenigstens Ersatzbefriedigung verspricht.

In der Zeitspanne von zwei Generationen, die seitdem verstrichen ist, wurde aus der Ersatzbefriedigung die reale Befriedigung kaum überschaubar vieler Bedürfnisse. Aus der Flucht in das Versteck der Krankheit wurde für den Patienten eine Karriere, in deren Verlauf es die vielfältigen Wohltaten sozialer Leistungen zu empfangen galt und an deren Ende als Prämie des Sieges im Wettlauf um die Nutzung aller Möglichkeiten der Schwerbeschädigtenausweis stand. Dieser Wettbewerb der Invalidenanwärter hatte oft etwas grotesk Makabres, und die Ärzte fungierten als Punktrichter für die Zuteilung der Chancen. Wenn das auch recht übertrieben klingt, sollten wir doch überlegen, ob hier nicht des Guten zuviel getan wurde und ob nicht weniger mehr gewesen wäre.

Die zunehmende Zahl der beschriebenen Krankheiten – man schätzt sie auf 40 oder gar 60 Tausend – und die Allgegenwart ihrer vielfachen Symptome sowie deren mit immer mehr Aufwand betriebene Entdeckung . . . das alles läßt glaubhaft werden, daß wir etwa 80% der finanziellen Aufwendungen zur Bekämpfung von Krankheiten allein in die Diagnose mit immer teurerem Gerät und immer feineren

Methoden stecken; die Trockenchemie macht's eben in Minuten möglich!

So bleibt dem potentiellen Patienten, will er keiner werden und auch nicht am immer schwieriger werdenden Wettbewerb um soziale Wohltaten teilnehmen, . . . so bleibt ihm nur die Flucht in umgekehrter Richtung, die *Flucht in die Gesundheit,* die es zu erhalten, auszubauen und zu verteidigen gilt. Denn ist er erst einmal wirklich einem modernen check-up ausgeliefert, wird gewiß unter den vielen erhobenen Parametern einer entdeckt, der auffällig ist. Man mißt präzise.

Und je präziser die Norm, desto seltener das Normale. Und was nicht normal ist, hat Krankheitswert, muß also behandelt werden. Dieser hier angedeutete Weg in die Krankheit ist aber kein Fluchtpfad mehr wie zu FREUDS Zeiten, sondern eine hell erleuchtete Straße, die leider immer höhere Unterhaltskosten verursacht. Die neuen Fluchtpfade haben eine andere Richtung.

Die **Gesundheit** ist längst zum Leitbegriff der heraufziehenden neuen Epoche der Medizin geworden. Gesundheit ist nicht nur der dringendste unserer Wünsche, nicht nur die meistgebrauchte Deklamationsformel der Sozialreformer, nicht nur die wirksamste aller Zielvorstellungen, der sich die Medien in Reklame und Werbung bedienen, Gesundheit ist ein Grundwert und rechtfertigt beinahe alles, was in ihrem Namen getan und gefordert wird.

Nur unsere praktizierte Medizin ist weiterhin am Negativbild der Gesundheit orientiert, sie ist krankheitsfixiert, sie fahndet unermüdlich und mit aufwendigem Scharfsinn nach ihrem Verlust. Wäre es nicht sinnvoller, die Voraussetzungen für ihren Erhalt zu begründen? Statt Krankheiten Gesundheiten zu definieren? Statt Risikofaktoren Schutzfaktoren zu verifizieren? Erst krank werden, um dann wieder gesund werden zu können, entspringt dem gleichen logischen Unverstand wie erst aufrüsten, um dann wieder abrüsten zu können. Ist denn wirklich die Anerkenntnis der Tatsache, daß fast alle Menschen gesund zur Welt kommen und Krankheiten erst erworben werden, zu einfältig, um daraus die einzig mögliche Konsequenz ziehen zu können?

Die Zeit ist reif dafür, die Gesundheit für die Medizin wieder zu einem gleichwertigen Thema neben der Krankheit zu machen. Der Arzt wird dann, wenn er in seiner Bedeutung nicht zum bloßen Experten schrumpfen will, wenn er seine wirklichen ärztlichen Aufgaben nicht an Heiler und Helfer verlieren will, wenn er nicht dulden will, daß die Kranken eher bei ihresgleichen Rat und Hilfe suchen, der Arzt wird sich nicht mehr nur für Krankheiten zuständig wissen, nicht nur kranken Menschen helfen wollen, sondern allen denen mit Rat und Tat zur Verfügung stehen, die sich in zunehmend wahrgenommener Eigenverantwortung um ihre Gesundheit zuerst selbst kümmern wollen. Aber dazu müssen sie erfahren, wie man dies mit Freude und Erfolg tut. Der Arzt der Zukunft wird, wenn er die Zeichen der Zeit erkennt, auch Erzieher in Sachen Gesundheit sein. Er wird Krankheiten bekämpfen wie eh und je. Aber er wird auch Helfer sein, wenn es für seinen Patienten darum geht, auch mit durch Krankheit eingeschränkter Gesundheit Kraft zur Führung eines lebenswerten Lebens zu gewinnen.

Gesundheit und Krankheit sind die beiden komplementären Grundtatsachen unserer Lebenswirklichkeit, die als eine fast unendliche Skala von möglichen Zuständen beschrieben werden kann, auf deren einem Ende der Zustand vollkommener Gesundheit als Beschreibung erkennbar ist und auf dem anderen Ende der Zustand endgültiger Krankheit. Dazwischen breitet sich das weite Feld der Realitäten, wie sie die Lebenswirklichkeit in unüberschaubarer Vielfalt bereithält. Gesundheit und Krankheit sind komplementäre Seinsweisen, das heißt: Sie ergänzen sich, berühren sich und schließen doch einander aus. Und sie sind gleichberechtigt in ihrer Bedeutung für die Existenz. Was die Gesundheit für die Führung des Lebens erbringt, leistet die Krankheit für die Reifung der Person. ,,Krankheiten sind Lehrjahre der Gemütsbildung", hatte NOVALIS gemeint. Krankheit hat also ihren eigenen Wert, und der Kranke ist ein besonderer, aber kein minderer Mensch.

Gewiß war es die kämpferische Einstellung der modernen Medizin, ihr Kampf gegen die Krankheiten, der dazu verführte, die große Negation zum Grundthema ihrer Bemühungen zu machen. Es gibt kaum eine Vorsilbe, die im medizinischen Sprachgebrauch häufiger auftritt und das Gemeinte krasser erhellt, als das Präfix ,,anti". Im klinischen Wörterbuch von PSCHYREMBEL taucht sie in 130 Stichwörtern auf. Die antibiotische Sichtweise charakterisiert die negative Grundtendenz naturwissenschaftlich-medizinischer Bemühungen. Sie sind gegen etwas gerichtet. Der Feind muß aufgespürt und mit Namen genannt werden. Und dabei geriet, so spottete KARL KRAUS, die Diagnose zu einer der am meisten verbreiteten Krankheiten. 80% unserer Mittel stecken wir – wie gesagt – in die Diagnose, so als gelte der Werbeslogan ,,Gefahr erkannt, Gefahr gebannt" auch für die antibiotischen Bemühungen. Dabei zielt diese Parole auf eine Verstärkung der Sicherheitsbemühungen. Aus dem Verkehr in die Medizin übertragen, würde sie bedeuten, die Einäugigkeit zu überwinden und mit vollem Blick auch die Gesundheit und ihre Bewahrung in den Aufgabenbereich ärztlicher Bemühungen einzubeziehen. So paradox es klingen mag, gerade die Überbewertung der Gesundheit führte dazu, alle Mittel in den Kampf gegen die Krankheit zu investieren.

Die Einschätzung der Krankheit als einen Lebenszustand mit eigenem Wert, die Beurteilung des Kranken nicht als einen minderen, sondern als einen besonderen Menschen und die Beschreibung der ärztlichen Tätigkeit als eine *Medizin der Mitmenschlichkeit,* diese Umorientierung würde den Arzt wieder in seine alte Zuständigkeit für das gesamte Leben einsetzen. Um es noch einmal zu sagen: Weil die Gesundheit zu hoch eingeschätzt wurde, galt der Kranke zu wenig; weil nur die Krankheit bekämpft wurde, blieb der Gesunde ohne Beachtung.

Begreift man jedoch – um diese wichtige Einsicht zu wiederholen – Gesundheit und Krankheit als komplementäre, als gleichwertige, sich ergänzende, sich berührende, aber doch ausschließende Wirklichkeiten unseres Lebens, dann wird der Hausarzt nicht nur auf der Skala des Sozialprestiges auf dem ersten Platz rangieren, sondern der Doktor wird wieder sein können, was sein Name meint, ein ,,Lehrer'' seiner Klienten.

Der Begriff der **Komplementarität,** mit dem hier die Äquivalenz und Äquidistanz von Gesundheit und Krankheit beschrieben wird, also die Tatsache, daß sie für den Menschen von gleicher Wertigkeit und gleicher Möglichkeit sind, diesen Begriff hat NIELS BOHR aus der Physik, wo er damit die volle atomare Wirklichkeit beschrieb, in außerphysikalische Bereiche übertragen wollen. Der Wahlspruch in seinem Wappen lautet: contraria sunt complementa, d. h. Gegensätze ergänzen sich. Aus diesem Prinzip der Erklärung von Wirklichkeit läßt sich für unsere Frage nur die Konsequenz ableiten, daß im Bewußtsein aller Menschen die Bedeutung der Krankheit relativiert werden sollte, im Bewußtsein der Ärzte aber die Geltung der Gesundheit neu etabliert werden muß.

Könnte der Doktor, als Lehrer, uns nicht zeigen, wie man sich so gesund erhalten kann, daß man auch krank sein kann? Gewiß ist das eine Vorstellung, die unseren alternativen Denkgewohnheiten des Entweder-Oder Schwierigkeiten bereitet. Aber die Normalität unseres Alltags ist ja gar nicht gesund oder krank, sondern fast immer beides, mehr oder weniger. Und entscheidend ist nicht so sehr, ob man gerade mehr gesund oder mehr krank ist, sondern wie man mit dem, was man ist, umgeht. Daß der Kranke kein armer, leistungsunfähiger Mensch sein muß, sondern daß er ein besonderer sein kann, daß er gar gesünder sein kann als seine Krankheit eigentlich erlaubt, dafür sei ein historisches Beispiel angeführt.

Immanuel Kant, der in seinem sechsten Lebensjahrzehnt eine der größten Leistungen vollbrachte, die die Geschichte der Philosophie verzeichnet, war ein unscheinbarer und kranker Mann. 157 cm groß, schwächlich gebaut, ein rachitisch verbogener Brustkorb, dauernde Herz- und Atembeschwerden und eine stete Neigung zur Hypochondrie, gegen die er bis zum Tode — er starb mit 80 Jahren — anzukämpfen hatte. Er war ein kranker Mann, nach unseren Maßstäben arbeitsunfähig, in Wirklichkeit aber ein Gigant an Leistungsfähigkeit. Betrachten wir nur seine Tätigkeit an der Universität. Er unterrichtete außer Philosophie noch Mathematik, Physik, Geographie, Naturrecht, Mechanik, Mineralogie und zwar 20 Lehrstunden wöchentlich. Das war seine Lehrtätigkeit. Von seiner philosophischen Schöpferkraft kann man mit Aufzählungen keinen Eindruck geben. Er war einer jener gesunden Kranken, deren Gesundheit eben nicht in Abwesenheit von Krankheit besteht, sondern in der Fähigkeit, mit Krankheiten zu leben. Kant zeigte, daß geistige Vorherrschaft über körperliche Abhängigkeit bedeuten kann, daß auch ein Kranker gesund zu sein vermag.

Die Relativierung der Gegensätze von Gesundheit und Krankheit, die Betonung ihrer Komplementarität und die Deutung der Lebensführung des einzelnen als Lebensleistung, das sind Voraussetzungen für eine gesellschaftlich begründete Gesundheitsbildung. Und ihre für die Praxis vorgegebenen *Ziele* sind:
- Gesundheit erhalten,
- Krankheit vermeiden,
- Einschränkungen akzeptieren,
- Kosten dämpfen,
- Sozialbindungen festigen,
- Schwierigkeiten überwinden.

Die ersten drei Ziele sind Lebensleistungen, die auf den einzelnen bezogen sind, die nächsten Ziele fassen die Gesellschaft ins Auge, deren Funktionsfähigkeit oder Gesundheit eine wichtige Voraussetzung für das Wohlergehen des einzelnen ist. Denn zu keinem Augenblick darf außer acht geraten, daß das Individuum, einmalig und unverwechselbar, in der Verwirklichung seiner Lebenschancen von der Gemeinschaft abhängt, in der es sie verwirklichen will. Und weder aus den Lebenswissenschaften noch aus der Religion läßt sich eine andere begründbare Sinngebung für das menschliche Leben herleiten als: Hinwendung zum Nächsten und Hilfe bei seinen Nöten.

Diese Kultur der Mitmenschlichkeit wird hier nicht als Religionsersatz verstanden, wohl aber wird erwogen, ob der diakonische Auftrag der Kirchen nicht ein viel zu nachlässig bestelltes, dabei aber fruchtbares Feld christlicher Tätigkeit sei, oder bezogen auf den ärztlichen Bereich: ob eine Tat, wie sie die des barmherzigen Samariters war, nicht noch immer in höherem Maß vorbildlich sein könnte für das Ansehen des Arztes in der Öffentlichkeit, als es die aufwendigen Therapiespektakel mit künstlichen Herzen je sein werden. Vor Jahren hat der Psychotherapeut VIKTOR E. FRANKL unter österreichischen Studenten eine Umfrage nach den Menschen gemacht, die bei ihren Mitmenschen das höchste Maß an Anerkennung finden. Bei dieser Erhebung rangierten mit fast 50% an erster Stelle Menschen, ,,die sich unter großen persönlichen Opfern für andere einsetzen''. Ist es eine Kühnheit zu mutmaßen, daß die Medizin von morgen eine Medizin der Mitmenschlichkeit sein wird?

1
Die Gesundheit erhalten

Diese einfache, aber große Forderung anerkennt die unbestreitbare, jetzt noch einmal erwähnte Tatsache, daß weit mehr als 90% der Menschen gesund zur Welt kommen. Es ist die Krankheit, die erworben wird, die Gesundheit ist gegeben, geschenkt, denn sie verursacht keine Kosten. Im Gegenteil, die werden groteskerweise zunächst aufgewendet, um dieses kostenlose, aber kostbare Gut zu schädigen, dann werden die Mittel vervielfacht für die aufwendigen Versuche, sie wiederherzustellen, und die dann noch vorhandenen Mittel werden benötigt, um die Folgen der Schädigungen erträglich zu machen.

Wie kommt es aber zu diesen Schädigungen, da doch die Gesundheit unter den Lebenswünschen bei allen Befragungen an der Spitze rangiert? Sind die Wünsche und Hoffnungen nur frommer Selbstbetrug, sind die Verführungen der Werbung und Reklame zum Luxuskonsum so übermächtig, die Ermunterungen der Politiker, den privaten Verbrauch zu steigern, damit Wachstum den Wohlstand mehre, so überzeugend, daß niemand sich der Wirkung der bunten Bilder und der werbenden Worte entziehen kann? Gegen besseres Wissen, wohlgemerkt, denn es gibt keinen Raucher, der nicht wüßte, daß Rauchen die Gesundheit beeinträchtigt, es gibt keinen Wähler, der nicht wüßte, daß auch Gesundheitspolitiker zuerst Politiker sind, und ein Wahltermin ist immer in Sicht. Was also hindert den einzelnen, seine Gesundheit nicht nur als höchstes Gut zu betrachten, sondern auch so zu behandeln?

Auch hier gilt die Einsicht, daß eine schlechte Wirkung meist viele Ursachen hat. Eine der wichtigen ist zweifellos die Einäugigkeit unseres Gesundheitswesens, das Gesundheit offenbar nur im Titel trägt. So kommt der Begriff der Gesundheit im medizinischen Gegenstandskatalog nicht vor. Aber 40 000 Krankheitsbilder sind beschrieben; sie zu bekämpfen, werden die 250 Milliarden Mark aufgewendet, die unser Gesundheitswesen im Jahr global kostet und das der einzelne mit ständig steigenden Beiträgen finanziert, auf deren Höhe und Verwendung er jedoch keinen Einfluß hat. Was sollte deshalb – an ihn gerichtet – ein Appell zur Sparsamkeit bewirken? Im Gegenteil – wie uns die Gesundheitsökonomen nachweisen, verhält sich der einzelne Versicherte völlig rational und marktkonform, wenn er für seinen Beitrag möglichst viele und teure Leistungen und Güter nachfragt. Motto: Wenn ich schon so viel zahlen muß, will ich auch möglichst viel dafür haben.

Der Zwang der Beitragserhebung, die Undurchsichtigkeit der Kosten und ihrer Erstattung halten den Versicherten nicht nur im Stand der Unmündigkeit, sondern sie ersticken im Keim jede solidarische Regung. Wechselseitige Hilfe und einseitige Pflichtbeiträge schließen einander aus. Wo bleibt, da Verantwortung und Freiheit untrennbar sind, die Freiheit der Selbstbestimmung des mündigen Menschen? Freie Fahrt für freie Bürger nur auf der Autobahn? Sich selbst zu schädigen, wird dem einzelnen jede Freiheit eingeräumt, sich selbst zu helfen, ist ihm verwehrt, denn ihm wird geholfen. Für seine Gesundheit ist ja gar nicht er selbst, dafür sind nach unserem System die anderen zuständig, die Ärzte zunächst, dann die Gesundheitsbehörden und schließlich die Gesundheitspolitiker, zwar zuletzt, aber zuoberst, denn sie besorgen die Gesetze. Der bei uns sonst fast wie eine Glaubensregel behandelte Grundsatz, daß, wer zahlt, auch entscheidet – hier gilt er nicht. Und weil er nicht gilt, läßt sich bei den Betroffenen Verantwortung kaum wecken. Aber nur dann wäre Solidarität in der Versichertengemeinschaft erreichbar.

Was könnte Gesundheitsbildung hier bewirken?
Zweifellos könnte die Gesundheitsbildung als Teil der politischen Bildung zur Einsicht beitragen, daß für die öffentlichen Angelegenheiten alle verantwortlich sind und daß Verantwortung nicht nur zu Wahlzeiten wahrgenommen wird, daß Politiker auf Zeit mit der Ausübung der Macht beauftragt wurden, daß sie aber jederzeit zur Auskunft und Rechenschaft verpflichtet sind. Unser Gemeinwesen lebt aus der Anteilnahme seiner Mitglieder. Die Parteien wirken mit und werden durch andere, kirchliche, soziale Organisationen und durch Initiativen der Bürger ergänzt. Die Bürgerfreiheit begründet der Bürger Eigenverantwortung, und die gilt auch für ihre Gesundheit. Für die Gesundheit ist jeder zuerst selbst verantwortlich. Und so wie wir langsam begreifen lernen, daß unsere größte und billigste Energiequelle die Sparsamkeit ist, sollten wir einzusehen beginnen, daß unsere größte und billigste

Quelle für die Gesundheit deren Erhaltung ist. Bewahren, was man besitzt, ist sinnvoller als wiedererwerben, was man verlor.

2
Die Krankheiten vermeiden

Diese lapidare Forderung setzt zu ihrer Verwirklichung nicht nur einen hohen Kenntnisstand über die Gefährdungen voraus, sondern sie braucht zu ihrer Verwirklichung ausreichende Beweggründe. Um die zu schaffen, reichen die Deklamationen der Gesundheitsapostel und der Vorbeugungsfans nicht aus. Natürlich ist das auf das Gesundheitsverhalten bezogene Informationsbemühen der Medien zu begrüßen, natürlich vermehren einfallsreiche Poster und Plakate die schöne Buntheit unserer Werbewelt, nur ist es auch hier eine winzige Minderheit, die für vernunftgelenktes Verhalten wirbt. Die Mehrheit der Werbenden verführt zu Konsumsteigerung bei Produkten, die Lustgewinn oder doch Spaß in jedem Fall versprechen. Die Mittel der Werbung sind nicht immer die feinsten, und wo es geht, wird auf die unausbleibliche Wirkung der angeborenen, auslösenden Mechanismen, wie blanke Busen und pralle Pos, spekuliert. Und wenn der Gesetzgeber durch eine in einer guten Stunde erlassene Einschränkung die Werbung mit Kindern und Jugendlichen verbietet, dann sind es appellative Typen, flotte Frauen oder markante Männer, die mit entwaffnenden Sprüchen wie ,,Ich rauche gern" oder ,,Find ich gut" den Konsum beleben.

Was hilft da wortreiche Aufklärung, wo faktenreiche Einschränkung wichtiger wäre. Es kann doch nicht länger als Maxime gelten, daß, wer Umsatz macht, deswegen recht hat. Wer an Produkten und Tätigkeiten verdient, die die Gesundheit der Nutzer gefährden, sollte die Folgen der Schäden nicht auf die Allgemeinheit und deren soziale Sicherungen abwälzen dürfen, sondern schon selbst zur Entlastung beitragen. So sollte der Preis für Alkohol und Tabak um einen gebundenen Steueranteil erhöht werden, der den Krankenkassen zufließt. So sollten risikoreiche Sportgeräte wie Fluggeräte, Rennmaschinen oder auch Skier mit einer ebensolchen Abgabe belastet werden, oder es sollten die bei der Ausübung risikoreicher Sportarten, wie Drachenfliegen u. a., zu Schaden gekommenen Sportler von den Kassen mit einem Selbstbehalt, also einem Eigenbeitrag zu den Kosten, die sie verursacht haben, belegt werden.

Natürlich hat jeder das Recht, sich zu gefährden oder auch in Saus und Braus zugrunde zu richten, nur wird er damit nicht in gleicher Weise die Leistungen der Solidargemeinschaft der Versicherten belasten können, wie das jeder unverschuldet in Not geratene Sicherungsnehmer tun kann. Man kann nicht Rechte in Anspruch nehmen wollen, ohne die komplementären Pflichten zu akzeptieren.

Das gleiche Prinzip gilt natürlich auch für die Anbieterseite der sogenannten Gesundheitsleistungen. Wenn es etwa in den USA – uns meist in der zivilisatorischen Entwicklung um einige Jahre voraus –, wenn es dort große private Gesundheitskonzerne gibt, die weltweit im Fernsehen verbreitete, spektakuläre Einpflanzungen künstlicher Herzen veranstalten, so daß der fatale Eindruck entsteht, der ökonomische Wert der Werbewirkung für diese Institution übersteige in einer nicht meßbaren Dimension den Nutzen für den betroffenen Kranken, dann muß man sehen, daß in den USA die Unbedenklichkeit, mit der Neues gewagt wird, als Pionierleistung verklärt ist. Und doch ist der Blick in die Gesichter der von solchen medizinischen Pioniertaten Betroffenen Aufklärung genug über die Fragwürdigkeit dieser als heroisch beschönigten Eingriffe.

Können wir, das ist die daran zu knüpfende Frage, so viele Mittel für Versuche verwenden, die die menschliche Würde der Betroffenen kaum höher achten als das Renommee der tätig werdenden Spezialisten, können wir immense Mittel für Prothesen verwenden, deren Einsatz sich erübrigt hätte, wenn mit einem Bruchteil dieser Mittel im früheren Lebensverlauf des betroffenen Patienten für den Erhalt seiner Gesundheit mit Vernunft und Zielstrebigkeit interveniert worden wäre?

Wir können Krankheiten nicht vorbeugen, wenn wir immer mehr unsere Mittel dafür aufwenden, ihr Eintreten sicherer zu diagnostizieren, um dann ihre Folgen zu lindern. Denn wer weiß schon, wie viele Krankheiten, besonders von denen, die uns heute bedrohen, wirklich zu heilen sind? Zu vermeiden wären sie fast alle.

Was könnte Gesundheitsbildung hier bewirken?
Zweifellos könnte die Gesundheitsbildung in ihrem praktisch orientierten Teil, der Gesundheitserziehung, dafür sorgen, daß im privaten und öffentlichen Bereich die Sensibilität für die Schädlichkeit von gewissen

Verhaltensweisen geweckt wird, auch wenn diese Schädlichkeit nicht unmittelbar dem Verhalten folgt, sondern erst als Fernwirkung auftritt oder wenn dieses Fehlverhalten gar mit dem Praemium modisch bedingter Aufmerksamkeit belohnt ist. Die ,,Konsumitis" ist ein öffentlich gefördertes Übel, das dem kurzschlüssigen Irrtum: Wachstum gleich Wohlstand entspringt. Der Irrtum besteht darin, daß dieser Wohlstand nur ökonomisch definiert ist, als ob des Menschen Wohl und Wehe allein am Geld hinge.

Ein anderes mit Erziehung, also durch Vorbild und Aufklärung, zu bekämpfendes Fehlverhalten ist ganz allgemein mit dem Begriff der Passivität zu beschreiben. Sie gehört ganz gewiß zu den Grundelementen der Krankheitsentstehung. Nicht nur dadurch, daß der einzelne, von unserem System bestärkt, die Überzeugung hat, für seine Gesundheit seien die, die er bezahlt, zuständig: also die Krankenkassen, die Ärzte, die Sozialhilfe, auf jeden Fall die anderen, sondern auch dadurch, daß er in diesem System selten Partner ist, meist aber Objekt. Ein alter Ärztespott läßt den bemühten Mediziner äußern: ,,Der Patient ist wichtig für meine Arbeit, nur darf er mich dabei nicht stören."

Die Behandlung des Patienten als Untersuchungsgegenstand wird gegeißelt und eine fehlende Bemühung um ihn als ansprechbare und beeinflußbare Person beklagt. Man schätzt, daß fast dreiviertel der Hochdruckkomplikationen auf den Zusammenhang zwischen Ernährung und Salzkonsum zurückzuführen sind. Man schätzt, daß 80% aller Medikamente für Altersdiabetiker unnötig wären, wenn es gelänge, das Gewicht zu normalisieren. Man schätzt, daß 90% aller Laxanzien einzusparen wären, wenn es gelänge, die Zusammensetzung der Ernährung zu optimieren. Aber die ,,Spezialitis" der Mediziner übersieht den Lehrauftrag des Arztes gegenüber dem Patienten, und die ,,Konsumitis" der Patienten verhindert die Einsicht, daß mit weniger rauchen, trinken, essen (dafür aber das richtige), mit weniger Autofahren und Fernsehen (dafür aber mehr Bewegung), mit weniger Aufregung und Aggression (dafür aber mehr Nachsicht und Freundlichkeit), daß mit solchen einfachen Regeln mehr getan wäre, um das Entstehen von Krankheiten zu verhindern, als mit allen bezifferten Tätigkeiten der gültigen Gebührenordnungen. Die wichtigste und mit der höchsten Punktzahl ausgestattete Tätigkeit des Arztes wäre in einer solchen neuen Ordnung die Lehrtätigkeit des Doktors für den Patienten. Der Arzt als doctor aegrotorum, als Lehrer der Kranken.

3
Die Einschränkungen akzeptieren

Diese gewiß schwerste der drei auf den einzelnen bezogenen Forderungen entspringt der Anerkenntnis der Tatsache, daß es nur in seltenen Fällen möglich ist, eine Krankheit und ihre Folgen durch therapeutische Bemühungen völlig zu beseitigen. Und mit dieser realistischen Einschätzung der Tatsachen wird die idealistische Forderung verknüpft, die Krankheit als eine Lebensgestalt mit eigenem Wert und eigener Würde anzuerkennen.

Ein durch eine Kyphose, eine Verkrümmung der Wirbelsäule, gebeugter alter Mensch ist zwar ein behinderter, aber gerade in seiner Behinderung bemerkenswerter Mensch. Er ist gleichsam gebeugt unter der Last seines Lebens, gezeichnet oder auch ausgezeichnet dafür, daß er es getragen hat. Die Krankheit ist eine der Realitäten des Lebens, die es anzuerkennen und zu bewältigen gilt.

Selbstverständlich wird im Vordergrund immer das Bemühen des Arztes stehen, zusammen mit seinem Patienten zuerst die Gesundheit zu bewahren und dann – wenn notwendig geworden – die Krankheit zu überwinden. Aber in den vielen Fällen, in denen eine Einschränkung auf Dauer akzeptiert werden muß, in denen der Kranke lernen muß, mit seiner Krankheit auszukommen, wird der Arzt zum Helfer und Begleiter. Er wird sich jener Möglichkeiten bedienen, die die Copingstrategien (to cope with = bewältigen) zunehmend für ihn bereitstellen. Es ist dies eine der Leistungen, die die sprechende, die neue mitmenschliche Medizin höher bewerten wird als manipulative Tätigkeiten. Mit der Krankheit umzugehen und mit ihr auszukommen, ist lehrbar.

Wenn der Kranke erkennt, daß er ja nur so krank sein kann, wie seine Gesundheit dies zuläßt, ja, daß die ertragene Krankheit ein Beweis für seine größere Gesundheit ist, würde ein entscheidender, psychologisch intendierter Prozeß der Heilung in Bewegung gesetzt.

Einer der illustren Vertreter der deutschen Kulturgeschichte, der Physiker Georg Christoph Lichtenberg, war ein Krüppel, der, als er einmal die Zahl seiner Krankheiten ermittelte, auf 13 kam. Aber er war auch im Besitz jener ,,großen Gesundheit'', die NIETZSCHE beschrieb und danach bemaß, ,,wieviel von Krankheit sie auf sich nehmen und überwinden kann''. Lichtenberg ist noch heute, nach 200 Jahren, einer der Großmeister unserer Sprache, dessen Vorbild und Lehrwirkung ungebrochen ist.

Er ist wie Kant gewiß ein überzeugendes Beispiel für die Tatsache, daß selbst einer, der für krank und gebrechlich gar gehalten werden muß, durch überragende Leistung Zeugnis geben kann für die Kraft und Gesundheit, über die er gleichwohl verfügt. Wieviel Dürftigkeit wird dagegen oft mit strammen Muskeln und auf prallen Waden zur Schau gestellt.

Was könnte Gesundheitsbildung hier bewirken?
Zweifellos könnte die Gesundheitsbildung, indem sie zur Einsicht in die Komplementarität von Gesundheit und Krankheit beiträgt, bewirken, daß Gesundheit nicht nur bejubelt und Krankheit nicht nur beklagt wird. Krankheit kann eine Lebenserfahrung sein, deren eigener Wert und deren Würde sogar den Kranken davor bewahrt, in der allgemeinen Einschätzung nur nach seiner vielleicht eingeschränkten Leistungsfähigkeit in einem Bereich, aber nicht nach seiner Kraft und Geduld insgesamt beurteilt zu werden.

Voraussetzung dazu ist, daß die Lebensführung und damit die Zuständigkeit für die eigene Gesundheit und Krankheit zu den disponiblen, also uns verfügbaren Beständen unserer Existenz gerechnet werden.

Selbst wenn man davon ausgeht – und vieles spricht dafür – daß etwa 70% der Möglichkeiten, die das Individuum in seiner Lebenszeit entfalten kann, vorgegeben sind, also vom Erbgut abhängen – auch die Lebensspanne und die Krankheitsdisposition –, selbst wenn man davon ausgeht, stecken in den verfügbaren disponiblen 30% jene Freiheiten, die die Lebensführung als die größte individuelle Herausforderung erscheinen lassen. So trennen 30% etwa in den Maßstäben der Intelligenzmessung den Beschränkten vom Intelligenten. Und eine der menschenwürdigsten Definitionen dessen, was Gesundheit eigentlich sei, besagt, daß sie die Kraft sei, das eigene Leben zu führen. Das ist es doch wohl auch, was die Vokabel Selbstverwirklichung eigentlich meint, nämlich die disponiblen Bestände der eigenen Existenz so zu verwalten, daß sie dem Besitzer zum Nutzen und dem Nächsten nicht zum Nachteil werden.

Die drei zuvor beschriebenen, individuellen Kriterien einer praktizierten Gesundheitsbildung lauten also:
- *Gesundheit bewahren.* Denn ein einziges Mal im Leben wird sie uns geschenkt. Sie ist leichter zu erhalten als wiederherzustellen, und die Gesundheitsbildung liefert für dieses Bemühen das Rüstzeug.
- *Krankheiten vermeiden.* Denn in fast allen Fällen sind die großen Krankheiten, die heute die Morbiditäts- und Mortalitätslisten anführen, verhaltensabhängig. Auch zur krankheitsabwehrenden Lebenspraxis kann die Gesundheitsbildung entscheidende Hilfe geben.
- *Einschränkungen akzeptieren.* Denn die Krankheit ist ein Teil der Lebenswirklichkeit, also nicht mit Sicherheit zu meiden. Für den, den sie trifft, wird sie zur Aufgabe, deren Erfüllung einen eigenen Wert entwickelt. Für den, dem eine Krankheit zum Lebensbegleiter wird, liefert die Gesundheitsbildung Hilfen zur Lebensgestaltung.

Diese drei individuellen Kriterien seien nun durch drei soziale Kriterien ergänzt, deren Bedeutung für die Einbindung des Individuums in die Gemeinschaft einsehbar sein sollte.

4
Die Kosten dämpfen

Diese Forderung weckt zunächst ungute Erinnerungen an das seit Jahren betriebene Spiel mit den Schuldzuweisungen für die steigenden Zahlen. Es ist doch auch wirklich lästig, immer wieder, wenn von unserem Gesundheitswesen geredet wird, von den Kosten sprechen zu müssen, deren steigende Tendenz leider unübersehbar ist. Die globalen Kosten, also alle Zahlungen, die mit Krankheiten und deren Folgen begründet sind, belaufen sich gegenwärtig – es sei wiederholt – auf mehr als 250 Milliarden Mark im Jahr. Die Tendenz ist in dem Maß steigend, daß bei Hochrechnung das Jahr 2030 als absolute Grenze erscheint, weil dann das Bruttosozialprodukt verbraucht würde, um die Krankheiten samt Folgen zu bezahlen.

Es sollen nun nicht sozialpolitische Aspekte erörtert werden, etwa die Frage nach der steigenden Zahl der Ärzte, nach dem Zusammenhang von Quantität und Qualität, nach Lenkung von Angebot und Nachfrage durch die Gebührenordnung, überhaupt nach der Frage, ob im Gesundheitswesen Marktmechanismen zur Regelung der Entwicklung zu nutzen sind. Man muß schwere Bedenken haben, weil es erstens einen freien Markt nicht gibt – und nur dort könnten solche Mechanismen ihre Regelfunktionen entwickeln – und weil zweitens – gäbe es den freien Markt – diese Mechanismen wegen ihrer Wertneutralität sozial unakzeptabel erscheinen.

Aber notwendige Kurskorrekturen grundsätzlicher Art sind einsehbar zu machen. Einmal die Wendung weg von der manipulativen Apparatemedizin hin zur Medizin der Mitmenschlichkeit und zum anderen die Stärkung der Eigenverantwortung der Teilnehmer am Gesundheitswesen.

Um nur ein Beispiel zu geben, seien die sich immer schneller übertreffenden Systeme der computergesteuerten Tomographie erwähnt.

Ein System kostet in Anschaffung und Unterhalt Millionen. Gerade weil der diagnostische Fortschritt hier wirklich groß ist, ist es auch die Verlockung, ein solches Gerät zu besitzen. Vom Ehrgeiz der potentiellen Besitzer nicht zu reden. Aber niemand übersehe die Gefahr, daß die im Überangebot an Kapazität verschärften Amortisationszwänge nicht nur die Diagnose, sondern, davon abhängig, auch die Therapie lenken. Es gibt entsprechende Untersuchungen, die Bestürzung auslösen sollten.

Aber es ist nicht die Medizin der großen Maschinen – sie kommen bei noch nicht einem Promille der Patienten zum Einsatz –, nicht die Medizin der spektakulären operativen Eingriffe – noch nicht ein Prozent der Patienten wird dort behandelt, wo das stattfindet, was Massenmedien als Fortschritt bejubeln –, nicht dies alles macht die Medizin zum Fixpunkt mitmenschlicher Möglichkeiten, es ist der fast stets lautlose Einsatz des abrufbereiten Hausarztes, der die soziale Geltung der Medizin begründet.

Was könnte Gesundheitsbildung hier bewirken?
Zweifellos könnte die Gesundheitsbildung die Erwartungen der am Gesundheitswesen Beteiligten zurechtrücken. 80–90% der Diagnosen sind fehlerfrei aus dem Gespräch der Ärzte mit dem Patienten abzuleiten. Aber diese Gespräche spielen in der Ausbildung des Arztes kaum eine Rolle. Wohl aber der Einsatz der diagnostischen Mittel, denen mehr Lehrveranstaltungen gelten, die mehr an Aufwendungen verschlingen als die Bemühungen um die Therapie, von der Führung und Belehrung des Patienten zu schweigen. Und doch wird die Medizin der Zukunft als Regel und Ideal nicht mehr den Arzt als Großtechniker sehen, der souverän die Möglichkeiten seiner Hilfswissenschaften manipuliert, sondern den Doktor als Lehrer und Helfer des Kranken, eben jenen Mann, der als Hausarzt in den Wunschvorstellungen der Menschen den Ruf der Medizin aufrechterhält. Wir können nicht immer mehr Mittel für immer weniger Patienten aufwenden.

Wenn man bedenkt, daß wir den größeren Teil der Klinikkosten für Patienten ausgeben, die ein Jahr später nicht mehr am Leben sind, bleibt nur der Schluß, daß wir in den Tod investieren. Was hilft es uns, wenn wir mit ungeheuren Anstrengungen es vermögen, bei Kranken, die bisher als verloren galten, die Lebenserwartung um einige Prozentpunkte ansteigen zu lassen? Die Todeserwartung beträgt in jedem Fall hundert Prozent.

Man hüte sich, Humanität nur im individuellen Bereich definieren zu wollen und medizinischen Fortschritt nur im Neuigkeitsbereich. Der

Wert des Fortschritts wird auch gemessen an der Zahl derer, denen er zugute kommt. Und die Krankheiten unserer Zeit sind wie große Seuchen. Die Anstrengungen sollten vielen Betroffenen gelten und möglichst früh einsetzen. Viel wäre zu erreichen, wenn sie von den letzten Abschnitten der individuellen Lebensspanne in die frühen verlagert würden, dorthin, wo der einzelne mit zunehmender Einsicht und Selbstverantwortung sich in seine, sein Schicksal mitbestimmende Lebenspraxis einübt.

Und diese medizinischen Anstrengungen hätten primär der Prävention zu dienen. Und die großen Künste der Prävention: Gesundheit erhalten und Krankheit ertragen sind soziale Verhaltensweisen, die gelernt werden können. Prävention beginnt im Kindergarten und endet im Altersheim. Sie ist das humanste Mittel beim Bemühen, die Kosten zu dämpfen. Zweifellos könnte die Gesundheitsbildung, die auf einem lebenslangen Lernprozeß basiert, mit den Mühen der Mütter zuerst, dann durch die Leistung der Lehrer und nicht zuletzt durch den Dienst der Doktoren, die Voraussetzung schaffen für einen vernunftgelenkten Umgang mit den Gütern der Gesundheit, mit den Gefahren ihrer Bedrohung und schließlich dann mit den Mühen ihrer Einschränkung.

Wohlgemerkt, es geht nicht darum, ein neues Zeitalter der Enthaltsamkeit einzuläuten oder im Dienste der Gesundheit ein ärmliches Leben anzuempfehlen. Aber die Primitivformeln: neu gleich gut, mehr gleich besser, Wachstum gleich Wohlstand, solche Formeln sind von der Wirklichkeit der Welt weiter entfernt, als unsere Vernunft die Entfernung von der Basis unserer Existenz zulassen sollte. Wer mit dem Röhrenblick selektiver Wahrnehmung nur eine Entwicklung vom Guten zum Besseren glaubt konstatieren zu können, und diese in jubelnder Vielstimmigkeit besingt, der gleicht dem Gesundbeter, der seine Wunschvorstellungen in den Himmel wachsen lassen möchte.

Der Weg voran in der Geschichte des Lebendigen und insbesondere der des Menschen ist keine ebene Straße, sondern ein kurvenreicher, bergauf, bergab führender Pfad, der sich bildet, indem man ihn sucht und geht.

5
Die Sozialbindungen festigen

Diese Forderung klingt beinahe wie ein Slogan der Sozialausschüsse, mit dem sie ihre guten Absichten bestätigen, oder wie ein Aufruf der Arbeitgeber, denen die Zahlen des Sozialprodukts eine Hilfe in der argumentativen Auseinandersetzung mit den Partnern sind.

Es soll jetzt nicht über den statistischen Hokuspokus räsoniert werden, der auch da getrieben wird. Gemeint ist, daß die Wertsumme, die in den Gütern und Dienstleistungen einer Volkswirtschaft steckt, schon ein Indikator für den nationalen Wohlstand sein kann. Und daß von diesem Wohlstand in aller Regel auch das Wohlergehen des einzelnen direkt abhängig ist. Der nationale Wohlstand wiederum hängt von der Leistungsfähigkeit der Mitglieder dieser Gemeinschaft ab. Leistungsverweigerer und Aussteiger entziehen sich letzten Endes die Grundlagen einer auch noch so bescheidenen eigenen Existenz. In einem reichen Land allerdings ist es relativ einfach, ein armer Mann zu sein. Eine soziale Gemeinschaft, die ihren Mitgliedern die komplementären Güter Freiheit und Sicherheit in ihren Grenzen garantiert, lebt aber von der Anteilnahme dieser Mitglieder und von ihrer Anerkenntnis der Grundtatsache, daß ihren Rechten stets gleich große Pflichten entsprechen. Die Leistungsfähigkeit des einzelnen, die auch von seiner Gesundheit abhängt, hat in ihrer Motivation eine wichtige soziale Komponente. Sie schafft Ansehen und stärkt rückwirkend das Selbstwertgefühl. Gleichwohl ist Leistungsfähigkeit nicht das Ziel der Einzelexistenz, sie ist ein Beiprodukt. Ziel ist die Mitmenschlichkeit.

Das klingt nun beinahe wie das Motto einer Sonntagsansprache. Und doch beschreibt dieser Satz eine der Voraussetzungen für die Gesundheit des einzelnen. Denn der einzelne ist – und dies kann als eine Grundeinsicht gelten – in allem abhängig von der Gemeinschaft. Und ob es uns gelingt, die politische und soziale Ordnung dieser Gemeinschaft den kommenden Erfordernissen anzupassen, entscheidet auch über die Gesundheit des Ganzen und die Gesundheit des einzelnen.

Zwar wurde öffentlich die Befürchtung geäußert, die Gesundheit könne auf dem Weg über eine staatlich verordnete Prävention zu einer herstellbaren und zuteilungsreifen Sache gemacht werden, und gar leicht könne so aus dem Dienst für den Menschen die Kontrolle über ihn hergeleitet werden. Aber ernstlich will diese dem Soziologenkalkül entsprungenen Gefahren niemand diskutieren; zumal andere Gefährdungen, und zwar in einer neuen Größenordnung, aus dem Forschungsbereich der Lebenswissenschaften auftauchen. Gemeint sind jene gentechnologischen Manipulationen, die die Grenzen aller Verfügbarkeit einreißen werden. Die Entwicklung des Lebens wird in die disponiblen Bestände des wissenschaftlichen Ehrgeizes eingereiht werden. Einmal: Die Entschlüsselung des menschlichen Genoms und damit die Prädiktion und Manipulation des Einzelschicksals ist eine Frage von überschaubarer Zeit. Wir alle werden Besitzer von Genomkarten werden. Und die, die sie lesen können und dürfen, werden die neuen Eugeniker sein.

Zum anderen: Die Durchbrechung der Artengrenzen öffnet den zeitlichen Ablauf und die Richtung der Entwicklung des Lebens fachwissenschaftlicher Spekulation. Das mit Hilfe gentechnischer Manipulation geschaffene neue Leben wird nicht nur patentiert, sondern auch den Börsenkurs zur Hausse treiben. Denn wer die leistungsstärkeren lebendigen Gebrauchsgüter anbieten kann, wird Umsatz machen. Und wenn Umsatz winkt, ist der freie Austausch von Wissenschaft am Ende.

Sind das die realen zukünftigen Gefahren, die auch unsere Bemühungen um eine Kurskorrektur in unserem Gesundheitswesen als Sorgen von gestern erscheinen lassen? Oder übersehen wir in der Faszination, die von möglichen großen Irrtümern ausgeht, die Korrekturkräfte der Beharrung oder ganz einfach die Tatsache, daß unser Gemeinwesen demokratisch organisiert ist, daß die Eigenverantwortung des einzelnen und die daraus resultierenden Initiativen eine solche Entwicklung verhindern können? Erfährt nicht unser Gesundheitswesen, das in seinen offiziellen Strukturen allzulange gegenüber den wachsenden Bedürfnissen des Patienten nach Mitbeteiligung, bei der Information zuerst und der Verantwortung dann, mit Reaktionen der Anpassung gezögert hat – erfährt diese in sich selbst verhärtete Struktur nun nicht ganz bewußt, daß Korrekturen auch von außen kommen können? Gibt der Lehrmedizin nicht die Tatsache zu denken, daß mehr als die Hälfte aller praktizierenden Ärzte jenseits aller orthodoxen Lehrmeinungen sogenannte heterodoxe Praktiken anwendet? Ist der Zulauf zu Heilpraktikern und Außenseitern, die Einrichtung von Patientenselbsthilfegruppen, die zu Tausenden entstehen, nicht ein Hinweis auf notwendige Kurskorrekturen, die eine kluge Standespolitik freiwillig eher hätte vorwegnehmen können, als sie spät und gezwungen nachvollziehen zu müssen?

Dabei wäre es hier gar nicht um eine revolutionäre Tat gegangen, man hätte nur bewußt und offiziell an eine Medizin anknüpfen müssen, wie sie die großen Vertreter der Heidelberger Schule, Krehl, Siebeck und v. Weizsäcker, in der ersten Hälfte des Jahrhunderts vorgezeichnet haben. Krankheiten zu behandeln, so deren vielfältig variiertes Motto, ist zu wenig, wenn darüber der Kranke in Vergessenheit gerät. Vom Experimentator zum Creator zu werden, so das neue zukunftsbezogene Memento, ist zu gefährlich, wenn mit Irrtümern nicht gerechnet wird. In einer demokratisch strukturierten Gemeinschaft wandeln sich die sozialen Erwartungen und Ordnungen unter dem Einfluß der Betroffenen. Dieser Einfluß ist um so spürbarer, je größer die Anteilnahme der Öffentlichkeit ist. Man hüte sich vor der kurzschlüssigen Meinung, diese Anteilnahme bestehe nur im Konsum bunt bebilderter Sensationsartikel über die großen Zampanos im weißen Kittel. Anerkannte Vormänner der modernen medizinischen Forschung wie Virchow wurden nicht müde, auf die sozialpolitische Bedeutung des Gesundheitswesens hinzuweisen. Und in der Tat spricht vieles dafür, daß von allen sozialen Diensten in einer Industriegesellschaft das Gesundheitswesen die größte permanente Anteilnahme in der Öffentlichkeit und die größte substantielle Bedeutung für den einzelnen besitzt. Deshalb sind die Bestrebungen, die unter der Ordnungsvorstellung einer Gesundheitsbildung kanalisiert werden, für die Ordnung der Gemeinschaft von Bedeutung.

Was könnte Gesundheitsbildung hier bewirken?
Zweifellos könnte die Gesundheitsbildung die Voraussetzungen klären helfen, die die Leistungsfähigkeit erhalten; Leistungsfähigkeit hier verstanden als wahrgenommene Möglichkeit des Individuums, sich in tätiger Einordnung in die Bedürfnisse der Gemeinschaft nicht nur selbst zu entfalten und die innewohnenden und erworbenen Fähigkeiten zu nutzen, sondern auch in dienender Funktion den Nutzen für die Gemeinschaft zu mehren. Dafür gibt es keine unbezweifelbaren Maßstäbe wie etwa Arbeitsstunden oder Fehlzeiten, sondern nur *eine* Grundeinsicht, nämlich die, daß der Sinn des Lebens der Mitmensch ist.

Die Leistungsfähigkeit ist mehr als potentielle Kraftentfaltung, mehr als Fitneß, mehr als Unversehrtheit. Vom rachitischen Kant und vom buckligen Lichtenberg war schon die Rede. Sie waren trotz ihrer körperlichen Beschränktheit Titanen geistiger Leistungskraft.

Wo liegen die Steuerungszentralen für die Mobilisation solcher Kräfte? Was von dieser Leistungsfähigkeit ist genetisch bedingt? Wie beeinflussen die Rahmenbedingungen der Gemeinschaft, in der der einzelne lebt, dessen Leistungsfähigkeit?

Diese an eine biomedizinische Gesundheitsforschung gerichteten Fragen werden mit ihren Antworten der Gesundheitsbildung zu neuen festeren Grundlagen verhelfen. Und zweifellos wird dann die Gesundheitsbildung Wesentliches dazu beitragen, daß eine neue, dem sich wandelnden Bewußtsein einer Öffentlichkeit angepaßte Medizin ohne Druck gegenüber der alten entsteht. Voraussetzung dafür ist die Aufklärung aller am Gesundheitswesen Beteiligten, um so ihren Ausgang aus der Unmündigkeit zu bewirken. Daß diese noch immer zu beklagende Unmündigkeit nicht mehr wie zu Kants Zeiten selbstverschuldet ist, liegt nicht nur an der Kompliziertheit der modernen Medizin, nicht nur an der Undurchsichtigkeit der sie tragenden Strukturen, es liegt auch an der nicht oder nicht recht erfüllten Bringschuld der Fachleute. Wenn schon der, der zahlt, wegen besagter Kompliziertheit nicht die Möglichkeit haben kann, zu bestimmen, sollte er doch von denen, die das Geld empfangen, darüber aufgeklärt werden, was denn mit seinem Geld geschieht.

Diese Bringschuld des Wissenschaftlers in einer Demokratie, wo alle Wissenschaft öffentlich ist, gilt in besonderem Maß für die Mediziner, von denen man hofft, sie seien auf dem Weg zu einer neuen, einer sprechenden, einer mitmenschlichen Medizin.

Mit Hilfe einer Gesundheitsbildung, die sich als lebensbegleitender Prozeß der Orientierung versteht, könnte eine neue Heilkunde Wirklichkeit werden, in der die Stiefkinder des medizinischen Fortschritts endlich anerkannt werden: die Gesundheit als Objekt biomedizinischer Forschung und ärztlicher Praxis und der Patient als gesprächswürdiger und gleichberechtigter Partner.

6
Die Schwierigkeiten überwinden

Diese Forderung, die Schwierigkeiten, die sich der Verwirklichung einer Gesundheitsbildung in den Weg stellen, zu überwinden, soll möglichst nahe an der Praxis erörtert werden.

Die Gesundheitsbildung ist – wie zuvor gesagt – nicht das Ziel, sondern das Vehikel, mit dessen Hilfe das Ziel erreicht werden soll. Und das Ziel selbst? Noch utopisch zwar, aber als Zukunftsbild von der Weltgesundheitsorganisation griffig formuliert: Gesundheit für alle. Und – was nicht versäumt werden darf hinzuzufügen – Gesundheit hier gesehen als Chance der Selbstverwirklichung im Dienst des Mitmenschen.

Wie aber kann Gesundheitsbildung bewirkt werden? Indem man sich auf den Weg macht. Und wie so oft wird sich herausstellen, daß der Weg wichtiger ist als das Ziel selbst, weil das Entscheidende unterwegs geschieht. Und dieser Weg, lange und beschwerlich, ist der der Erziehung. Erziehung verstanden als vernunftgelenkte Anpassung des einzelnen an die Regeln der Gemeinschaft. Regeln der Gesundheitserziehung sind allerdings – wie etwa in dieser Schrift – erst vereinzelt formuliert. Sie sind auch nicht unbestritten und noch weit davon entfernt, zum akzeptierten Kanon der kulturellen Traditionen der Gemeinschaft zu gehören. Gerade deshalb ist der Weg lang und beschwerlich, aber er wird gangbar werden, wenn die, die ihn suchen und auf ihn führen, Zielvorstellungskräfte entwickeln.

Wer führt auf diesem Weg? Ganz allgemein gesagt, alle, die Verantwortung haben, also die Vorausdenkenden, die Erfahrenen. Speziell gesagt, die Eltern zuerst, die Lehrer und Meister dann, aber auch, und zwar lebensbegleitend, die Ärzte. Sie haben sogar eine durch ihre Fachkenntnis hervorgehobene Stellung, deren Bedeutung zunehmen wird in dem Maß, wie die neue, sprechende Medizin der Mitmenschlichkeit sich ihrer wachsenden Möglichkeiten bewußt werden wird. Zwar weisen die Ärzte oft in einer eigentlich nicht fachspezifischen Bescheidenheit darauf hin, daß sie für Gesundheitserziehung nicht zuständig sein könnten, da sie doch Pädagogik nicht gelernt hätten. Aber dieses Argument ist von gestern; denn heute weiß jeder, daß für den erzieherischen Erfolg wichtiger als Pädagogik und Didaktik die Fähigkeit ist, die beiden Grundtugenden des Erziehers zu entwickeln, nämlich dem Partner Vorbild zu sein und ihm mit Anteilnahme zu begegnen.

Spätestens jetzt werden viele Leute die Nase rümpfen über so viel aufklärerischen Optimismus, der doch nur aus dem unerschöpflichen, aber etwas trüben Reservoir jener wortreichen Wissenschaften gespeist sein könne, denen stets das Reden das Handeln erübrigt habe. Aber vielleicht war es gerade der Rückzug der Medizin auf den vermeintlich sicheren Boden der harten Daten, der die ärztliche Kunst zur reinen Wissenschaft werden ließ. Und das, wovon sie gereinigt wurde, war die mitmenschliche Anteilnahme. Mit dem Grad der Spezialisierung in einem Teilbereich sank der Grad der Verantwortung für den ganzen Menschen. Erziehung und Bildung zielen aber auf den ganzen Menschen. Nicht nur auf sein Wissen, sondern mehr noch auf sein Verhalten. Und das wird gelenkt nach dem uralten Mechanismus, der Kulturtraditionen möglich macht: Vorbilder, denen man sich in Anteilnahme zuwenden kann, werden akzeptiert und als Identifikationsmuster nachgeahmt.

Das klingt jetzt sehr mechanistisch, könnte aber leicht mit modernem Vokabular der neuen anthropologischen Wissenschaften verbrämt werden. Aber wozu, wenn doch gleich auf einen noch viel prosaischeren Umstand verwiesen werden soll:

Wir bilden augenblicklich im Jahr 6000 Ärzte mehr aus als aus dem Beruf ausscheiden. Über den untauglichen Versuch, Hürden am Ende der Ausbildung zu errichten, sei hier nicht räsoniert, nur muß darauf verwiesen werden, daß bei gleicher Aufgabenstellung die Arztkosten am Gesamtbudget des Medizinbetriebs entsprechend ansteigen müssen. Es sei denn, die Ärzteeinkommen sinken im Verhältnis zur personellen Progression.

Ein gewichtiger Grund, neue Aufgaben für die Ärzteschaft zu akzeptieren:
– Die Ärzte sollten in ihrem wissenschaftlichen Denkansatz und in ihrer Praxis in die volle Verantwortung für die Menschen treten. Den Kranken zu helfen ist viel und doch zu wenig.

– Die ärztlichen Bemühungen sollten vorverlegt werden in jenen Bereich des individuellen Lebens, wo Gesundheit noch zu bewahren ist. Der Sicherstellungsauftrag sollte ausgedehnt werden von der Krankenbehandlung auf die Führung der Gesunden.
– Die dazu nötige Gesundheitserziehung sollten die Ärzte als genuine Aufgabe erfassen mit dem Ziel, jenen Grad an Gesundheitsbildung zu bewirken, der eine vernunftgelenkte, gesundheitsorientierte Lebensführung ermöglicht.

Der Durchbruch zur neuen, sprechenden Medizin der Mitmenschlichkeit wird sich also nicht in Laboratorien und Spezialkliniken abspielen, sondern in Familien und Schulen, in Arztpraxen und an Arbeitsplätzen. Aber wo auch immer, stets sind die Ärzte als Fachleute gefragt und gefordert. Nicht nur als Familiendoktoren, wo doch die Familie die größte Klinik im Lande ist, nicht nur als Schulärzte, die sich nicht nur einige Privatschulen leisten sollten, nicht nur als Praktiker, die auch Doktoren, also Lehrer sein sollten. Es sei der Wichtigkeit halber der Appell wiederholt: Die Ärzte sollten in ihrem wissenschaftlichen Denkansatz und in ihrer Praxis in die volle Verantwortung für die Menschen treten. Der Vertrauensvorschuß, den die Ärzte, wie jede Umfrage von neuem beweist, im Lande haben, nimmt sie in die Pflicht, diesen Vorschuß zu vergüten.

Der Weg ist beschwerlich, aber nicht nur für die Ärzte wegen der ihnen abverlangten Neuorientierung, er ist es für alle Beteiligten. Er ist lang und voller Hindernisse. Hier seien jetzt drei Hürden im Vorfeld beschrieben, die von allen genommen werden müssen, wenn wir vorankommen wollen. Es sind beileibe nicht die einzigen, aber schwierig sind sie schon:
– die anbequemte Passivität,
– die aufgedrängte ,,Konsumitis'',
– die eingeschlichene Abhängigkeit.

Die **Passivität,** die Untätigkeit, und zwar nicht nur die körperliche, sondern auch die geistige Haltung des Abwartens, die Grundüberzeugung, eigentlich nicht zuständig oder gar verantwortlich zu sein, diese Haltung der Bequemlichkeit muß grundsätzlich als eine der habituellen Krankheitsursachen angesehen werden. Die Physiologie lehrt, daß die Organe in dem Maß gesund erhalten werden können, wie sie beansprucht werden. Eine Einsicht, die nicht nur für Muskeln, Bänder und Gelenke gilt, sondern auch für die Fähigkeiten unseres Zentralnervensystems, sogar für Geist und Gemüt. Deshalb ist die alte Volksweisheit: Wer nichts tut, macht auch nichts falsch, eine Volksdummheit, die subalterner Anpassungsmentalität entspringt. Sie ist eine ebenso schädliche Empfehlung wie die ärztliche Patiententröstung: Wenn Sie ärztlich überwacht sind, kann Ihnen nichts passieren.

Im Jahre 1965 überraschte ein Medizinprofessor mit der vielversprechenden Mitteilung, man habe den ,,Spaziergang in der Westentasche'' entwickelt, eine Pille, die die Bildung der Kollateralen im Herzmuskel steigere, also die Querverbindungen zwischen den einzelnen Ästen der das Herz versorgenden Adern. Wozu noch die alte mühsame Methode, durch körperliche Belastung die Leistungsfähigkeit des Herzens zu trainieren, eine Pille ist die Lösung. Die Jubelbotschaft ist wie die meisten medizinischen Sensationen längst vergessen. Die Anempfehlung aller möglichen Pillen zur Behebung von störenden Symptomen oder gar als Lösung von Problemen, diese Steigerung von gut zu besser nach bequem ist als teuflische Tendenz geblieben. Wozu Gymnastik und Sport, wo mir mein Arzt eine Serie von Massagen verschreiben kann? Wozu Wadenwickel, wo es doch fiebersenkende Medikamente gibt?

Warum immer ich, wo eigentlich die anderen zuständig sind? Die Parole von der Selbstverwirklichung ist solange bloßes Gerede, wie sie sich auf die Durchsetzung der eigenen Bequemlichkeit bezieht.

Die **,,Konsumitis''**, der über Sinn und Verstand hinaus gesteigerte Verbrauch all dessen, was durch Mode und Werbung zum Konsum anempfohlen wird, gehört zu den verborgenen Quellen vieler Krankheiten. Die Überredung zum Konsum, die Anempfehlung seiner Steigerung als Garantie des Wohlstands, die Art und Weise, wie Konsum mit den subtilsten Methoden der Reklame gefördert wird, führt nicht nur zur Verdummung der als Verbraucherrekruten bespotteten Kinder, sondern macht das Gerede vom König Kunden zum Hohn. Wie sagte augenzwinkernd der Weinbauminister: ,,Es muß mehr gesoffen werden'', und er drückte das andere Auge zu, als er sah, daß der Weinbaupräsident Zucker in seinen Keller einlagerte. Wer Umsatz macht, hat recht.

Ist es wirklich so? Hat die ,,Konsumitis'' unsere Keller- und Küchenkultur ruiniert? Oder haben wir sie nie besessen? Reichtum und Angeberei, die protzige Haltung des ,,man hat'' und ,,man macht'' ist nicht nur eine Quelle des Unbehagens, sondern der Ursprung mancher verhaltensabhängiger Krankheiten. Das beginnt beim wahllosen, nach flachster Zerstreuung tendierenden Medienkonsum – im Januar 1986 erschienen über 20 neue Magazine am Kiosk, im neuen Privatsender von Schleswig-Holstein schrumpfen die Nachrichtensendungen auf

Zwischenrufe von zwei Minuten –, das setzt sich fort mit immer PS-stärkerer Herumraserei – zum Wochenende schnell nach Saint-Tropez, im eigenen GTIX oder auch im Superbus mit Jetseat and TV and Aircondition – und kulminiert im reziproken Mißstand vom vollen Bauch und leeren Hirn. Auf der Strecke bleibt die Vernunft. Aufgegeben zu Gunsten der von Werbung und Mode gestärkten Eitelkeit.

Die **Abhängigkeit,** die hier als dritte Hürde auf dem Weg zu mehr selbstverantworteter Gesundheit beschrieben wird, hängt zusammen mit den zuvor beklagten Tatbeständen, mit der anbequemten Passivität und der aufgedrängten ,,Konsumitis". Sie sind die Promotoren der Abhängigkeit, und die gesellschaftliche Duldung, die Indifferenz und Gleichgültigkeit verschleiern die gesundheitliche Problematik nur schlecht.

Die Zahl der behandlungsbedürftigen Alkoholkranken wird auf etwa zweieinhalb Millionen geschätzt. Nimmt man die Familienmitglieder hinzu, dann sind etwa sieben Millionen unserer Mitbürger körperlich, seelisch und sozial betroffen. Die Gesundheitsschäden werden auf mehr als zehn Milliarden Mark im Jahr veranschlagt. Die volkswirtschaftlichen Schäden sind mindestens doppelt so hoch, denn der Alkoholkranke fällt im Durchschnitt etwa einen Monat pro Jahr als Arbeitskraft aus. Nicht in Zahlen zu fassen sind Not und Leid der Betroffenen und – nicht zu vergessen der Mitbetroffenen. In der Gemeinschaft der Anonymen Alkoholiker geschieht das, was öffentliche Verwaltung nicht bewirken kann. Die Öffentlichkeit ist für die Vorbeugung zuständig.

Auch bei der zweiten Form der eingeschlichenen Abhängigkeit, der pharmakologischen, ist die Zahl der Betroffenen nur zu schätzen. Vor allem sind es Schlaf-, Beruhigungs- und Schmerzmittel, die etwa 500 000 Menschen in Abhängigkeit halten. Die meisten dieser Mittel sind verschreibungspflichtig. Was das heißt, müssen die, die verschreiben, und die, die die Mittel anpreisen, bedenken. Selbstkritisch. ,,Selbstkritik hat viel für sich . . .`` meinte jedenfalls WILHELM BUSCH, den viele nur für einen Spaßmacher halten.

Die höchste Dunkelziffer steckt hinter dem Konsum illegaler Drogen. Etwa 100 000 Abhängige von Opiaten, Cannabis und Halluzinogenen. Diese Art der Abhängigkeit ist gleichbedeutend mit höchster Gesundheitsgefährdung. Das Stichwort Aids sei nur erwähnt. Die Tatsache, daß vor allem Jugendliche betroffen sind, 700 000 gelten als sogenannte Aussteiger, verweist das schwerwiegende Problem vor allem in die Zuständigkeit derer, die für die Erziehung zuständig sind, also Eltern, Lehrer, Meister, Ärzte und dann auch die Politiker, denen der Hinweis auf die Jugendarbeitslosigkeit nicht erspart werden kann.

Auch über das Rauchen – es war ja schon die Rede davon – muß noch eine abschließende Bemerkung gemacht werden. Es genügt nicht, wenn im schwarzen Kleingedruckten auf mögliche Gesundheitsgefährdungen verwiesen wird und im bunten Großgedruckten sympathische Typen bekennen: ,,Ich rauche gern." Sich selbst zu schädigen, ist gewiß ein Teil des Preises, den die Freiheit hat, nur darf er nicht zu Lasten der Unbeteiligten gehen.

Unser Staat gehört zu diesen Unbeteiligten nicht. Mit einer Art stillschweigender Rauschgifthändlermentalität hat er seine Einnahmen aus der Tabaksteuer in zehn Jahren auf etwa 15 Milliarden Mark verdoppelt. Steuern einnehmen ist das eine, Bürger schützen das andere, wichtigere.

Was könnte Gesundheitsbildung hier bewirken?
Zweifellos könnte die Gesundheitsbildung diese Schwierigkeiten so weit ins öffentliche Bewußtsein heben, daß nicht nur beim einzelnen, sondern auch durch dessen Meinungsdruck bei den Politikern, die ja unsere Angelegenheiten führen, die Bereitschaft zur Neuorientierung wächst.

Die Schwierigkeiten fallen nicht vom Himmel, sie sind keine Produkte des Zufalls, sie sind in aller Regel hausgemacht, wir selbst laden sie uns durch eigenes Zutun im Laufe unseres Lebens auf. Und es sind nicht allein die Verhaltensfehler, von denen jetzt vorzugsweise die Rede war, es sind auch die Minusposten in unserem Seelenhaushalt gemeint, die zu Lasten der Gesundheit zu Buche schlagen. Jetzt soll nicht auch noch die Theorie des allgemeinen Anpassungssyndroms, also die Streßtheorie erörtert werden, sondern nur darauf verwiesen sein, daß die meisten dieser Belastungen im Spannungsfeld ,,einzelner und Nächster", ,,einzelner und Gemeinschaft" entstehen. Und daß es nicht nur Strategien der Bewältigung solcher Situationen gibt, sondern auch humane Grundeinstellungen, die deren Entstehen selten sein lassen.

Da das Selbstwertgefühl des einzelnen in hohem Maß abhängt von der Achtung, die er in seiner Gruppe genießt, muß es als wirksame Vorbeugung gegen fehlende Wertschätzung gelten, zu jenen Menschen gezählt zu werden, die – und dies ist im Rekurs auf VIKTOR E. FRANKL zitiert – ,,die sich unter großen persönlichen Opfern für andere einsetzen".

Diese Haltung der Anteilnahme ist, wenn sie durch Vorbild erfahrbar gemacht wird, zu erwerben, sie ist ein Teil des in der frühen Kindheit gewachsenen und später in festen Bindungen bestätigten Urvertrauens.

Gleichwohl gibt es in jedem Leben Ereignisse, die die Befindlichkeit des Betroffenen schwer beeinträchtigen. Seine Gesamtbefindlichkeit, seinen Seelenzustand also genau so wie etwa seine Abwehrlage gegen Infektionen. Man hat diese Ereignisse in langwierigen Untersuchungen gewichtet und gefunden, daß die Störungen der Beziehungen zum Mitmenschen um so schwerer sind, je näher der Betreffende stand und je endgültiger sie waren. So rangiert der Tod des Lebenspartners vor der Scheidung, die wiederum vor Strafen, Kündigung und Krankheit.

Es resultiert daraus, daß für den Menschen der ihm nächste Mensch nicht nur Sinngebung und Ziel seiner Zuwendung ist, sondern auch Sicherheit und Quelle seiner Daseinsfreude.

Um Gesundheitsbildung zu begründen, reicht es also nicht aus, Gesundheitswissen zu vermitteln. Wichtiger wäre, im Vorbild zu zeigen, wofür man lebt.

Nachsatz
Deshalb sei in diesem Nachsatz für einige kurze Zeilen die Aufmerksamkeit auf jene Bereiche unserer Existenz gelenkt, die nicht mit dem Wissen und den Einsichten unseres Lebens erfüllt werden. Wir alle haben, wenn wir bewußt genug gelebt haben, erfahren, wie unvernünftig es war, allein auf die Vernunft zu bauen. Die Kräfte unseres Geistes sind wie die Kräfte unserer Muskeln, die nur so weit zu belasten sind, wie die Knochen diese Belastung tragen. Was helfen uns die hohen Leistungen von *intellectus* und *ratio,* wenn die Basis der Menschlichkeit diesen kognitiven Überbau nicht trägt? Nicht die Fähigkeit, eine Rakete zielgenau um die halbe Erde zu lenken, ist der Nachweis mitmenschlicher Lebenstüchtigkeit, sondern die Fähigkeit, Vertrauen zu wecken und zu bewahren. Und dies ist keine Sache intellektueller Bemühungen oder auch moralischer Appelle, sondern nur zu erreichen durch unermüdliche Zuwendung zum Mitmenschen.

Vorbild und Liebe sind die zugehörigen Maximen. Wer aber ist im Besitz eines solchen Kanons, der in unseren Tagen den jungen Menschen angeboten werden könnte? Wo sind die Zusammenschlüsse, in denen sich das Leben nach solchen Regeln vollzöge? Wo sind die Glaubensgemeinschaften, deren Katechismen nicht nur Glaubensartikel enthalten, sondern auch Handlungsanweisungen? Sind in der Erfahrung unseres Lebens solche Regeln und Normen nicht viel zu oft umgewertet und umgestoßen worden, als daß sie noch als unbezweifelbar gelten könnten? Ist es nicht geradezu eine bestürzende Erfahrung unserer Zeit, daß das Bleibende nicht Gesetze und Regeln sind, sondern offenbar allein die Hoffnung, daß sie eigentlich gelten sollten.

Schon LICHTENBERG spottete, der Mensch könne an alles glauben, es müsse nur unwahrscheinlich genug sein. Und unwahrscheinlich bedeutete für ihn, den Physiker, wohl: jenseits mathematisch erfaßbarer Erwartung. Aber beginnt nicht jenseits der mathematischen die moralische Erwartung? Und besteht der moralische Habitus des Menschen nicht vor allem in seiner Bereitschaft zur Anerkennung von Moral? Wobei die Bereitschaft die Gefäße sind und die Normen die Inhalte. Gefäße sind vorhanden, Inhalte müssen eingefüllt werden. Oder anders gesagt: Die Fähigkeit zu normengerechtem, moralischem Verhalten ist gegeben, die Normen und Werte müssen erworben werden. Normen sind hier verstanden als wertgebundene Verhaltensregeln und die Werte als ihre Begründungen. Und diese Werte müssen vorausweisen und verpflichtenden Charakter haben.

Nun ist eine immanente Eigenschaft des Wertes seine Beständigkeit. Wenn aber das Beständige des Lebens der Wandel ist, muß man erwägen, ob der Wandel auch durch Besinnung bewirkt werden kann. Und Rückbesinnung könnte in Altem auch Neues entdecken. Und Neuerung könnte auch Erneuerung sein.

Ist es wirklich zu wenig, ist es enttäuschend, wenn man als Grundmaxime menschlichen Wertbewußtseins den Satz gelten läßt: Die Sinnerfüllung des Menschen ist der Mitmensch?

Von allen auf den Menschen bezogenen Wissenschaften ist die Medizin jener Bereich, in dem unmittelbarer Dienst am Mitmenschen geleistet wird. Sich ihm zuzuwenden, ihn zu unterstützen im Bestreben, ein gesundes Leben zu führen, ihm zu helfen, Krankheiten zu überwinden, und ihn nicht allein zu lassen, wenn er sich darum bemühen muß, auch mit Einschränkungen zu leben, – dieser Dienst am Mitmenschen begründet das soziale Prestige des Arztes als Helfer und Lehrer.

Die hier niedergelegten Erfahrungen sind aus den theoretischen Anstrengungen und praktischen Bemühungen der ,,Gesellschaft für Gesundheitsbildung'' erwachsen. Im ,,Mergentheimer Modell'' wurden diese Erfahrungen einem siebenjährigen Test unterzogen. Sie wurden variiert und optimiert, und sie könnten – jenseits allem aus Sorge um Bestandswahrung erwachsenen Streit um Punktwerte und Bemessungsmaßstäbe – als ein wesentlicher Beitrag in das Bemühen der Ärzteschaft eingebracht werden, endlich jenen *Gesamtplan der gesunden Lebensführung* zu entwerfen, den die Medizin als die wichtigste aller Lebenswissenschaften den Mitmenschen schuldet.

Literaturverzeichnis

Das Literaturverzeichnis enthält Belege der benutzten Quellen; es gibt darüber hinaus aber auch Hinweise auf weitere, vor allem deutschsprachige Literatur zum Thema, wobei erreichbare monographische Abhandlungen bevorzugt werden. Als strukturierte Bibliographie paßt sich die Literatur der Gliederung des Buches weitgehend an.

1
Die Prinzipien der Lebensordnung

ABEL, D. VON, Erziehung zu einem gesundheitsbewußten Verhalten. Dtsch. Arzt **29** (1979) 14–24.

ABELIN, T., Selbstverantwortung für die Gesundheit? Eine Überprüfung gewisser Voraussetzungen aufgrund der Resultate eines öffentlichen Gesundheitsfragespiels. (Sandoz-Institut-Publikation, Nr. 1) Genf 1976.

AFFEMANN, R., Erziehung zur Gesundheit. München 1978.

AMMON, E., Gesundheitserziehung, Gesundheitsaufklärung und Gesundheitsbildung – eine Chance für die Zivilisation. 10 Jahre Gesundheitsstudio Nürnberg. Öff. Gesundheitswes. **45** (1983) 305–307.

BADURA, B., Volksmedizin und Gesundheitsvorsorge. WSI-Mitteilungen **10** (1978) 542–548.

BARIC, L., Wissenschaftliche Methoden und theoretische Modelle als Grundlage der Gesundheitserziehung. Öff. Gesundheitswes. **37** (1975) 546–553.

BIENER, K., Wirksamkeit der Gesundheitserziehung. (Medizinische und pädagogische Jugendkunde, Bd. 8) Basel, München, New York 1970.

BLOBEL, R. und TÖLLE, R. (Hrsg.): Gesund sein, gesund bleiben. Ärzte und Wissenschaftler informieren über präventive Medizin. München, Zürich 1975.

Deutsche Zentrale für Volksgesundheitspflege e. V. (Hrsg.): Gesundheit in Selbstverantwortung. Kongreßbericht. Frankfurt 1980.

FEMMER, H. J., Gesundheitserziehung und öffentlicher Gesundheitsdienst. Öff. Gesundheitswes. **45** (1983) 125–129.

FERBER, CHR. VON, Gesundheit und Gesellschaft. Haben wir eine Gesundheitspolitik? Stuttgart, Berlin, Köln, Mainz 1971.

FISCHER, B., FISCHER, U., LEHRL, S., Strategie der Gesundheitsbildung im Heilverfahren. Öff. Gesundheitswes. **43** (1981) 539–544; 617–623.

FRANKE, M., Erzogene Gesundheit. Pädagogische Aspekte der Sozialhygiene. Stuttgart 1967.

GOLDBERG, J., Die Rolle des Arztes bei der Gesundheitserziehung der Bevölkerung, insbesondere bei Jugendlichen. Z. Ärztl. Fortbild. **75** (1981) 76–77.

GRAEHN, G., Gesundheitserziehung als Bestandteil präventiver Betreuung im Vorschulalter. Stomatol. **33** (1983) 733–740.

HAERTIG, L., Gesundheitserziehung – eine Dienstaufgabe des Gesundheitsamtes. Öff. Gesundheitswes. **46** (1984) 271–276.

HALHUBER, M. J., Mehr Hilfe zur Selbsthilfe. Nur der informierte Patient ist mündig. Medizin Mensch Gesellschaft **5** (1980) 182–183.

HARTMANN, F., Anthropologische Gesichtspunkte zur vorbeugenden Gesundheitspflege. Westf. Ärztebl. **12** (1962).
HARTMANN, F., Gesundheitserziehung – eine neue Dimension der Medizin? Dtsch. Ärztebl. **75** (1978) 81–89.
HARTUNG, K., Gesundheitserziehung zur Vorbeugung von Behinderungen. Krankenpflege **33** (1979) 380–382.
HENKELMANN, TH. und KARPF, D., Gesundheitserziehung – gestern und heute. Schriftenreihe des Instituts für Gesundheitsbildung, Bd. 2, Stuttgart 1982.
HERDER-DORNEICH, PH. und SCHULLER, A. (Hrsg.): Vorsorge zwischen Versorgungsstaat und Selbstbestimmung. 1. Kölner Kolloquium. (Ordnungspolitik im Gesundheitswesen, Bd. 1) Stuttgart, Berlin, Köln, Mainz 1982.
JACOB, W. und SCHIPPERGES, H. (Hrsg.): Kann man Gesundsein lernen? Kolloquium zu Grundfragen der Gesundheitsbildung. (Schriftenreihe des Instituts für Gesundheitsbildung, Bd. 1) Stuttgart 1981.
KAPRIO, L. A., Primäre Gesundheitsvorsorge als Gemeinschaftsaufgabe. Krankenpflege **36** (1982) 274–276.
KARSDORF, G. (Hrsg.): Gesundheitserziehung. 2. Aufl. Berlin 1976.
KARSDORF, G. und RENKER, K. H., Prophylaxe. 2. Aufl. Berlin 1981.
Katholische Ärztearbeit Deutschlands (Hrsg.): Hilfe zur Selbsthilfe. Köln 1983.
KICKBUSCH, I. und TROJAN, A. (Hrsg.): Gemeinsam sind wir stärker. Selbsthilfegruppen und Gesundheit. Frankfurt 1981.
KÖTSCHAU, K., Vorsorge oder Fürsorge? Aspekte einer Gesundheitslehre. Stuttgart 1954.
LABERKE, J. A., Psychohygiene und Gesundheitserziehung im Krankenhaus. Krankenpflege **36** (1982) 283–284.
McKEOWN, TH., Die Bedeutung der Medizin. Traum, Trugbild oder Nemesis? Frankfurt 1982.
MEINECKE, G., Gesundheitserziehung, ihre psychologischen Voraussetzungen und ihre zeitgemäße Organisation. (Schriftenreihe aus dem Gebiet des öffentl. Gesundheitswesens, H. 4) Stuttgart 1957.
REICH, E., System der Hygieine. 2 Bde. Leipzig 1870/71.
SCHAEFER, H. und SCHIPPERGES, H., Gesundheitserziehung. In: Funk-Kolleg Umwelt und Gesundheit. Aspekte einer sozialen Medizin. Studienbegleitbrief 8, 11–42, 75. Weinheim, Basel 1979.
SCHAEFER, H., SCHIPPERGES, H. und WAGNER, G. (Hrsg.): Präventive Medizin. Aspekte und Perspektiven einer vorbeugenden Medizin. Berlin, Heidelberg, New York 1987.
SCHÄR, M., Leitfaden der Sozial- und Präventivmedizin. Bern, Stuttgart 1968.
SCHIPPERGES, H., Die Kunst zu leben. Aus Gesundheitsbüchern des Mittelalters. Aus: Tacuinum Sanitatis. Das Buch der Gesundheit. Hrsg. v. LUISA COGLIATI ARANO. München 1976, 9–15.
SCHIPPERGES, H., Geschichte und Gliederung der Gesundheitserziehung. In: BLOHMKE, M., FERBER, CHR. V., KISKER, K. P. und SCHAEFER, H. (Hrsg.): Handbuch der Sozialmedizin. Bd. 2, S. 550–567. Stuttgart 1977.
SCHIPPERGES, H., Wege zu neuer Heilkunst. Traditionen, Perspektiven, Programme. Heidelberg 1978.
SCHIPPERGES, H., Gesundheit im Wandel. Bildung und Gesundheit 9 (1979) 5–23.
SCHIPPERGES, H., Zur Lage der Gesundheitserziehung. Erste Ergebnisse einer Umfrage – Plädoyer für eine Enquete. Dtsch. Ärztebl. **76** (1979) 238–242.
SCHIPPERGES, H., Die Kunst, vernünftig zu leben. Bildung und Gesundheit 13 (1981) 9–23.
SCHIPPERGES, H., Alte Wege zu neuer Gesundheit. Bad Mergentheim 1983.
SCHRÖDER, E., Kompendium der Gesundheitsfürsorge. Einführung in die Lehre ihrer Prinzipien, Funktionen und Institutionen. Stuttgart 1959.
SCHWARTZ, F. W., Was bringt die Vorsorgemedizin? Münch. med. Wschr. **121 (44)** 1453 (1979).
SCHWARTZ, F. W., Prävention im System der gesetzlichen Krankenversicherung. Köln 1980.

Schweizerische Stiftung Pro Juventute und Schweizerische Gesellschaft für Präventivmedizin (Hrsg.): Erziehung zur Gesundheit. Ein Handbuch für die Schule, für Lehrerseminarien und Behörden. 2. Aufl. Zürich 1972.
SIEMENS, W. VON, Das naturwissenschaftliche Zeitalter. Tageblatt der 59. Versammlung Deutscher Naturforscher und Ärzte. Berlin 1886. S. 92–96.
STOCKHAUSEN, J., Programmierte Krankheitsfrüherkennung. Vorsorgeuntersuchungen in der Krankenversicherung. Köln 1971.
TJADEN, K. H., Soziales System und sozialer Wandel. Stuttgart 1969.
TROSCHKE, J. VON und STÖSSEL, U. (Hrsg.): Möglichkeiten und Grenzen ärztlicher Gesundheitsberatung. Freiburg 1981.
VESCOVI, G., Gesundheitsbildung in Theorie und Praxis. Ärztebl. Baden-Württemberg (1982): H. 6.
VESCOVI, G., Erfahrungen aus der Praxis der Gesundheitsbildung. Medizin Mensch Gesellschaft 10 (1985) 91–97.
VOIGT, D., Gesundheitsverhalten. Zur Soziologie gesundheitsbezogenen Verhaltens. Stuttgart, Berlin, Köln, Mainz 1978.
WAMBACH, M. M. (Hrsg.): Der Mensch als Risiko. Zur Logik von Prävention und Früherkennung. Frankfurt 1983.
WEBER, M., Die protestantische Ethik und der Geist des Kapitalismus (1904). Hamburg 1965.

2
Die Regelkreise der Lebensführung

2.1
Der Lebensraum und seine Gestaltung
BLOHMKE, M., SCHIPPERGES, H. und WAGNER, G. (Hrsg.): Medizinische Ökologie. Aspekte und Perspektiven. Heidelberg 1979.
EHRLICH, P., EHRLICH, A. H. und HOLDREN, J. P., Ecoscience. Population, ressources, environment. San Francisco 1977.
FAUST, V., Biometeorologie. Der Einfluß von Wetter und Klima auf Gesunde und Kranke. Stuttgart 1977.
FRIEDERICHS, K., Ökologie als Wissenschaft von der Natur oder Biologische Raumforschung. Leipzig 1937.
KICKUTH, R., Die ökologische Landwirtschaft. Karlsruhe 1982.
KOHLENBERGER, H. K. (Hrsg.): Umweltvorsorge und Gesundheitspolitik. Bonn 1973.
LEIBUNDGUT, H., Landschaftsschutz und Umweltpflege. Stuttgart 1974.
SCHAEFER, W., Der kritische Raum. Über den Bevölkerungsdruck bei Tier und Mensch. Frankfurt 1971.
SCHIPPERGES, H., Medizin und Umwelt. Analysen, Modelle, Strategien. Heidelberg 1978.
SCHLEMMER, J., Zukunft in Bescheidenheit. Frankfurt 1981.
SCHLEMMER, J., Die Umwelt als mein Zuhause. Einführung in die Regelkreise der Lebensführung. Bd. 1. Der Umgang mit der Natur. Reihe: Wege der Lebensführung. Bad Mergentheim 1984.
TSCHUMI, P.-A., Umweltbiologie: Ökologie und Umweltkrise. Frankfurt 1981.

2.2
Die Ernährung und ihre Prinzipien
ANEMÜLLER, H., Die Gesundheit durch sinnvolle Ernährung und Diät. 6. Aufl. Stuttgart 1974.
ANEMÜLLER, H., Gesund leben – aber wie? Stuttgart 1978.
ANEMÜLLER, H., Das Grunddiätsystem. Stuttgart 1983.
ARAB, L. u. a. (Hrsg.): Ernährung und Gesundheit. Eine Untersuchung bei jungen Frauen und Männern in Heidelberg. Basel 1981.
BIRCHER, R., Geheimarchiv der Ernährungslehre. Homburg, Zürich–Erlenbach 1980.
BIRCHER-BENNER, M., Ernährungskrankheiten. Zürich, Leipzig 1943.
DEICHGRÄBER, K., Pseudohippokrates. Über die Nahrung. Text, Kommentar und Würdigung einer stoisch-heraklitisierenden Schrift aus der Zeit um Christi Geburt. Wiesbaden 1973.

EICHHOLTZ, F., Die toxische Gesamtsituation auf dem Gebiet der menschlichen Ernährung. Göttingen, Heidelberg 1956.
FIETKAU, H.-J., GÖRLITZ, D. (Hrsg.): Umwelt und Alltag in der Psychologie. Weinheim, Basel 1981.
GERGELY, S. M., Diät – aber wie? Von der Atkins-Diät bis zur Zen-Makrobiotik. Der kritische Wegweiser für Ernährungsbewußte. München, Zürich 1984.
GLATZEL, H., Nahrung und Ernährung. 2. Aufl. Berlin 1955.
GLATZEL, H., Wege und Irrwege moderner Ernährung. Stuttgart 1982.
HEISCHKEL-ARTELT, E. (Hrsg.): Ernährung und Ernährungslehre im 19. Jahrhundert. Vorträge eines Symposiums am 5. und 6. Januar 1973 in Frankfurt am Main. Göttingen 1976.
HOFF, F., Moderne Medizin und gesunde Lebensführung. Stuttgart 1967.
HOHENADEL, I., Gesundheit im Sprichwort. Med. Diss. Heidelberg 1984.
KILTZ, H., Das erotische Mahl. Szenen aus dem ,,Chambre separée" des 19. Jahrhunderts. Frankfurt a. M. 1983.
KIWUS, K. und GRUNDWALD, H. (Hrsg.): Vom Essen und Trinken. Frankfurt a. M. 1978.
KOERBER, K. W. VON, MÄNNLE, TH. und LEITZMANN, C., Vollwert-Ernährung. Grundlagen einer vernünftigen Lebensweise. Heidelberg 1981.
KOLLATH, W., Die Ordnung unserer Nahrung. 9. Aufl. Heidelberg 1981.
KUCZYNSKI, J., Gesundheit und Ernährung. In: Geschichte des Alltags des deutschen Volkes. Bd. 4. Köln 1982.
PETTENKOFER, M. VON, Über den Werth der Gesundheit für eine Stadt. Braunschweig 1873.
PETTENKOFER, M. VON, Der Boden und sein Zusammenhang mit der Gesundheit des Menschen. Berlin 1882.
PUDEL, V., Praxis der Ernährungsberatung. Berlin, Heidelberg, New York, Tokyo 1985.
REICH, E., Die Nahrungs- und Genußmittelkunde, historisch, naturwissenschaftlich und hygienisch begründet. 2 Bde. Göttingen 1860.
SCHIPPERGES, H., Lebensmittel – Mittel des Lebens. Einführung in die Regelkreise der Lebensführung. Bd. 2: Die Kultur von Speise und Trank. Bad Mergentheim 1985.
SCHIVELBUSCH, W., Das Paradies, der Geschmack und die Vernunft. Eine Geschichte der Genußmittel. Frankfurt a. M., Berlin, Wien 1983.
SCHMIDT, G., Dynamische Ernährungslehre. St. Gallen 1975.
TEUTEBERG, H. J. und WIEGELMANN, G., Der Wandel der Nahrungsgewohnheiten unter dem Einfluß der Industriealisierung. Göttingen 1972.
TIEDEMANN, F., Untersuchungen über das Nahrungs-Bedürfnis, den Nahrungs-Trieb und die Nahrungs-Mittel des Menschen. Darmstadt 1836.
VIRCHOW, R., Über Nahrungs- und Genußmittel (1868). 3. Aufl. Hamburg 1890.
VOIT, C., Über die Theorie der Ernährung der thierischen Organismen. München 1868.
WAGNER, H., Ernährung als Krankheits- und Heilfaktor. Freudenstadt 1984.
WARNING, H., Mehr Gesundheit durch gesunde Ernährung. Bad Soden o. J.
WENDT, G. VON, Kost und Kultur. Leipzig 1936.

2.3
Der Alltag und seine Ordnung

ASCHOFF, J., Exogene und endogene Komponenten der 24-Stunden-Periodik bei Tier und Mensch. Naturwissenschaften **42** (1955) 569–575.
ASCHOFF, J., Das circadiane System. Verhandlungen der Deutschen Gesellschaft für Innere Medizin **79** (1973)
BRAASCH, F., Nütze Deine besten Stunden. Freiburg 1978.
BÜNNING, E., Die physiologische Uhr. Zeitmessung in Organismen. Berlin, Göttingen, Heidelberg 1963.
CLAUSER, G., Die Kopfuhr. Stuttgart 1954.

JORES, A., Die 24-Stunden-Periodik in der Biologie. Tabulae Biologicae **14** (1937) 77–109.
HILDEBRANDT, G., Gesichtspunkte zu einer therapeutischen Zeitordnung. Zentralarchiv für Physiotherapie **2** (1972) 11–22.
KALTENBRUNNER, G.-K. (Hrsg.): Rhythmen des Lebens. Das kosmische Gesetz von Polarität und Wiederkehr. München 1983.
VESCOVI, G., Uhren, die das Leben stellt. Einführung in die Regelkreise der Lebensführung. Bd. 3: Die biologischen Rhythmen. Bad Mergentheim 1984.

2.4
Der Kräftehaushalt und sein Ausgleich
AMSTUTZ, P., Für Gesundheitsschutz am Arbeitsplatz: Die Fachkommission der Schweizerischen Gesellschaft für Arbeitsmedizin, Arbeitshygiene und Arbeitssicherheit. Soz. Präventivmed. **26** (1981) 120–125.
ANDREAE, C. A., Ökonomik der Freizeit. Zur Wirtschaftstheorie der modernen Arbeitswelt. Reinbek 1970.
ARENDT, H., Vita activa – oder vom tätigen Leben. München 1981.
BAUSINGER, H., Arbeit und Freizeit. In: Funkkolleg Geschichte. Hrsg. CONZEL, W. u. a., Frankfurt 1981, S. 114–135.
BENZ, E., Der Wahnsinn der Arbeitssucht. In: DISCHNER, G. (Hrsg.): Friedrich Schlegels Lucinde und Materialien zu einer Theorie des Müßiggangs. Hildesheim 1980, S. 193–198.
BÖHME, G., Anthropologie in pragmatischer Hinsicht. Frankfurt 1985.
CHENU, M. D., Die Arbeit und der göttliche Kosmos. Versuch einer Theologie der Arbeit. Mainz 1956.
EIFF, A. W. VON (Hrsg.): Streß – unser Schicksal? Stuttgart, New York 1978.
ELSNER, G. (Hrsg.): Was uns kaputt macht. Arbeitsmarkt und Arbeitsmedizin. Hamburg 1984.
FERBER, CHR. VON, Gesundheit und Gesellschaft. Stuttgart, Berlin, Köln, Mainz 1971.
FERBER, CHR. VON und FERBER, L. VON, Der kranke Mensch in der Gesellschaft. Reinbek 1978.
FERBER, CHR. VON, Gesundheitsvorsorge am Arbeitsplatz. Betriebskrankenkasse **68** (1980).
FORNALLAZ, P. (Hrsg.): Technik für oder gegen den Menschen. Basel, Stuttgart 1975.
FOURASTIÉ, J., Die 40 000 Stunden. Aufgaben und Chancen der sozialen Evolution. Düsseldorf 1966.
FREVERT, U., Krankheit als politisches Problem 1770–1880. Soziale Unterschichten in Preußen zwischen medizinischer Polizei und staatlicher Sozialversicherung. Göttingen 1984.
GEUE, B., Jeden Tag mit neuer Kraft. Einführung in die Regelkreise der Lebensführung. Bd. 4: Der Haushalt von Belastung und Erholung. Bad Mergentheim 1985.
HABERMAS, J., Soziologische Notizen zum Verhältnis von Arbeit und Freizeit. In: Konkrete Vernunft. Festschr. Erich Rothacker, Hrsg. FUNKE, G., Bonn 1958.
HAUSS, F., KÜHN, H. und ROSENBROCK, R., Betrieblicher Arbeitsschutz als gesundheitspolitische Strategie. Berlin 1980.
HAUSS, F. (Hrsg.): Arbeitsmedizin und präventive Gesundheitspolitik. Frankfurt, New York 1982.
HOLLMANN, W., Der Arbeits- und Trainingseinfluß auf Kreislauf und Atmung. Darmstadt 1959.
HOMMES, U., Wann Arbeit Freude macht. IBM Nachrichten **33** (1983) 7–13.
HOMEYER, J., Zum Begriff der Arbeit. In: Gemeinsam für die Zukunft. Hrsg. KRAMER, W. und SPANGENBERGER, M. Köln 1984.
KRAEPELIN, E., Zur Hygiene der Arbeit. Jena 1896.
KREIBICH, H., Arbeitsmedizinische Dispensairebetreuung – eine wichtige Aufgabe bei der Profilierung des Gesundheitsschutzes der Werktätigen. Z. Gesamte Hyg. **29** (1983) 611–613.

LA FARGUE, P., La droit à la paresse. Paris 1883. – Deutsche Fassung FETSCHER, I., Das Recht auf Faulheit. 1966.
MCKEOWN, TH., Die Bedeutung der Medizin. Traum, Trugbild oder Nemesis? Frankfurt 1982.
MELLEROWICZ, H., Gesundheit und Leistung. Training als Mittel der präventiven Medizin. Berlin, Heidelberg, New York, Tokio 1985.
MOSER, S., Ansatzpunkte einer philosophischen Analyse des Sports. Philosophie und Gegenwart 1960, 183.
NOELLE-NEUMANN, E. und STRÜMPEL, B., Macht Arbeit krank? Macht Arbeit glücklich? Eine aktuelle Kontroverse. München, Zürich 1984.
PETER, G. und ZWINGMANN, B. (Hrsg.): Humanisierung der Arbeit. WSI-Studie zur Wirtschafts- und Sozialforschung, Nr. 47. Düsseldorf 1982.
PETZOLD, H., Die neuen Körpertherapien. Paderborn 1977.
SCHAEFER, H., Brückenschläge. Zum Verständnis zwischen Schulmedizin und außerschulischen Methoden. Heidelberg 1983.
SIMONIS, U. E. (Hrsg.): Mehr Technik – weniger Arbeit? Plädoyers für sozial- und umweltverträgliche Technologien. Karlsruhe 1984.

2.5
Der Körper und seine Pflege
BECK, A. und RIEBER, A., Anthropologie und Ethik der Sexualität. München, Salzburg 1982.
CYRAN, W., Eros auch mit grauen Schläfen. Liebe und Sexualität in der zweiten Lebenshälfte. Bad Mergentheim 1986.
DUDEN, B., Geschichte unter der Haut. Ein Eisenacher Arzt und seine Patientinnen. Stuttgart 1987.
IMHOF, A. E. (Hrsg.): Der Mensch und sein Körper. Von der Antike bis heute. München 1983.
KAMPER, D. und RITTNER, U. (Hrsg.): Zur Geschichte des Körpers. München, Wien 1976.
KAMPER, D. und WULF, CHR. (Hrsg.): Die Wiederkehr des Körpers. Frankfurt 1982.
LUYTEN, N. A. (Hrsg.): Wesen und Sinn der Geschlechtlichkeit. Freiburg 1985.
MUGSCH, A., Leib und Leben. Frankfurt 1982.

2.6
Das Gefühlsleben und seine Dynamik
AIGNER, A., Die Bedeutung des Sportes in der Prävention und Rehabilitation der koronaren Herzkrankheit. Wien. Med. Wschr. **131** (1981) 566–570.
BADELT, C., Sozioökonomie der Selbstorganisation: Beispiele zur Bürgerselbsthilfe und ihre wirtschaftliche Bedeutung. Frankfurt, New York 1980.
BADURA, B. und FERBER, CHR. VON (Hrsg.): Selbsthilfe und Selbstorganisation im Gesundheitswesen. Die Bedeutung nichtprofessioneller Sozialsysteme für Krankheitsbewältigung. Gesundheitsvorsorge und die Kostenentwicklung im Gesundheitswesen. München, Wien 1981.
BLOBEL, R. und TÖLLE, R. (Hrsg.): Gesund sein, gesund bleiben. Ärzte und Wissenschaftler informieren über präventive Medizin. München, Zürich 1975.
BÖHLAU, V. (Hrsg.): Altern und Gesundheit. 14. Bad Sodener Geriatrisches Gespräch. Stuttgart, New York 1982.
Deutsche Zentrale für Volksgesundheitspflege e. V. (Hrsg.): Gesundheit in Selbstverantwortung. Kongreßbericht. (Schriftenreihe DZV, Bd. 33) Frankfurt 1980.
ELIAS, N., Über den Prozeß der Zivilisation. Soziogenetische und psychogenetische Untersuchungen. Bern 1969.
FERBER, CHR. VON, Volks- und Laienmedizin als Alternative zur wissenschaftlichen Medizin: Zur Partizipation im Gesundheitswesen. Soz. Sicherh. **24** (1976) 203–209.
FERBER, CHR. VON und BADURA, B. (Hrsg.): Laienpotential, Patientenaktivierung und Gesundheitsselbsthilfe. München, Wien 1983.

HEINROTH, J. CHR. A., Lehrbuch der Seelengesundheitskunde; zum Behuf academischer Vorträge u. zum Privatstudium. 1. Theil: Theorie und Lehre von der Leibespflege. 1823. 2. Theil: Seelenpflege, Geistespflege. 1824. Leipzig 1823–24.

KAPRIO, L. A., Primäre Gesundheitsversorgung als Gemeinschaftsaufgabe. Krankenpflege **36** (1982) 274–276.

LEHMANN, F. M., Bio-Logik: Grundideen der modernen Lebenslehre, Gesellschaftslehre, Heilungslehre. Stuttgart 1976.

LOHMANN, H., Krankheit oder Entfremdung? Psychische Probleme in der Überflußgesellschaft. Stuttgart 1978.

SCHAUWECKER, W., ,,Leib und Seele" – Die Diaserie als Beispiel praxisnaher Patienteninformation. Aus: Ärztezeitschr. f. Naturheilverfahren **22** (1981) 500–504.

TOURAINE, A., Die postindustrielle Gesellschaft. Frankfurt 1972.

WEBER, M., Die protestantische Ethik und der Geist des Kapitalismus. Gesammelte Aufsätze zur Religionssoziologie. Bd. 1. Tübingen 1963.

WEIZSÄCKER, V. VON, Der kranke Mensch. Einführung in die medizinische Anthropologie. Stuttgart 1951.

WIRSCHING, M. und STIERLIN, H., Krankheit und Familie. Konzepte, Forschungsergebnisse, Therapie. Stuttgart 1982.

3
Gesellschaftliche Begründung der Gesundheitsbildung

BESKE, F. und WILHELMY, H.-J., Ziele und Aufgaben der Gesundheitssystemforschung. Dtsch. Ärztebl. **73** (1976) 2729–2734.

BESKE, F., Die Bedeutung der Gesundheitssystem-Forschung für die Weiterentwicklung des Gesundheitswesens. Öff. Gesundheitswes. **43** (1981) 125–127.

Bundesministerium für Forschung und Technologie (Hrsg.): Forschung und Technologie im Dienste der Gesundheit. Diskussionsentwurf eines längerfristigen Rahmenprogramms. Bonn 1976.

Bundesvereinigung für Gesundheitserziehung (Hrsg.): Gesundheit für alle bis zum Jahre 2000. Weltgesundheitstag 1981. Bonn 1981.

Bundesvereinigung für Gesundheitserziehung (Hrsg.): Lebe gesünder – es lohnt sich! Troisdorf 1986.

COCHRANE, A. L., Effectiveness and Efficiency, Random Reflections on Health Services. London 1972.

EICHHORN, S., Gesundheitsökonomie. Ein Beitrag zur Begründung der Kostenexplosion. Ärztl. Praxis **28** (1976) 2433–2434.

EIMEREN, W. VAN (Hrsg.): Perspektiven der Gesundheitssystemforschung (Medizinische Informatik und Statistik, Bd. 10) Berlin, Heidelberg, New York 1978.

FÜLGRAFF, G. (Hrsg.): Bewertung von Risiken für die Gesundheit. Stuttgart, New York 1977.

GITTER, W., Zur Weiterentwicklung der Sozialversicherung. In: ZACHER, H. F. (Hrsg.): Soziale Sicherung durch soziales Recht (Festschrift für Horst Peters): 59–81. Stuttgart 1975.

GÖCKENJAN, G., Politik und Verwaltung präventiver Gesundheitssicherung. Soz. Welt **31** (1980) 156–175.

HÄFNER, H., Planung und Organisation von Diensten für die seelische Gesundheit. Öff. Gesundheitswes. **45** (1983) 87–94.

HENKE, K.-D., Gesundheitsplanung im Sinne makroökonomischer Ressourcenplanung. Öff. Gesundheitswes. **45** (1983) 349–361.

HENKE, K.-D. und REINHARDT, U. (Hrsg.): Steuerung im Gesundheitswesen. (Beitr. zur Gesundheitsökonomie, Bd. 4) Gerlingen 1983.

HERDER-DORNEICH, PH., Gesundheitsökonomik. Systemsteuerung und Ordnungspolitik im Gesundheitswesen. Stuttgart 1980.

HERDER-DORNEICH, PH. Systemsteuerung und Ordnungspolitik im Gesundheitswesen. Soz. Präventivmed. **26** (1981) 67–70.

HERDER-DORNEICH, PH., Gesetzliche Krankenversicherung heute. Erfahrungen aus der Kostenexplosion und Steuerungsaufgaben in den 80er Jahren. Köln 1983.

HOFEMANN, K., Präventive Sozialpolitik. Ideologie und Realität. WSI-Mitteilungen **32** (1979) 554–564.

ITZWERTH, R. und WINKELVOSS, H., Selbsthilfegruppen im Gesundheitswesen – Eine Übersicht über den Stand der Gesundheitsselbsthilfegruppen. Forum Med. Gesundh.-Politik **14** (1980) 34–43.

JEUTE, K., Systementwicklung im Gesundheitswesen im Dienste einer optimalen Patientenversorgung. Dtsch. Ärztebl. **70** (1973) 2591–2597.

KLAGES, H., Planungspolitik, Probleme und Perspektiven der umfassenden Zukunftsgestaltung. Stuttgart, Berlin, Köln, Mainz 1971.

KLAGES, H., Prävention als Sozialutopie. In: HERDER-DORNEICH, PH. und SCHULLER, A. (Hrsg.): Vorsorge zwischen Versorgungsstaat und Selbstbestimmung. 1. Kölner Kolloquium, 26–42. Stuttgart, Berlin, Köln, Mainz 1982.

KLARMANN, H. E., The Economics of Health. New York 1965.

KLAUSING, M., Effizienz und Effektivität im Gesundheitswesen. Karlsruhe 1981.

KRYSMANSKI, R. und SCHÄFERS, B. (Hrsg.): Planung und Interessen im Gesundheitswesen. (Beiträge zur Raumplanung, Bd. 11) Düsseldorf 1972.

NÜSSEL, E. und LAMM, G. (Hrsg.): Prävention im Gemeinderahmen. Europäische Erfahrung in der Herz-Kreislauf-Vorsorge. München, Bern, Wien 1983.

SACHSSE, H. (Hrsg.): Möglichkeiten und Maßstäbe für die Planung der Forschung. München, Wien 1974.

SCHAEFER, H. (Hrsg.): Die Medizin in der Gesellschaft von morgen. (Schriftenreihe Arbeitsmedizin, Sozialmedizin, Arbeitshygiene, Bd. 39) Stuttgart 1971.

SCHAEFER, H., Gesellschaft und Gesundheit. In: FÜLGRAFF, G. (Hrsg.): Bewertung von Risiken für die Gesundheit, 12–16. Stuttgart, New York 1977.

SCHAEFER, H., Plädoyer für eine neue Medizin. München, Zürich 1979.

SCHAEFER, H., SCHIPPERGES, H. und WAGNER, G. (Hrsg.): Gesundheitspolitik. Köln 1984.

SCHICKE, R. K., Ökonomie des Gesundheitswesens. (Grundriß der Sozialwissenschaft, Bd. 29) Göttingen 1981.

SCHIPPERGES, H. und WAGNER, G. (Hrsg.): Effektivität und Effizienz in der Medizin. (Schriftenreihe der Bezirksärztekammer Nordwürttemberg, Nr. 27) Stuttgart 1981.

SCHIPPERGES, H., Der Arzt von morgen. Von der Heiltechnik zur Heilkunde. Berlin 1982.

SCHLEMMER, J. (Hrsg.): Schule und Gesundheit. Stuttgart 1982.

SCHWARTZ, F. W., Prävention im System der gesetzlichen Krankenversicherung. Thesen und Empfehlungen. Köln-Lövenich 1980.

SELBY, P., Health in 1980–1990. A Predictive Study based on an International Inquiry. Basel 1974.

SWERTZ, P., Perspektiven der Gesundheits-Systemforschung. Dtsch. Ärztebl. **75** (1978) 1332–1334.

TROJAN, A. und DÖHNER, H., Gesundheitsselbsthilfegruppen. Münch. med. Wschr. **123** (1981) 1851–1854.

TROSCHKE, J. VON und STÖSSEL, U. (Hrsg.): Möglichkeiten und Grenzen ärztlicher Gesundheitsberatung. Freiburg 1981.

Verband der Ärzte Deutschlands, Hartmannbund e. V. (Hrsg.): Thesen zur Sozial- und Gesundheitspolitik. 5. Aufl. Bonn 1981.

VOGEL, H. R. (Hrsg.): Bedarf und Bedarfsplanung im Gesundheitswesen. Bericht über ein Symposium der Internationalen Gesellschaft für Gesundheitsökonomie, Mainz. Stuttgart 1983.

VOGEL, H. R. (Hrsg.): Kurskorrektur. Stuttgart, New York 1987.

WEISSENBÖCK, H., Studien zur ökonomischen Effizienz von Gesundheitssystemen. (Schriftenreihe aus dem Gebiete des öffentlichen Gesundheitswesens, H. 36) Stuttgart 1974.

Weltgesundheitsorganisation, Regionalbüro für Europa: Eindämmung der Kosten für die Gesundheitsversorgung in Systemen der sozialen Sicherung. Kopenhagen 1983.

Weltgesundheitsorganisation, Regionalbüro für Europa (Hrsg.): Einzelziele für ,,Gesundheit 2000''. Frankfurt 1985.